SOUVENIRS DE LA NAVIGATION A VOILES

LA

MARINE D'AUTREFOIS

LA SARDAIGNE EN 1842
LE PROTECTORAT FRANÇAIS A TAITI
LES GRANDES FLOTTILLES

PARIS. TYPOGRAPHIE DE E. PLON ET Cie, RUE GARANCIÈRE, 8.

SOUVENIRS DE LA NAVIGATION A VOILES

LA

MARINE D'AUTREFOIS

LA SARDAIGNE EN 1842
LE PROTECTORAT FRANÇAIS A TAITI
LES GRANDES FLOTTILLES

PAR LE VICE-AMIRAL

JURIEN DE LA GRAVIÈRE

DEUXIÈME ÉDITION
REVUE ET AUGMENTÉE.

LABOR · OMNIA · VINCIT · IMPROBVS

PARIS

E. PLON et Cie, IMPRIMEURS-ÉDITEURS
RUE GARANCIÈRE 10

1882

LA

MARINE D'AUTREFOIS

SOUVENIRS DE LA NAVIGATION A VOILES

PRÉFACE

Le grand attrait de la vie du marin telle que nous l'avons
connue il y a quelques années, les personnes étrangères
au métier de la mer ne l'ont peut-être jamais bien compris.
Ce qu'aimaient avant tout dans notre profession ceux qui
étaient nés pour s'y complaire, c'était le navire qu'ils mon-
taient; ce qui remplissait leur cœur d'émotions inconnues
« au reste des humains », c'était cette sorte de satisfaction
orgueilleuse et intime qu'éprouve quelquefois le chasseur,
plus souvent le cavalier, que le marin seul a goûtée dans
sa plénitude; c'étaient, — car je puis d'un seul mot rendre
ma pensée, — les joies de la manœuvre. On naissait
manœuvrier comme on naît poëte; c'était affaire d'instinct.
La sagacité, qui s'acquiert par la réflexion et par l'étude, ne
pouvait suppléer à ce tact et à cet à-propos qui viennent
de l'acuïté des sens plus encore que des opérations trop
lentes de la raison. Sans avoir livré de bien grands com-

bats ni rempli de missions particulièrement délicates, sans avoir glané dans le domaine de la science, tel officier que je pourrais nommer se voyait entouré, il y a trente ans, de la considération la plus grande et d'une déférence universelle. On disait de lui : *C'est un marin !* Et cela voulait dire : c'est un homme ferme, intelligent, résolu, prompt à prendre un parti; c'est bien plus : c'est un homme né sous une heureuse étoile, un homme *qui a le don*. Les vieux matelots le connaissaient tous et le saluaient avec une familiarité qui n'excluait pas le respect, quand ils le rencontraient, le dos déjà voûté par l'âge, enveloppé de sa grosse houppelande et repassant en lui-même quelque appareillage réussi ou quelque vigoureux coup d'écoute. La vapeur est venue apporter dans les conditions de notre métier plus qu'un changement radical : elle y a produit une révolution ; elle a bouleversé de fond en comble nos traditions, nos plaisirs, nos usages et jusqu'à nos mœurs. « Je ne suis plus sur un navire, m'écrivait dès 1842 un de mes jeunes élèves qui venait de quitter le brick *la Comète* pour passer à son grand regret sur ce que nous appelions à cette époque *un bateau à vapeur;* me voilà embarqué sur une usine flottante! » Il faut cependant être de son siècle. La marine de nos jours peut avoir aussi ses charmes; elle a du moins l'intérêt qui s'attache à toutes les choses sérieuses et d'une grande importance dans le règlement des affaires de ce monde. C'est une puissante arme de guerre, un incomparable moyen de locomotion. On luttait avec les vagues, on les courbera désormais sous sa proue.

On est devenu plus fort. A-t-on par cela seul moins besoin d'être habile? Il est indispensable ici de s'entendre : l'habileté du manœuvrier a été mise sans doute à la portée de tous, au moins du plus grand nombre; mais il reste l'habileté du navigateur. En fait de navigation, la vapeur nous donne à résoudre des problèmes que, sans elle, nous n'aurions eu garde d'aborder. Un vrai marin, — je laisse de côté le soldat et le voyageur, je n'ai en vue que l'officier qui commande et conduit en pleine paix son navire, — un vrai marin, dans ce sens restreint et bien affaibli du mot, n'est pas en 1882 plus qu'en 1840 un homme ordinaire. S'il existe une différence entre l'officier de 1882 et ce qu'on appellera bientôt le *marin d'autrefois,* cette différence est loin de constituer une infériorité. L'inspiration pouvait jusqu'à un certain point tenir lieu à celui-ci de méthode; l'autre devra moins compter sur les priviléges d'une heureuse nature. La science lui réserve des labeurs qui n'auront pas exclusivement le pont du navire pour théâtre. Jadis on s'instruisait pour ainsi dire en plein air. Étudier, c'était agir, c'était aussi promener autour de soi un regard attentif et curieux. On trouvait une leçon dans chaque incident, et dans chaque leçon l'occasion de mille commentaires; la retraite et la méditation en eussent moins appris que de gais entretiens et de confiants échanges. Il n'en sera plus de même de nos jours. Nous avons à dompter ces éléments par lesquels naguère nous nous laissions conduire. Quand nous saurons lire dans les aspects changeants du ciel et de la mer, quand nous comprendrons bien les signes précurseurs du calme ou des tempêtes, nous

n'en saurons pas assez. Il nous faudra encore demander à
la mécanique et à la balistique leurs plus intimes secrets.
L'élan spontané deviendra un effort réfléchi ; de froids et
longs calculs nous dicteront nos résolutions. Dans cet âge
poétique où la théorie cédait toujours le pas à l'expérience,
nous pouvions faire campagne armés à la légère ; nous por-
terons désormais un plus lourd bagage. Le front insouciant
du marin devra pâlir à son tour sur les livres ; il lui faudra,
— j'ai regret à prononcer ce mot, — s'isoler pour se
recueillir.

Qui eût pu pressentir un pareil changement dans un si
court espace ? L'ancien ordre de choses décroît et s'éteint
chaque jour comme un astre qui approche de sa dernière
phase. Les vaisseaux s'en vont ! disais-je il y a trente ans ;
les vaisseaux ne sont plus ! puis-je dire aujourd'hui. Lais-
sons-les au passé. Ils feront place à je ne sais quoi de plus
glorieux et de plus triomphant encore. La marine d'autrefois ! ce fut la jeunesse des capitaines et des amiraux
d'aujourd'hui. Y a-t-il quelque intérêt à en raviver le souvenir ? Y a-t-il pour la génération présente quelque donnée
utile dans le tableau d'un passé dont l'abdication semble
irrévocable et complète ? J'espère le prouver. Les derniers
jours de la marine à voiles ont été marqués par de grands
progrès. En France surtout, cette marine a eu, comme par
une amère ironie du sort, une période de renaissance et de
suprême splendeur qui semblait annoncer autre chose
qu'un déclin. C'est pour cela qu'elle peut jusqu'à un certain point servir de leçon au présent, — qui sait même ?
éclairer peut-être l'avenir. En vain l'art se transforme :

quel que soit le moteur, l'énergie morale qui en fera l'emploi n'en gardera pas moins toute son importance. La marine a son côté technique ; elle a aussi, — qu'on me passe cette expression, — son côté humain. Le premier se modifie sans cesse, le second ne saurait vieillir. C'est à ce titre que je détache d'un livre écrit depuis longtemps dans ma pensée quelques pages de l'histoire d'hier.

CHAPITRE PREMIER

LES DÉBUTS D'UN ASPIRANT EN 1830.

Mon début dans la marine fut presque un naufrage. Ma première campagne vint se terminer, vers la fin du mois de septembre 1829, à la roche Mingan. J'étais embarqué sur la frégate *l'Aurore,* qui devait se rendre au Sénégal. Nous avions appareillé le matin de la rade de Brest. Debout sur un des canons du gaillard d'avant, j'étais tout entier au plaisir de voir le monde s'ouvrir devant moi ; les forts, les maisons, les arbres, les rochers semblaient fuir, et je leur adressais du cœur un dernier adieu, quand tout à coup je me trouvai face à face avec un cormoran perché sur une haute tige de fer. Je n'eus pas le temps d'exprimer ma surprise. Une secousse épouvantable ébranla la membrure de la frégate, la mâture fouetta l'air, et des cris, des commandements confus m'apprirent que nous courions un grand danger. C'était la roche Mingan qui nous avait en quelque sorte attirés à elle. L'écueil était à pic. Nous pouvions couler dans l'espace de quelques minutes. Le courant nous avait jetés dans ce péril, ce fut le courant qui nous en sauva. La frégate, dont l'avant seul s'appuyait au rocher, pivota soudain sur elle-même. Nous nous trou-

vàmes portés miraculeusement au milieu du goulet. Les
huniers avaient été amenés dans le premier tumulte. On
courut aux drisses, on rétablit tant bien que mal la voilure,
et dans la nuit même nous pûmes rentrer au port. Nos
avaries étaient fort graves ; il fallut près d'un mois pour
les réparer. J'appris ainsi que pour un navire à voiles rien
n'est plus dangereux que le calme, surtout dans les mers
que sillonnent de violents courants [1].

Au mois de novembre 1829, nous reprîmes notre voyage
interrompu. Cette fois, la brise était fraîche. Nous fran-
chîmes rapidement le goulet, et laissâmes derrière nous
les rochers de l'Iroise, l'île d'Ouessant, la chaussée de Sein.
Avant la nuit, nous étions en plein golfe. Je gagnai mon
hamac, car je me sentais la tête un peu lourde. Je n'avais
jusqu'alors navigué que dans la rade de Brest, et ces
balancements profonds d'un navire qui roule lentement
d'un bord sur l'autre, quand il a le vent de l'arrière, ne
m'étaient pas encore familiers. A quatre heures du matin,
le timonier vint me présenter sa lanterne sourde devant les
yeux. Je poussai un profond soupir, et je m'habillai à la
hâte. Ce ne fut pas sans peine que j'arrivai sur le pont.
Le vent du nord-est soufflait avec force et semblait fraîchir
à chaque instant. Nous n'avions plus que les trois huniers
au bas ris et la misaine [2] : cette voilure était encore

---

[1] Voir à l'Appendice le discours prononcé sur la tombe de
M. l'amiral de Tinan le 22 décembre 1876.

[2] Il est à peine nécessaire d'indiquer ce que sont un hunier, une
misaine et un ris. Le bas ris est le dernier ris; lorsqu'on l'a pris, la
voile se trouve réduite de la moitié à peu près de sa surface. Le

exagérée; il fallut serrer le perroquet de fougue et le petit hunier. Le lieutenant, vieil officier qui avait servi dans l'Inde sous M. de Saint-Cricq, m'appela près de lui et de la main me montra la hune d'artimon. Je compris ce geste éloquent. L'ascension jusqu'à la hune me parut difficile. Les haubans, mal ridés, se tendaient et se détendaient à chaque coup de roulis; de plus, la nuit était fort noire, et il était impossible de voir où l'on mettait le pied. Enfin j'arrivai dans la hune, et là je m'occupai de remplir consciencieusement mon mandat. J'enflai de mon mieux la voix de manière à dominer, s'il était possible, le bruit de la tempête, et je me mis à encourager les hommes qui s'efforçaient d'étouffer les plis de la voile. En toutes choses, les débuts sont pénibles. La traversée n'était pas finie que j'étais amariné. Si j'avais quelquefois les tempes un peu serrées et le cœur légèrement ému, je pouvais du moins dominer ce malaise : quel que fût le temps, la vue de la hune d'artimon ne me faisait plus peur.

L'équipage de l'*Aurore* était composé de conscrits qui n'avaient jamais vu la mer et de négriers qui l'avaient battue dans tous les sens. Ces derniers avaient été capturés sur la côte d'Afrique. Condamnés à trois années de service, ils expiaient à bord des bâtiments du roi les plaisirs, les profits et aussi les péchés de leur vie aventureuse. C'étaient de braves gens pour la plupart, ayant été quelque peu négriers, quelque peu pirates, d'humeur plutôt turbulente

---

perroquet de fougue est le hunier du mât d'artimon, comme le petit hunier est celui du mât de misaine. Serrer une voile, c'est la ployer et l'assujettir sur la vergue.

qu'indocile, exposés à d'assez fréquents démêlés avec le
capitaine d'armes, mais chéris du maître d'équipage. Véritables artistes en gréement, il n'y avait qu'eux à bord que
l'on pût employer pour les ouvrages délicats. Dans les mauvais temps, ils étaient sans prix à une empointure. On ne
voit plus de ces matelots-là sur nos vaisseaux ; la race en a
disparu depuis près de quarante ans. Les histoires qu'ils
contaient pendant les quarts de nuit faisaient mes délices.
J'avais fini, à force de les entendre, par connaître presque
aussi bien qu'eux-mêmes la fameuse *Coquette*, qu'aucun
croiseur n'avait pu atteindre, et le trois-mâts *la Vénus*,
qui faisait la traite à main armée [1].

A côté de ces vaillants bandits, on pouvait observer sur
l'Aurore un type non moins curieux, celui du quartier-
maître, qui avait gagné ses galons dans la dernière guerre
et qui se croyait, — qui était réellement alors dans nos
ports de mer, — un personnage. Ce vieux loup de mer était
le gardien des antiques traditions, le dépositaire des
légendes et des chansons du gaillard d'avant. Sa vie s'était
passée sur les navires de l'État ; il eût rougi d'embarquer
à bord d'un bâtiment de commerce. Un tel homme n'eût
point trouvé de place dans notre organisation actuelle ; à
l'époque dont je parle, il était la pierre angulaire de la
discipline. Il s'est évanoui de la scène avec sa garcette le
jour où l'on a cessé de battre les hommes et de fustiger
les mousses.

De quel mépris tous ces fins marins élevés à une rude

---

[1] Négriers célèbres à cette époque sur la côte d'Afrique.

école n'accablaient-ils pas nos pauvres conscrits! Ils leur avaient donné, je ne sais trop pourquoi, le surnom de *robins des bois.* Le maître d'équipage de l'*Aurore* se contentait de les appeler les *figurants.* Il les suivait toujours d'un regard oblique, et il semblait qu'il ne pût sans défiance les voir s'approcher de quelque manœuvre. La moindre maladresse a souvent en marine de graves conséquences, et, il faut bien l'avouer, la gaucherie de ces malheureux arrachés brusquement à leur charrue faisait frémir quand elle ne faisait pas sourire. Nous avons appris à tirer parti de ce mode de recrutement, mais il a fallu de grands soins, et si nous avons réussi à pallier les inconvénients d'un système qui nous était imposé par l'insuffisance de notre population maritime, c'est surtout à bord des vaisseaux, où l'importance de l'individu disparaît dans l'effort des masses que l'on met en mouvement. Il n'en faut pas moins reconnaître que la vapeur est venue fort à propos relever la valeur de ces trop nombreux comparses.

Après une traversée d'une vingtaine de jours, nous jetâmes l'ancre dans la baie de Gorée. Nous avions passé en vue de Ténériffe, sondé sur le banc d'Arguin et mouillé pour quelques heures devant la barre de Saint-Louis, mais à si grande distance de la côte que nous apercevions à peine les cimes des cocotiers. Je n'en étais pas moins ravi de notre campagne. J'avais contemplé le Pic, navigué dans les eaux où avait péri la *Méduse* et conversé avec des nègres venus de Saint-Louis dans leurs pirogues. Je me promettais des émotions bien plus vives encore quand je pourrais enfin toucher terre. Quelle bonne et joyeuse chose que la

jeunesse, et combien de souvenirs emporte son étonnement
naïf et sincère! Dès qu'on ne s'émerveille plus à chaque
pas, il faudrait cesser de courir le monde. Descendu sur
la plage de Hann et de Dakar, le premier sol où se soit
posé mon pied de voyageur, j'aspirais par tous les pores
cette nature étrange. Là où l'étrangeté n'existait pas, ma
fantaisie la créait, plus ingénieuse encore que la nature
même. La vue des bengalis et des sénégalis bourdonnant
autour des buissons me causait des transports. Je n'avais
qu'une crainte, c'était de ne pas assez bien profiter de
mon temps et de laisser échapper par inadvertance quelque
merveille. On n'a de semblables émotions qu'une fois dans
sa vie.

La division française de la côte d'Afrique se composait
en 1829 d'une frégate montée par le commandant en chef
de la station, et de trois ou quatre canonnières. La frégate
accomplissait scrupuleusement chaque année le même
itinéraire : elle touchait à Sierra-Leone, au fort d'El-Mina,
se montrait dans le golfe de Benin, et allait attendre au
port de San-Antonio, dans l'île du Prince, les approches
de l'hivernage, qui marquaient généralement l'époque de
son retour en France. Les canonnières entraient dans les
rivières, et, la mauvaise saison venue, suivaient l'exemple
de la frégate ou allaient se réfugier dans la baie de Gorée.
Aussi était-ce cette saison insalubre, périlleuse, que les
négriers choisissaient d'ordinaire pour tenter leurs expéditions. La côte leur était alors à peu près abandonnée.
Quelque croiseur anglais rôdait seul aux embouchures des
fleuves, mais sans oser s'aventurer au delà. Pendant plus

de la moitié de l'année, les Européens peuvent braver avec une sorte d'impunité le climat de la côte occidentale d'Afrique; lorsqu'à la saison sèche succède la saison pluvieuse, il faut, si on le peut, se hâter de battre en retraite. C'est ce que nous fîmes dès le mois d'avril. Nous avions capturé deux négriers, montré notre pavillon sur la côte, touché aux étapes traditionnelles : notre tâche était remplie. Par exception, au lieu de rentrer en France, nous fîmes route pour le Brésil.

Ma santé avait été légèrement altérée par des fièvres qu'on appelait alors *ataxiques,* fièvres qui laissaient le malade, une fois l'accès passé, dans une sorte d'anéantissement moral. On jugea que l'air du pays me guérirait mieux que tous les remèdes, et l'on me fit passer, à Rio-Janeiro, de la frégate *l'Aurore* sur la canonnière la *Champenoise.* Dans les derniers jours du mois de mai 1830, cette canonnière fit route pour Rochefort. La *Champenoise* était un navire trop peu important pour qu'on eût cru nécessaire de la munir d'un chronomètre. Nous faisions donc régulièrement *notre point d'après l'estime,* comme le faisait Colomb, comme l'avaient fait les Portugais qui avaient découvert le Brésil, comme les Hollandais qui les en avaient chassés. Nous jetions le loch deux fois par heure, et s'il n'y avait pas eu de courant équatorial et de *gulf-stream,* nous aurions pu connaître assez exactement notre position ; mais nous savions qu'entraînés par ces fleuves océaniques, nous étions loin de suivre la direction apparente que nous marquait la boussole. Nous avions traversé la *mer herbue.* Ces masses de fucus détachées des îles qui servent d'avant-

garde au continent américain ne se rencontreraient pas à
une si grande distance du rivage, si les flots ne les char-
riaient, à travers l'Atlantique, dans une direction contraire
à celle des vents régnants. Il n'y a point d'effet sans cause.
La présence des immenses bancs de goëmons qui passaient
incessamment le long du bord eût suffi pour nous apprendre
que la mer sur laquelle nous voguions n'était pas immobile.
Chaque touffe d'herbes qui flottait ainsi à la dérive empor-
tait tout un petit monde : des crabes, des mollusques, des
coquilles microscopiques, que notre capitaine, savant con-
chyliologiste, examinait soigneusement à la loupe et s'em-
pressait de classer. Il avait ainsi eu la gloire de découvrir
deux ou trois espèces inconnues, à peine grosses comme
la tête d'une épingle.

Prévenus des courants qui devaient nous faire dévier de
notre route, nous avions porté sur nos cartes deux points
différents : l'un nous donnait la position qui résultait de
l'*estime ;* l'autre, celle que nos hypothèses nous assignaient.
C'était un calcul de probabilité. Entre ces deux solutions,
un bon chronomètre eût prononcé en quelques minutes.
Privés de montres marines, nous avions eu recours aux
distances lunaires. Le capitaine observait, je calculais ses
observations. L'estime et le résultat de mes calculs différaient de quatre-vingts lieues. Nous hésitions à accorder
une entière confiance à des observations qui avaient eu
lieu par un temps peu favorable. Cependant nous étions
entrés depuis quelques jours dans la zone des vents varia-
bles; le ciel était couvert, la brise fraîche, notre sillage
rapide; l'inquiétude commençait à nous gagner. C'est

toujours une perspective peu flatteuse que celle d'être
exposé à rencontrer de nuit une terre qui surgit à l'improviste sous votre bossoir. Quand on a deux ris dans les
huniers, le vent de l'arrière, et qu'on file neuf ou dix
nœuds à l'heure, ces sortes de rencontres sont plus graves
encore : elles ne vous laissent guère le temps de la réflexion. Nous avancions pourtant, et nous devions bientôt
nous trouver au milieu des Açores, ou les avoir dépassées.
La nuit approchait ; j'achevais sur la table du *carré* des
officiers un dernier calcul : plus de doute, si les astres
n'avaient pas menti, la *Champenoise* allait dans quelques
heures donner dans le canal de Terceire. Je fermais mon
Guépratte [1] et je rassemblais mes papiers, quand je m'enten-
dis appeler à grands cris sur le pont. Le soleil en ce moment
descendait derrière l'île du Pic ; son globe de pourpre
reposait sur un piton aigu. Les distances lunaires avaient
eu raison.

Nous saluâmes joyeusement cet archipel qui voit passer
presque tous les navires revenant des Indes ou d'Amérique,
et le jour nous trouva devant la ville d'Angra. La brise
d'ouest nous était restée fidèle ; elle nous poussait toujours,
plus fraîche, plus nourrie, vers les rivages de France. Bien
que nous eussions rectifié notre position, nous devions nous
attendre à quelques erreurs avant d'atterrir ; mais la longitude n'était plus ce qui nous préoccupait. La sonde pouvant aller chercher dans le golfe de Gascogne, un indice

---

[1] Tables de calculs nautiques désignées par le nom de celui à
qui l'on doit cet utile ouvrage.

certain de la proximité de la terre jusqu'à quatre-vingts et
cent brasses de profondeur, nous n'avions qu'à sonder
pour savoir à peu de chose près sous quel méridien nous
nous trouvions. Ce qu'il nous fallait connaître, c'était notre
latitude, le parallèle sur lequel nous courions : il importait
en effet de ne pas entrer dans la Manche en croyant donner
dans la Charente, de ne pas rencontrer la tour de Cordouan
en cherchant la tour de Chassiron. Des écarts de vingt, de
trente lieues même à droite ou à gauche se voient souvent
quand on est resté plusieurs jours sans observations. Pour
aller à Rochefort, un surcroît de prudence était nécessaire,
car on avait à craindre d'un côté l'île Dieu, peu élevée et
projetant au large quelques récifs, de l'autre le terrible
danger de Rochebonne, qui est à plusieurs mètres sous
l'eau et hors de vue de toute terre. Ce danger était alors
le grand écueil des navigateurs dans le golfe de Gascogne;
on l'a signalé, depuis quelques années déjà, par un feu
flottant. La science ne recule plus devant aucun problème;
on me dirait qu'elle songe à border nos côtes de matelas
élastiques, que je ne m'en étonnerais pas outre mesure;
ne les garnit-elle pas dès à présent de bouées à sifflet et
de retentissantes trompettes? On se préoccupe à peine
maintenant d'éviter le haut-fond de Rochebonne; il est
presque aussi sûr d'aller le reconnaître pour vérifier son
point. Au temps où j'étais embarqué sur la *Champenoise,* on
ne nous avait pas ainsi jalonné le chemin; il n'y avait pas
tant d'écriteaux dressés de jour et de nuit sur les côtes.

Depuis quatre ou cinq jours, nous n'avions pas vu le
soleil, ou du moins nous ne l'avions pas vu à midi, seule-

heure favorable pour conclure de l'observation de cet
astre une latitude sur laquelle on puisse réellement
compter. Dans l'incertitude où nous nous trouvions, nous
n'osâmes aller plus avant. A cent lieues environ de terre,
nous résolûmes de *mettre à la cape,* c'est-à-dire de présenter
le travers au vent, pour rester à peu près à la même place
jusqu'au jour, où nous pourrions obtenir une hauteur méri-
dienne. C'est chose cruelle que d'avoir un bon vent, de
savoir que quelques heures vous conduiraient au port, et
d'être obligé de rester à la merci des flots, faute d'un
rayon de soleil. La patience est de toutes les vertus la plus
nécessaire au marin.

Pour la *Champenoise,* fort petit navire à fond plat, qui
ne tirait que huit ou neuf pieds d'eau, il ne s'agissait pas
seulement de patience; il s'agissait de passer d'une allure
facile à une allure qui n'était pas sans danger, de présenter
le flanc à ces lames devant lesquelles nous n'avions pas
cessé de fuir depuis quelques jours. Quand on voyait la
pauvre canonnière enfouie entre deux vagues comme un
chalet au fond d'une vallée suisse, on ne pouvait s'empêcher de se demander si elle sortirait victorieuse de cette
épreuve. Nous étions tous rassemblés sur le pont. La voilure avait été réduite au grand hunier. Le moment de
prendre la cape était venu. La barre fut portée doucement
et avec une lenteur calculée sous le vent. Le silence qui
régnait à bord avait quelque chose de solennel. La *Champenoise* répondit sur-le-champ à l'appel de son gouvernail.
Elle changea graduellement de route, et le vent, qu'on
entendait à peine quand il soufflait de l'arrière, commença

de mugir. Bientôt ce fut un sifflement continu à travers les cordages ; la brise indignée semblait dire à la canonnière : Ne m'affronte pas ! Cependant on orientait peu à peu le grand hunier ; le navire s'inclinait, et la vague, déroulant ses volutes, menaçait de tout engloutir. On devine de quel œil je suivais les péripéties de cette scène, nouvelle encore pour moi. La *Champenoise* résistait cependant. Elle tombait lourdement sur le côté, et l'eau embarquait par-dessus ses bastingages ; mais elle se redressait toujours, elle vivait, la chétive barque ; elle avait vaincu. Nous nous aperçûmes pourtant que le grand hunier était trop lourd pour elle. Nous serrâmes cette dernière voile et restâmes ballotés d'une vague à l'autre, et d'autant plus en sûreté que nous nous livrions avec plus d'abandon à la discrétion des flots.

Ces jours de cape sont des jours bien maussades. Tout craque, tout gémit à bord. Parfois une lame sourde, qui semble s'élever des profondeurs mêmes de l'Océan, vient surprendre le navire au milieu de ses balancements réguliers. La muraille frémit ébranlée, quand elle n'est pas arrachée par la vague : le pont inondé ploie sous le faix d'une soudaine avalanche : c'est un *paquet de mer* qui embarque à bord. D'autres fois ce sont des meubles mal assujettis qui échappent à leurs crampons, une lourde table qui balaye le *carré,* fauchant tout ce qu'elle rencontre sur son passage. C'est le fracas de la vaisselle qui se brise, le tumulte des matelots renversés sur le pont, la chute des officiers projetés contre les cloisons des cabines et se débattant au milieu des chaises, un désordre, un pêle-mêle

inouïs, d'affreux blasphèmes entrecoupés d'éclats de rire.
On finit néanmoins par se faire à cette existence. L'homme
s'habitue à tout. Dès le second jour, le corps accablé suc-
combe au sommeil ; la mer ne vous secoue plus, elle vous
berce.

Pour nous, le désir d'arriver au port ajoutait encore aux
contrariétés de notre situation. Il faut qu'un capitaine soit
doué d'une certaine dose de fermeté pour résister en semblable occurrence à la pression qu'exercent presque toujours sur lui les impatiences dont il est entouré. Toutes les
physionomies lui reprochent sa timidité. Ses ordres
n'obtiennent que des réponses brèves, les moindres avaries
lui sont dénoncées comme des catastrophes. On dirait
qu'une conspiration sourde s'est organisée pour le contraindre à livrer quelque chose au hasard. Dans la marine,
on ne commence à soupçonner le danger que lorsqu'on
commande. De soudaines conversions s'opèrent bien souvent alors : on voit des officiers que rien n'intimidait
devenir des capitaines d'une prudence outrée. Le manque
de résolution a perdu presque autant de navires que
l'imprévoyance ; d'hésitations en hésitations, on peut être
conduit sur les roches tout aussi bien que si on les eût
abordées tête baissée. Notre constance ne fut heureusement
pas mise à bien longue épreuve ; nous en fûmes quittes
pour vingt-quatre heures de cape.

Nous apprîmes en mouillant sur la rade de l'île d'Aix le
débarquement d'une armée française dans la baie de Sidi-
Ferruch, et quelques jours plus tard la conquête d'Alger.
Les salves triomphales résonnaient encore à nos oreilles,

que déjà le gouvernement de la Restauration n'existait plus. C'est mourir avec grâce que de mourir après une victoire. J'étais trop jeune pour que de pareils événements m'atteignissent ; mais il n'y avait point à Rochefort d'embarquement pour un aspirant ; je reçus l'ordre de me rendre à Toulon et de passer de Toulon dans le Levant, où l'activité de notre marine tendait, depuis quelques années, à se concentrer.

CHAPITRE II

LE CAPITAINE LALANDE.

Embarqué à Toulon sur le brick *la Surprise,* j'arrivai à Navarin dans les premiers jours du mois d'août 1830. Nous apportions avec un nouveau drapeau un nouveau nom à la frégate sur laquelle j'allais être admis. Cette frégate, qui s'était appelée jusqu'alors la *Fleur-de-Lis,* devenait par ce second baptême la *Résolue.* Le nom lui convenait, car elle avait pour capitaine un homme qui n'avait jamais hésité de sa vie. Le commandant de la *Résolue,* — je n'ai qu'à le nommer pour que chacun à l'instant le connaisse, — était en ce moment le capitaine de vaisseau Lalande. Fait pour briller surtout au premier rang, il n'avait pas encore cette haute renommée que nous l'avons vu conquérir plus tard, mais il laissait déjà entrevoir ce qu'il serait un jour. Dans un temps où l'on se transmettait sans les discuter quelques règles assez incertaines de pointage, et où les maîtres canonniers distribuaient à de dociles disciples les trésors de leur science occulte, le commandant Lalande avait appliqué toute l'activité d'un esprit pénétrant à l'étude des questions d'artillerie navale. On le vit sans relâche multiplier les exercices à feu. Le tir de mer était constamment dérangé par le roulis : raison de plus, suivant lui, pour ne négliger aucun moyen de pointer avec précision. L'ancienne marine ne l'entendait pas ainsi. Elle considérait les hausses destinées à compenser par l'inclinaison de la pièce l'abaissement progressif du boulet comme un luxe inutile sur ce terrain mobile, qui variait lui-même d'inclinaison à chaque pas. La distance était-elle inférieure à 600 mètres, les canonniers viseraient dans l'eau, comme s'il s'agissait d'envoyer le projectile à mi-route. Était-elle plus considérable, la ligne de mire serait dirigée vers l'extrémité des mâts de l'ennemi, pour que le boulet, obéissant aux lois de la pesanteur, allât frapper la flottaison ou les bastingages. Telles étaient les leçons qu'on nous donnait à l'école navale. Le commandant Lalande voulait au contraire qu'on pût toujours viser directement le point qu'on se proposait d'atteindre. Il s'évertuait en vain : la routine est plus forte que le raisonnement. Un beau jour, il perdit patience. Aidé de son maître armurier, il fit visser dans la fonte une hausse grossièrement forgée dont il dota la volée de chacun de ses canons. Quand, à la fin de la campagne, ces pièces furent déposées à la direction de l'artillerie, ce fut, on se l'expliquera sans peine, un véritable scandale. La résistance même de la bouche à feu était compromise.

Les canons de la *Résolue* furent d'une voix unanime déclarés
hors de service, et rapport en fut fait au ministre. Il ne
s'agissait de rien moins que de faire payer au dépositaire
infidèle le matériel qu'il avait mutilé; sans l'intervention
de l'amiral de Rigny, qui venait d'être appelé à diriger le
département de la marine, la condamnation était prononcée.
Hâtons-nous de le dire pour l'honneur des principes, cette
condamnation eût été plus sévère qu'injuste; mais le commandant Lalande, à qui l'on niait avec obstination le mouvement, avait marché. C'était toujours ainsi qu'il terminait
les discussions.

Quoi qu'il en soit, ce novateur osé avait fini par convaincre son équipage qu'aucune frégate au monde n'était
en état de résister à la *Résolue*. Au moment où je le rejoignis, il venait de faire l'épreuve de cette confiance, qu'il
avait facilement inspirée parce qu'il l'avait lui-même. La
première nouvelle de la révolution de Juillet était parve-
nue, je ne sais trop par quelle voie, à Nauplie. L'amiral
de Rigny s'était efforcé de tenir la chose secrète; il avait
voulu cependant en faire part au général Schneider, qui
commandait le corps d'occupation laissé à Modon et à
Navarin après le rappel de l'armée de Morée. Le commandant Lalande était homme de tact en même temps
qu'homme de résolution : ce fut lui que l'amiral chargea
d'une mission qui, par plus d'un côté, pouvait devenir
délicate. En doublant le cap Matapan, la *Résolue* aperçut
une escadre au large. Changeant brusquement de route,
cette escadre parut manœuvrer pour barrer le chemin à la
frégate. Sans vouloir attendre ni chercher d'explications,

le commandant Lalande donna dans le canal des Sapiences
et alla jeter l'ancre sous le château de Modon. « Maintenant, mes enfants, dit le brave capitaine à son équipage,
nous voilà mouillés à peu près par notre tirant d'eau. Si
l'on nous coule, nous n'irons pas bien loin avant de toucher le fond. Nous sommes donc dans d'excellentes conditions pour combattre. Une frégate de plus ou de moins
n'importe pas beaucoup à la France, mais ceux qui ont la
bonne fortune de tirer les premiers coups de canon se
doivent de donner l'exemple aux autres. Voilà trois ans
que je m'occupe de votre instruction, montrez aujourd'hui
que je n'ai pas travaillé en vain. »

Ces simples paroles prononcées sans emphase produisirent un excellent effet. Il faut bien se garder de provoquer
un trop bruyant enthousiasme chez des gens qui, dans
quelques minutes, vont avoir besoin de tout leur sang-froid.
L'élan nous est à peu près inutile, à nous autres marins,
puisque nous ne pouvons presque jamais joindre l'ennemi
corps à corps. Ce qu'il nous faut, c'est du calme, de la
ténacité, beaucoup d'ordre et de présence d'esprit. Des
cris, on en obtient toujours assez. Ce fut donc en silence
que les canonniers de la *Résolue* coururent à leurs pièces,
ajustèrent leurs hausses, étendirent leurs palans sur le
pont et se tinrent prêts. L'escadre anglaise, — car c'était
bien l'escadre de l'amiral Malcolm, — avait suivi la frégate
dans le canal des Sapiences. Un officier du vaisseau *le
Britannia* vint à bord de la *Résolue*. A la vue de cet appa-
reil guerrier, il ne put s'empêcher de manifester un peu
d'étonnement. Une énorme quantité de boulets avait été

montée de la cale dans la batterie et sur le pont, les filets de casse-tête étaient en place, les embossures frappées sur les ancres; les boute-feu allumés fumaient dans les bailles. L'officier apportait la nouvelle des dispositions favorables de l'Angleterre; l'amiral Malcolm voulait en donner lui-même l'assurance au capitaine de la *Résolue*. Celui-ci s'empressa de se rendre à bord du *Britannia*. « Comment, Lalande, dit l'amiral Malcolm, vous avez pu croire que j'allais vous attaquer ainsi sans déclaration de guerre, que moi, un libéral, je serais le premier à tirer le canon contre une cause qui a toutes mes sympathies? — Je ne l'ai pas cru un instant, répondit le capitaine Lalande; je n'ai voulu qu'éprouver mes hommes, et je vous avoue que leur con-tenance m'a fait plaisir. C'est le meilleur exercice que nous ayons fait de la campagne. »

Tel était l'homme auprès duquel me conduisait mon heureuse étoile. A dater de cette époque, je ne l'ai plus quitté; il voulait faire pour moi ce que mon père avait fait autrefois pour lui. Et quel trésor que son affection! Quelle grâce séduisante s'alliait à ce mâle courage! Je ne sais si l'on pourrait rencontrer des hommes plus spirituels que l'amiral Lalande; on n'en trouverait pas à coup sûr de plus attachants. Son esprit venait surtout de son immense désir de plaire, non pas aux grands, — car il était légèrement frondeur, — mais aux petits, aux faibles. Il se mettait en frais pour le moindre élève; aussi était-il l'idole de la jeu-nesse. Malgré le fâcheux état de sa santé, qui avait tou-jours été chancelante, il montrait une activité infatigable, et — ce qui était plus étonnant encore — une inaltérable

égalité d'humeur. Au milieu des plus atroces souffrances,
il avait le sourire sur les lèvres. On ne le dérangeait
jamais : je l'ai vu quitter la rédaction d'une dépêche importante pour écouter patiemment les réclamations d'un quar-
tier-maître. Rien en lui ne sentait l'effort; il abordait avec
la même simplicité les plus graves questions et les plus
vulgaires détails. Il suffisait à tout sans avoir besoin
d'aide, sans fatiguer personne, sans se donner à lui-même
un air affairé. Cependant il travaillait beaucoup, mais il
aimait à faire des loisirs aux autres.

Le commandant Lalande avait horreur des châtiments
corporels et ne s'impatientait que lorsqu'il entendait vanter
ce moyen de discipline. Son moyen à lui de gouverner les
équipages, c'était de les séduire en s'occupant sans cesse
de leur bien-être, en les rendant fiers de leur capitaine.
Nul homme n'a porté plus gaiement le poids de la responsabilité. C'était là sa supériorité et ce qui le désignait pour
les grands commandements. Il voyait tout en beau : les
hommes, si médiocres qu'ils fussent; le ciel, si orageux
qu'il se montrât; tout, jusqu'à l'époque dans laquelle il
vivait. Son intrépidité était, si je puis m'exprimer ainsi,
une intrépidité souriante. Il exécutait les coups de manœuvre
les plus hardis en se jouant : il fallait même une certaine
expérience de la mer pour reconnaître qu'il venait d'essayer
quelque chose d'audacieux, tant il mettait peu de solennité
dans ses apprêts. Il n'était pas dans sa nature de convoquer
d'avance l'admiration, quoiqu'il fût loin d'y être insensible.

De grandes choses ont été accomplies par des hommes
fort ordinaires; les circonstances les favorisaient, et les

2

événements semblaient se baisser jusqu'à eux. Des hommes au contraire nés pour jouer un rôle, pour prendre au premier rang leur place entre les héros, ont passé sur la terre sans trouver des épreuves dignes de leur énergie. La révolution de Juillet ne présageait pas une de ces époques stériles. Il y avait tant d'orages dans l'air, qu'on n'eût jamais pu croire que le ciel allait tout d'un coup recouvrer sa sérénité. Le commandant Lalande le croyait moins que personne. Depuis longtemps, son ambition était à l'affût ; suivant le mot heureux de Kléber, *il préparait ses facultés*. « Si jamais je rencontre l'occasion, disait-il souvent, je me souviendrai qu'elle est chauve. » L'occasion ne vint point. Plus d'une fois il s'imagina qu'il allait la saisir. A force de rêver la guerre, il la voyait partout ; son jugement, si sûr d'ailleurs, en avait été faussé. Il appréciait mal son époque. C'était un enfant des âges héroïques, et il attendait d'un moment à l'autre le départ de ces bataillons qu'il avait vus jadis marcher à la frontière sans pain et sans souliers.

Les journaux qui nous arrivaient de France étaient bien faits, il faut l'avouer, pour entretenir les illusions de notre capitaine. La Belgique, la Pologne s'étaient soulevées ; la tribune française retentissait d'appels aux armes. Tout était déjà calmé que nous ne le comprenions pas encore. Nous vivions cependant au milieu du concert européen : les trois grandes puissances, la France, l'Angleterre et la Russie, s'occupaient de fixer d'un commun accord les limites de la Grèce. L'amiral de Rigny, rappelé à Toulon, avait, en partant, laissé le commandement de la station du Levant au capitaine Lalande comme au plus digne. Deux opinions

étaient en présence : l'une voulait ménager l'empire ottoman, lui épargner autant que possible les sacrifices ; l'autre
songeait avant tout à constituer le nouvel État sur une
base assez large pour qu'il pût se passer de tutelle : c'est
à ce dernier avis que se rangeait le commandant de la
Résolue. Il s'indignait de voir replacer sous le joug des
Turcs les populations qui avaient été les plus ardentes à
les combattre, les gens de Candie et de Samos, les héros de
Chio et d'Ipsara. C'était surtout la Russie qui voulait rogner
ainsi la Grèce. Il lui convenait d'avoir en Morée une sorte
d'hospodorat bien faible, bien humble, qu'elle pût de
Pétersbourg diriger à son gré. L'expansion des populations
chrétiennes n'a pas dans le Levant d'ennemi plus opiniâtre
que le gouvernement moscovite. L'Angleterre, aveuglée par
sa prédilection pour la Turquie, secondait ces tendances.
Nous étions seuls à lutter en faveur du droit, seuls à comprendre où était l'avenir. Il fallut bien céder. La Grèce fut
délimitée, c'est-à-dire réduite, morcelée, dépouillée par
ses protecteurs.

La frégate *la Résolue*, usée par trois ans de station,
avait été remplacée en 1831 par la *Calypso ;* mais la présence du capitaine Lalande fut jugée nécessaire encore.
On le fit passer sur la nouvelle frégate. Nous avions
56 canons au lieu de 44, du calibre de 24 au lieu de pièces
de 18. Nous étions loin cependant de nous croire aussi
forts. Il fallut recommencer nos exercices ; l'instruction
laborieusement acquise s'en était allée avec l'équipage de
la *Résolue*. La plupart des perfectionnements dus à l'initiative hardie de notre commandant ne se retrouvaient pas

sur la *Calypso*. Le maître charpentier et le maître armurier
se remirent à l'œuvre. Le port de Toulon n'avait pas heureusement dressé d'*état des lieux,* car cette fois le locataire
de la *Calypso* était ruiné. Il taillait, il sapait en plein bois,
ouvrant un panneau ici, perçant un sabord par là, traitant
la chose comme si elle lui eût appartenu. Il lui fallait une
frégate à son goût, une frégate qui répondît à sa pensée,
et sa pensée allait toujours au combat.

Cependant le commandant de la station du Levant avait
d'autres soins. Tout n'allait pas de soi dans le nouvel État
qu'avait imaginé la science des plénipotentiaires. Le capitaine
Lalande aurait bien là, comme à bord de la *Calypso,* trouvé
et appliqué hardiment le remède, mais ce n'était pas sa
mission. Il observait donc les événements, en rendait
compte, et faisait pressentir les complications qui ne pouvaient tarder à se présenter. Le président Capo d'Istria en
effet ne contenait plus les partis. Il avait le sien, qui était
encore le plus fort, qui ne l'eût pas été longtemps sans
l'appui de la Russie. Ce parti avait ses racines en Morée ;
les insulaires et les Maniotes lui étaient très-hostiles.
L'île d'Hydra avait été la première à lever l'étendard de la
révolte. Au fond de ces querelles, il y avait d'un côté le
désir de devenir un État, de l'autre la résignation intéressée
qui acceptait pour la Grèce le rôle et le régime d'une province. Un crime odieux vint flétrir la cause qui aurait eu
sans cela toutes nos sympathies. Le président Capo d'Istria
fut assassiné en sortant de l'église de Saint-Spiridion par
deux chefs maniotes. L'un des assassins fut tué sur le coup
par un des gardes du président, l'autre réussit à gagner la

légation de France. La police vint le réclamer. Il n'y avait pas à hésiter : la France ne protége pas les assassins. Le commandant Lalande, consulté, fut d'avis qu'il fallait se borner à stipuler que le réfugié serait garanti de la fureur de la populace et soumis à un jugement régulier.

Le parti du président, qui chancelait avant ce crime, se releva triomphant. Les Moréotes, serrés autour de Colocotroni et d'Augustin d'Istria, conservèrent le pouvoir; l'appui de la Russie se montra plus manifeste. Les insurgés s'étaient emparés de l'île de Poros et de la frégate *l'Hellas*. L'escadre russe, par ses démonstrations, obligea *l'Hellas* à se faire sauter. Nous n'avions pu prévenir cet événement; nous le déplorâmes. La destruction d'une propriété nationale donnait un fâcheux vernis à la cause des Hydriotes. Il était temps d'en finir. L'Angleterre s'était heureusement rapprochée de la France, et ces deux puissances, quand elles sont d'accord, font presque toujours prévaloir dans le monde les conseils de paix et de modération. On reconnut la nécessité de mettre à la fois un terme à la guerre civile et à l'intervention trop passionnée des Russes; l'occupation du siége du gouvernement par l'armée française fut décidée. Les troupes qui se trouvaient à Modon et à Navarin durent être transportées à Nauplie de Romanie. C'était une solution provisoire; la véritable solution, pour quelques années du moins, c'était le choix d'un souverain étranger et la garantie d'un emprunt; mais avant que les cabinets eussent pu s'entendre sur ce sujet, la *Calypso* et le capitaine Lalande étaient déjà rentrés en France.

CHAPITRE III

LE BRICK *L'ACTÉON*

Le commandant de la *Calypso* n'avait pu m'emmener avec lui ; je n'étais pas de ceux qui ont acquis le droit de se reposer. Pour obtenir le grade d'enseigne de vaisseau, il me fallait accomplir sans un jour d'interruption trois années d'embarquement. Je fus donc laissé dans le Levant ; seulement j'y fus laissé dans des conditions inespérées. Mon affectueux protecteur me plaça sur un brick où je devais faire le service d'officier, avoir ma chambre et ma place à la table de l'état-major. Ce n'était pas à cette époque une faveur très-insolite. Les cadres étant devenus insuffisants depuis que les armements se multipliaient tous les jours ; la plupart des états-majors étaient complétés par des enseignes auxiliaires ou par des aspirants. Sur le brick à bord duquel j'avais été admis, je me trouvai le troisième aspirant investi d'une confiance que je ne méritais pas complétement encore. J'avais le cœur bien gros en me séparant d'un commandant que je considérais comme un second père et de camarades qui sont restés mes meilleurs amis, tant est féconde l'influence qu'exerce autour de lui un chef aimé ; mais j'allais *avoir ma chambre* et *commander mon quart*. Il y avait bien là de quoi me con-

soler. Disons-le d'ailleurs, j'avais besoin de passer sous
une discipline un peu plus rigoureuse que celle qui régnait
à bord de la *Calypso*. Mon embarquement sur le brick
l'Actéon fut pour moi un grand bonheur. J'y pris des habitudes d'application et de régularité que le poste de la
Calypso ne m'aurait jamais données. Le service de l'*Actéon*
était fort actif : pendant plusieurs mois nous battîmes
l'Archipel dans tous les sens pour donner la chasse aux
pirates. Il n'y a pas de navigation qui puisse mieux former
un jeune officier. Contraint de louvoyer de jour et de nuit
dans des canaux étroits, on apprend à ne pas craindre le
voisinage de la terre et à manœuvrer avec peu de monde,
car il faut bien que les équipages dorment, et, à moins de
circonstances exceptionnelles, on doit virer de bord, prendre
des ris avec une seule bordée.

Pendant ce temps, la question d'Orient se montrait à
l'horizon. Le pacha d'Égypte envahissait la Syrie. Méhémet-Ali était riche ; il avait en quelques années créé une
armée et une flotte. Mis dans le cas de légitime défense
par les intrigues de Khosrew et la jalousie du sultan Mahmoud, il prit résolûment l'offensive. Son fils Ibrahim
battait les Turcs sur terre pendant que la flotte d'Osman-
Pacha tenait en respect la flotte ottomane. Nous reçûmes
l'ordre d'aller surveiller les mouvements des deux escadres.
La flotte de Stamboul fut la première que nous rencon-
trâmes. Elle venait de ravitailler dans le golfe d'Alexandrette les débris des bataillons du sultan, et nous la trouvâmes mouillée à Anamour, sur la côte de Caramanie. Elle
se composait de treize ou quatorze vaisseaux, dont deux

à trois ponts, de plusieurs frégates, de corvettes et de bricks. Elle escortait un nombreux convoi et était éclairée par deux navires à vapeur.

Il n'y a rien de plus routinier et de plus monotone que le service ordinaire des stations. Les bâtiments de guerre tournent presque toujours dans le même cercle, visitant chaque année les mêmes localités, s'arrêtant aux mêmes étapes. La côte de Caramanie, à peu près déserte, n'était pas comprise dans l'itinéraire de nos avisos. L'hydrographie en était aussi incorrecte que celle des régions les plus lointaines et les moins explorées. Quelques points saillants avaient été déterminés en 1819 par le capitaine Gautier dans un levé sous voiles, mais tous les détails de la côte étaient représentés, même sur une carte d'une échelle très-réduite, de la façon la plus défectueuse. Je ne sais trop si de nos jours cette lacune considérable a été comblée, j'en doute. Pour nous, le mouillage d'Anamour était une découverte. Les Turcs étaient venus y renouveler leur provision d'eau à un ruisseau qui débouchait sur la plage. C'était une rade foraine sur laquelle on ne pouvait jeter l'ancre qu'en été. D'immenses massifs de roche calcaire se dressaient comme des murs à quelque distance du rivage ; nous avions devant nous les contre-forts du Taurus et les gorges désertes de la Cilicie : ni maisons, ni habitants, ni bestiaux, ni arbres même ; partout la roche nue et le silence. Cette profonde solitude causait une impression que je ne saurais décrire. Ce n'était pas la solitude d'une terre vierge ; c'était quelque chose de plus froid, de plus sombre et de plus décharné : on eût dit le squelette d'un empire. L'escadre turque ne s'arrêta que quelques jours devant Anamour. Dès qu'elle eut complété son eau — il en faut beaucoup à des équipages qui ne connaissent pas d'autre boisson et qui ne vivent que de riz — elle reprit la mer. Nous la suivîmes.

Pendant l'été, les vents ont dans cette partie de la Méditerranée la régularité des moussons de l'Inde; ils soufflent presque constamment de l'ouest-sud-ouest, parallèlement à la côte. Présumant que la flotte du sultan se dirigerait sur Rhodes après avoir touché au port d'Alexandrette, l'escadre égyptienne s'était hâtée de s'élever au vent et de doubler l'île de Chypre. Les Turcs s'évertuaient, avec leur lourd convoi, à remonter le canal qui sépare cette grande île du continent; il y avait un point où les deux flottes devaient nécessairement se rencontrer. En effet, un matin, nous aperçûmes, en nous éveillant, quinze ou dix-huit voiles rangées en ligne à quelques milles de nous. Osman-Pacha avait conservé l'avantage du vent; il était maître d'engager ou d'éviter le combat. Il avait douze vaisseaux, je crois, tous à deux ponts, de construction semblable, à poupe ronde, sans dunette, et ayant une égalité de marche qui facilitait singulièrement leurs mouvements. Cette escadre était l'œuvre d'un ingénieur français, M. de Cérisy, un véritable créateur. Alexandrie n'avait ni magasins, ni cales, ni ouvriers, quand notre compatriote y arriva. M. de Cérisy n'y trouvait qu'une volonté forte, celle du pacha. Il y apportait son génie inventif, son activité, ses connaissances profondes en architecture navale; au bout de quelques années il avait donné à Méhémet-Ali des vaisseaux comme nous n'en possédions pas. Ceci n'est point

un paradoxe. Lorsqu'un homme de mérite est sur un terrain neuf, qu'il n'a plus à compter qu'avec lui-même, ses
facultés s'exaltent ; il ne craint plus de rompre avec la routine, et, s'il a des idées, il le fait bien voir. Confiné dans
un arsenal français, M. de Cérisy aurait probablement rempli
avec conscience la tâche d'un habile ingénieur ; il eût
montré un singulier courage s'il avait entrepris d'innover.
Ce n'était pourtant pas un mince problème que de construire sur de nouveaux plans un vaisseau à voiles. Le
plus expert n'était jamais sûr du succès. De deux vaisseaux
construits identiquement sur les mêmes gabarits, l'un avait
une marche supérieure, l'autre était une bouée. Quand on
met sur les chantiers un navire à vapeur, les mécomptes
sont beaucoup moins à craindre. Avec les navires à voiles,
il existait un point délicat, une pierre d'achoppement où
venaient trébucher les maîtres : c'était la marche *au plus
près*. Tous les bâtiments vont d'un pas presque égal vent
arrière : ils sont dans cette condition de véritables navires
à vapeur ; mais dès qu'il faut serrer le vent, on reconnaît
les chevaux de race. Le plus fin voilier, c'est celui qui
gagne le plus au vent, et malheureusement on ne sait pas
bien encore ce qui fait les fins voiliers.

Soit intuition, soit calcul, M. de Cérisy avait con-
struit pour le pacha d'excellents vaisseaux. Des officiers
français s'étaient chargés de les armer. Il y avait là une
bien autre entreprise que celle dans laquelle réussissaient les lieutenants d'Ibrahim-Pacha. Convertir des fellahs
en matelots ! mieux eût valu édifier de nouveau les pyra-
mides On ne peut se figurer aujourd'hui ce que présentait

de difficultés, de complications, l'organisation d'un vaisseau à voiles, ce qu'il fallait de patience, de méthode, d'ordre prévoyant, pour tirer parti d'un personnel déjà habitué à la mer. Prendre des bateliers sur le Nil, des laboureurs à leur charrue, et former de tout cela un équipage, c'est une audace qui vaut la peine d'être citée. Toutes les nations peuvent se donner maintenant, grâce à la vapeur, le luxe d'une marine. Vous ne reconnaîtriez plus un navire turc à ses manœuvres. Il y a quelques années, les vaisseaux de Sa Hautesse n'avaient pas besoin d'arborer leur pavillon; leur démarche seule accusait de bien loin leur nationalité.

Les vaisseaux égyptiens — j'ai eu mainte occasion de les étudier — avaient bien conservé quelque chose de turc dans leurs allures. Les manœuvres s'y exécutaient avec une confusion bruyante qui faisait quelquefois frémir. On voyait des huniers monter au haut des mâts emportant des grappes de fellahs qui pendaient encore aux vergues. Des cris aigus, d'assourdissantes clameurs accompagnaient tous les exercices. Le peuple arabe n'est pas taciturne; il est rieur au contraire et bavard jusque dans ses plus grandes misères. Aussi, pendant que la *courbache* activait l'enthousiasme des matelots, comme autrefois la *liane* des quartiers-maîtres de la République, on entendait sur la rade d'Alexandrie un vacarme qui rappelait celui des moineaux de Constantinople dans les cyprès du Champ-des-Morts. Cependant il y avait un abîme entre les vaisseaux du pacha et ceux de son auguste maître. Les premiers essayaient de se modeler sur les vaisseaux européens, les autres en étaient encore aux traditions du combat de Tchesmé.

Méhémet-Ali, qui connaissait bien ses coreligionnaires, avait pris soin d'adjoindre à son escadre trois brûlots dont il attendait merveille. Il comptait sur cet épouvantail pour jeter le désordre dans la ligne du capitan-pacha. Le souvenir de Canaris était toujours vivant dans le cœur des marins ottomans; il eût suffi de crier son nom dans la mêlée pour porter la terreur à bord du plus fier trois-ponts. Les brûlots égyptiens étaient des bricks très-rapides confiés à des marins grecs, les plus experts en ce genre d'attaque. Ils portaient à l'arrière une plate-forme sur laquelle devait se réfugier l'équipage au moment de donner l'abordage, et traînaient à la remorque une embarcation destinée, une fois l'incendie allumé, à favoriser la fuite des incendiaires. Les Turcs, de leur côté, s'étaient munis de grandes péniches à rames que remorquaient leurs vaisseaux, et dont ils espéraient se servir pour détourner ces engins redoutés.

Un combat d'escadres, c'est un spectacle dont tous les jeux du cirque n'ont jamais pu égaler l'intérêt. Les champions étaient en présence, et, s'il n'eût tenu qu'à nous de donner le signal, ils auraient été bientôt aux prises. L'amiral turc avait mis son convoi sous le vent de sa flotte rangée en ligne, et il continuait tranquillement ses bordées; Osman-Pacha l'observait sous petites voiles, maintenant toujours sa distance. Ainsi se passa la première journée. Le lendemain, les deux flottes étaient exactement dans la même position; la distance qui les séparait s'était seulement un peu accrue. Nous commençâmes à craindre d'avoir en vain préparé nos lunettes. Deux jours, trois jours s'écou-

lèrent. Un beau matin, la flotte égyptienne avait disparu.
Les Turcs allèrent mouiller devant Rhodes, et le capitan-
pacha descendit à terre. Si jamais une flotte s'est mise
dans le cas d'être brûlée, c'est assurément la flotte ottomane. Elle était mouillée, dans une confusion dont on ne
peut se faire une idée, sur l'étroit plateau de sable qui
forme le mouillage extérieur de Rhodes. Les Égyptiens
rôdaient aux alentours. S'ils n'attaquèrent pas cette fois les
vaisseaux ottomans, nul doute qu'ils n'eussent l'ordre de
les ménager. Il n'eût pas fallu qu'au lieu d'Osman-Pacha
avec ses vaisseaux, Miaulis se fût trouvé là avec ses bricks.
Lui, qui avait offert le combat à toute une escadre dans le
canal de Cos, il n'eût pas hésité à donner de nuit au milieu
de ces vaisseaux en désordre, qui se seraient certainement
détruits eux-mêmes.

Les Turcs ne restèrent pas longtemps dans cette situation
périlleuse. La tentation fût devenue trop forte pour l'ennemi. Ils se réfugièrent dans la baie de Marmorice, et les
Égyptiens vinrent les y bloquer. Quand on a visité les côtes
qui se déroulent du golfe de Macri jusqu'aux Dardanelles,
on comprend que la civilisation se soit d'abord assise sur
les bords de la Méditerranée. Quels ports paraîtront dignes
d'admiration aux marins qui auront pénétré dans la baie
de Marmorice? Un goulet resserré ouvre l'accès d'une rade
où mille vaisseaux ne se presseraient pas; tout autour du
golfe, les collines, qui s'étagent, descendent jusqu'à la mer
chargées de myrtes, de lauriers-roses ou de forêts odo-
rantes. Je regrette de n'avoir pas retenu le nom des arbres
qui couvrent une partie des rivages de la baie de Marmo-

rice et du port voisin de Karagatch. Des marchands viennent, sur les lieux mêmes, en faire bouillir l'écorce pour
en extraire un baume dont le parfum aromatique se répand
au loin.

Les Turcs passèrent plus d'un mois dans cette baie, qui
leur avait offert si à propos un refuge. Enfin, sur des ordres
venus de Constantinople, ils se décidèrent à en sortir; les
Égyptiens leur ouvrirent encore une fois le passage. Le
gouvernement de la Sublime Porte semblait tout préparer
pour une prochaine évacuation des vastes provinces d'où
se retiraient lentement ses armées. Une frégate à peine
achevée, qui se trouvait sur les chantiers de Rhodes, avait
été lancée, équipée à la hâte, et amenée de nuit par un des
navires à vapeur de l'escadre sur la rade de Marmorice.
Cette frégate était un assez grand embarras; elle dérivait
tellement que, sans le secours des deux petits steamers, il
eût fallu l'abandonner. On la faisait remorquer, tant que le
jour durait, *dans le lit du vent*. La nuit venue, elle mettait
à la voile et se retrouvait en ligne au lever du soleil. Un
vaisseau à trois ponts était en construction à Boudroun,
l'ancienne Halicarnasse : on voulut l'adjoindre aussi à
l'escadre; à cet effet, nous donnâmes dans le canal de
Stancho, canal compris entre l'île de Cos et les côtes de
l'Anatolie. Le vaisseau n'était pas encore prêt, et nous
dûmes poursuivre notre route sans l'attendre, car les Égyptiens nous talonnaient. Leur mission paraissait être, non
pas de détruire la flotte turque, mais de la chasser dans les
Dardanelles. On ne les voyait jamais; on en avait san
cesse des nouvelles par les éclaireurs.

L'escadre ottomane s'approchait lentement de son but, s'arrêtant souvent pendant la nuit et n'osant s'avancer que jusqu'au point qui avait été reconnu de jour par ses avisos à vapeur. Les alertes étaient fréquentes; en somme, les précautions pour éviter une surprise semblaient assez bien entendues. Nous avions dépassé les îles de Calimnos et de Leros, renommées pour leurs hardis plongeurs; Patmos était derrière nous; les sommets de Nicarie et de Samos venaient d'apparaître : une brise du sud-est s'éleva tout à coup. Ce vent favorable simplifiait bien la tâche du capitan-pacha : les vaisseaux turcs se couvrirent de voiles et se précipitèrent à l'envi vers les Dardanelles. Il y eut dans le premier moment quelques abordages. Dans quelle flotte n'y en a-t-il pas? Des corvettes se trouvèrent soudainement métamorphosées en bricks; elles n'en coururent pas moins vite. Tout allait à souhait, quand le vent nous abandonna en face de Ténédos; il fallut laisser tomber l'ancre non loin du promontoire de Sigée, à la hauteur des ruines de Troie.

Les Turcs restèrent près d'un mois à l'entrée des Dardanelles. C'était la terre promise, et ils avaient grande envie d'y arriver; mais le courant les repoussait impitoyablement. A la moindre brise, ils se hâtaient d'établir leurs voiles et de lever l'ancre; ils gagnaient à ce jeu quelques encablures à peine. L'ombre des Égyptiens était toujours là, — leur ombre seulement, — les vaisseaux restaient au large. Un matin nous fûmes fort étonnés de ne plus trouver la flotte ottomane au mouillage; elle avait glissé sans bruit, et nos timoniers n'en avaient rien vu. Prévenue de l'approche de la flotte ennemie, elle avait eu cette fois la prudence de ne pas l'attendre, et était allée se former en ligne de l'autre côté de Ténédos. Nos vigies la découvrirent : nous courûmes la rejoindre, nous promettant bien de la mieux surveiller à l'avenir. Enfin le vent du sud se rendit aux vœux des Osmanlis : nous vîmes le capitan-pacha donner à pleines voiles dans l'Hellespont, et nous fîmes route dans un sens opposé, vers Andros.

La traversée de l'*Actéon* fut rapide. Nous mouillâmes devant Nauplie de Romanie, où le roi Othon tenait déjà sa cour. L'Hellade était dans l'ivresse. Les îles de l'Archipel comme la Morée retentissaient du cri de : *Zitô Othon, o vasilevs tis Hellados!* « Vive Othon, le roi de l'Hellénie! » Six mille Bavarois surveillaient cet enthousiasme; les partis avaient désarmé, et tout annonçait un règne prospère. Nous ne pûmes jouir longtemps de ce spectacle. Un des bâtiments de la station, la corvette *la Truite,* venait de se perdre dans une baie voisine du mouillage de la Mandri, à quelques lieues seulement du cap Sunium. Ordre nous fut donné d'aller procéder au sauvetage. Nous étions en hiver, la neige couvrait les montagnes. La navigation de l'Archipel, qui est une des plus faciles du monde en été, est une des plus rigoureuses que je connaisse à partir du mois de décembre. On y trouve tant de caps à contourner, tant de canaux étroits à franchir, que le même vent ne peut que bien rarement vous conduire au port. Le moindre voyage, surtout quand on va vers le nord, est sujet à mille traverses. Les points de relâche sont nombreux, ils ne sont pas tous également sûrs. La *Truite* avait été conduite par son pilote dans une crique où le fond ne manquait point, dont l'étendue malheureusement était insuffisante. La nuit s'était passée sans inquiétude. Au jour, une rafale violente fit chasser la corvette; en moins de quelques minutes, elle fut sur les roches. L'équipage tout entier put descendre à terre. Quant à la *Truite*, ses destins étaient terminés : elle resta cramponnée par l'arrière aux rochers qui l'avaient défoncée; l'autre moitié du bâtiment disparut sous l'eau.

La baie de la Mandri nous offrait un mouillage. Nous allâmes y jeter l'ancre, mais nous nous y établîmes avec ce luxe de précautions qu'inspire toujours l'aspect d'un sinistre récent. La crique où gisait la *Truite* n'était séparée du mouillage que nous avions choisi que par un étroit promontoire. Nous nous occupâmes sur-le-champ de sauver tout ce qu'il était possible d'arracher au naufrage. L'accident avait été si subit que les officiers mêmes n'avaient rien pu enlever de leurs chambres. On jetait des grappins par les panneaux, et l'on tirait à soi tout ce qu'on pouvait saisir; chacun venait ensuite reconnaître ce qui lui appartenait dans ces épaves.

Pendant que nous étions occupés à ce sauvetage, l'ordre nous vint de rentrer en France. Ainsi finissaient mes trois années d'embarquement. J'avais été un heureux aspirant; nos pères ne connaissaient pas de si doux noviciats. Bien des gens prétendaient encore en 1832 que cette discipline indulgente nous amollirait. L'influence de quelques chefs, parmi lesquels il faut au premier rang placer le commandant, bientôt le vice-amiral Lalande, prévalut contre des protestations dont on ne se souvient plus même aujourd'hui. La bienveillance a définitivement vaincu l'antique et farouche rigorisme. Les matelots, les pauvres mousses eux-mêmes, ont ressenti les effets de ce changement de système. Les mousses ont été traités comme des enfants lorsque les aspirants ont été conduits comme des hommes.

Le jour où nous laissâmes tomber l'ancre sur la rade de Toulon, on m'apporta mon brevet d'enseigne. Le 1ᵉʳ janvier 1833, j'avais été nommé officier.

CHAPITRE IV

LA STATION DU LEVANT DE 1833 A 1836.

Après deux mois de congé, je repris la mer. L'armée d'Ibrahim-Pacha avait poursuivi ses avantages. Les Turcs venaient d'être complétement battus à Konieh. La route de Constantinople était ouverte. Les Russes menaçaient d'une protection suspecte l'empire ottoman; les Anglais rassemblaient des forces considérables dans l'Archipel, sous les ordres de l'amiral Malcolm. Nous dûmes armer des vaisseaux en toute hâte, pour renforcer aussi de notre côté l'escadre de l'amiral Hugon. Le capitaine Lalande fut appelé au commandement d'un de ces vaisseaux, et il voulut bien me désigner pour le suivre à bord de la *Ville-de-Marseille*. On n'a vu jusqu'ici dans le commandant de

l'escadre de 1840 qu'un ennemi juré des Anglais. Le commandant Lalande avait l'esprit trop élevé et trop libéral
pour ouvrir son cœur à de telles passions ; il était au contraire le partisan le plus décidé que j'aie jamais rencontré
de l'alliance anglaise, mais il ne voulait pas s'y asservir. Il
entendait pratiquer cette alliance avec autant de fierté que
de sincérité. Ce qu'il considérait comme un péril européen,
c'était l'ambition à peine dissimulée de la Russie. Sébastopol l'inquiétait déjà. Je l'ai entendu bien souvent dresser
ses plans de campagne pour le jour où les escadres alliées
entreraient dans la mer Noire. Il ne mettait pas en doute
cette prochaine nécessité. Sous ce rapport, il avait un coup
d'œil prophétique ; en partant de Toulon, il prévit que les
Russes allaient se montrer dans le Bosphore. De leur côté,
les Français et les Anglais devaient avoir forcé l'entrée des
Dardanelles ; il arriverait trop tard. Telle fut sa préoccupation pendant toute la traversée ; mais il était fermement
résolu à rejoindre nos vaisseaux sous les murs de Constantinople ; le feu du château d'Europe et celui du château
d'Asie ne l'arrêteraient pas. Les bruits que nous recueillîmes à Milo confirmèrent ses appréhensions. Nous remon-
tâmes rapidement l'Archipel ; au point du jour, nous avions
dépassé Ténédos ; nous nous trouvions à l'entrée de l'Hellespont. Point d'escadres ! Le vent avait été favorable, les
alliés étaient sans doute à cette heure dans le Bosphore.
Un brick de guerre français se trouva très-opportunément
au mouillage de Bezika pour nous arrêter. Ce brick, qui
était, s'il m'en souvient bien, le *Palinure,* nous apprit que
les escadres croisaient encore sous Mételin. Nous les avions

traversées pendant la nuit sans les apercevoir et sans en être aperçus. « Qu'on vienne, après cela, me parler de blocus! » disait l'amiral Malcolm à son vieil ami le capitaine Lalande.

Les Russes furent habiles et audacieux dans cette circonstance. Leur flotte se rendit à l'appel du sultan ; trente mille soldats moscovites vinrent camper sous le Mont-Géant, en face de Thérapia et de Buyuk-Déré. Ibrahim-Pacha, qui s'était avancé jusqu'à Kutahié, s'arrêta aux cris d'alarme de la diplomatie. Les Russes replièrent leurs tentes et remontèrent sur leurs vaisseaux ; mais en partant ils avaient laissé sur le rivage la pierre d'Unkiar-Skelessi. On venait de manquer l'occasion de châtier leur témérité. La campagne de Crimée n'eût point eu lieu, si dès cette époque on eût su montrer l'énergie qu'on déploya en 1854.

Les Russes se maintinrent dans leur rôle. Il y avait entre la Grèce et la Turquie plusieurs questions pendantes ; la Russie se déclara en faveur de la Porte. Elle n'osa point cependant agir seule, et se contenta de peser de tout le poids de sa politique captieuse sur les conseils des ambassadeurs. La *Ville-de-Marseille* reçut l'ordre de se rendre à Samos avec trois commissaires délégués par les ambassades des trois grandes puissances pour faire accepter aux habitants de cette île un arrangement qui les replaçait sous le joug de la Porte Ottomane. Les Samiens avaient été les plus ardents à défendre la cause de l'indépendance ; c'était à eux qu'il fallait attribuer en grande partie le soulèvement et les malheurs de Chio. Ils protestaient au nom des longs combats qu'ils avaient soutenus : on refusa de les écouter. Les commissaires alliés convoquèrent le peuple sur la place publique et lui donnèrent lecture des conditions auxquelles il devait se soumettre ; le prince que la Porte accordait aux Samiens, un Phanariote, fils du prince Vogoridès, leur était en même temps présenté. C'était le commissaire russe qui portait la parole. Il était d'origine grecque, et maniait la langue romaïque avec une facilité merveilleuse. Il trouva cependant des orateurs pour lui répondre.

Le chef de Samos, Logotetti, avait de nombreux partisans ; sa violence d'ailleurs effrayait les faibles, et leur communiquait une énergie qui n'était peut-être pas dans leurs cœurs. « Si les puissances nous abandonnent, s'écriait le peuple, nous quitterons Samos, nous irons chercher ailleurs une patrie ; nous ne redeviendrons pas des raïas ! » Un propriétaire de l'île se leva. Parodiant la réponse des sauvages de l'Amérique : « La chose vous est facile, dit-il, à vous qui ne possédez rien ; mais nous, dirons-nous à nos vignes : Levez-vous et suivez-nous sur la terre étrangère ? » Il n'alla pas plus loin que cet exorde. Une immense clameur suivit ses paroles ; on l'accabla d'injures ; on l'appela ivrogne, visage de chien et cœur de cerf, — Οἰνοβαρὲς, κυνὸς ὄμματ' ἔχων, κραδίην δ' ἐλάφοιο, — et autre chose encore qui ne se trouve pas dans Homère. En un instant, le désordre fut à son comble ; on se rua sur le pauvre diable, qui dut prendre la fuite et eut du moins le bonheur d'éviter un coup de pistolet tiré sur lui presque à bout portant. La séance, comme on pense, fut levée, et nous rentrâmes à bord du vaisseau. La diplomatie jusque-là n'avait pas fait ses frais, mais nous venions d'assister à une scène de *l'Iliade*. Nous étions enchantés. Je ne sais trop

pourquoi nous sommes toujours portés à prendre parti
pour les rebelles. Bien des gens diront que c'est à cause
de notre humeur turbulente : j'aime mieux croire que c'est
une suite de notre caractère chevaleresque. Nous épousons
volontiers la querelle du plus faible : un Français ne peut
pas voir battre devant lui un enfant. Toujours est-il que,
dans tous les événements dont j'ai été témoin ou auxquels
je me suis trouvé mêlé, j'ai constamment vu nos sympathies s'adresser à la révolte. A Samos, pas plus qu'à Poros,
à Hydra et à Nauplie, nous n'eûmes garde de manquer à
cette noble habitude. Il se forma sur la *Ville-de-Marseille*
un véritable parti en faveur des Samiens, et ce fut avec un
profond regret que nous nous aperçûmes que Logotetti
perdait chaque jour du terrain. La diplomatie finit par l'em-
porter : elle avait pour elle les propriétaires de vignes.

C'était une charmante station que la station du Levant
en 1833. Les escadres passaient généralement tout l'hiver
à Ourlac ou à Smyrne. On n'entendait plus parler que de
bals et de fêtes. Il n'est pas de pays au monde où l'on
s'amuse à moins de frais ; les toilettes sont simples, mais
les femmes sont belles. C'est un luxe que rien ne remplace. Ce mois de décembre, qui était pour nous le signal
des plaisirs, était dur cependant lorsqu'il fallait l'affronter
dans l'Archipel. Un matin, deux frégates américaines, la
Constellation et les *États-Unis,* deux bâtiments français,
le *Superbe* et la frégate *la Galatée,* appareillèrent de la
rade de Smyrne. Le vent soufflait du nord. Ces quatre
navires débouchèrent du golfe. Arrivé sous les *Mamelles,*
hautes montagnes qui s'élèvent presque en face de l'em-

bouchure de l'Hermus, il fallut déjà prendre des ris. A la hauteur du cap Kara-Bournou, la brise était devenue une tempête. Il eût peut-être été sage d'aller chercher alors sur la côte voisine le mouillage de Folieri et d'y attendre le jour; un certain point d'honneur retint également les Français et les Américains. Devant l'étranger, personne ne voulut être le premier à se montrer prudent. On passa outre. A minuit, on avait doublé Chio et Ipsara. Les avaries commencèrent. Des ancres furent arrachées par les vagues, des canons se démarrèrent; le *Superbe* perdit son grand mât de hune. Quand le vent souffle en tourmente, le vaisseau de ligne est toujours celui qui subit les plus fortes avaries. — Dans une mer moins resserrée, la position n'eût encore rien eu de critique. Ici, tout était péril. Mettre en cape, c'était se laisser porter à la dérive vers une île quelconque; continuer de courir vent arrière, c'était demander au hasard une issue. A cette heure, les quatre navires partis ensemble de Smyrne étaient dispersés. Chacun d'eux suivit une inspiration différente. La *Galatée* tint la cape une partie de la nuit; avant le jour, elle laissa arriver sur le cap Doro[1]. Elle avait le meilleur pilote de l'Archipel, le fameux Dimitri; mais que peuvent les pilotes, lorsque la *tramontana negra* passe sur l'Archipel? Toutes les côtes sont alors enveloppées d'une nuée épaisse, le ciel est bas et noir, la mer n'a pas d'horizon. Ce sont des tourbillons de neige fondue que la tempête chasse en hurlant devant elle. La *Galatée* jouait son existence sur

---

[1] Voir la carte jointe à la *Station du Levant*. E. Plon et Cⁱᵉ, éditeurs.

un coup de dé : elle gagna. Au-dessus de lames déferlantes, on distingua tout à coup un point sombre. Était-ce le cap Doro? était-ce le rivage escarpé d'Andros? La vie et la mort étaient dans cette question. Dimitri affirma que c'était le cap Doro : quelques instants après, on apercevait l'île anglaise. On avait vidé le canal avant d'avoir pu s'assurer qu'on y était entré. .

La *Constellation* alla relâcher à Milo, sans pouvoir dire peut-être par quel détroit elle avait passé. La frégate *les États-Unis,* à bord de laquelle se trouvait le commodore Patterson avec ses deux filles, se crut un moment perdue. « En prière ! en prière ! » tel fut le cri de tout un équipage. La vague s'engouffrait entre Tine et Andros; la frégate la suivit. Jamais, aux plus beaux jours de l'année, navire de guerre ne s'était aventuré dans cette bouche étroite; seul, un brick français, le brick *la Flèche*[1], inspiré par une heureuse audace, l'avait franchie la veille, quelques heures avant que la tempête éclatât.

Restait le *Superbe*. Il était de tous celui qui semblait avoir le plus de chances de salut. Il avait à peine cessé un instant de poursuivre sa route ; les doutes sur sa véritable position étaient donc moindres. Le commandant calcula qu'il arriverait sur Andros avant le jour. Il vint au sud-est, inclinant ainsi vers la gauche, reconnut, dès huit heures du matin, Tine et Miconi, et fut rapidement emporté dans ce large passage, en y laissant, il est vrai, sa misaine, qui lui fut enlevée par une rafale ; mais il avait

---

[1] Commandé par le lieutenant de vaisseau Pellion.

encore son petit hunier et toute une journée devant lui. Peut-être eût-il dû alors tenter de sortir de l'Archipel : on l'a dit après l'événement. S'il l'eût fait, ce n'eût point été d'ailleurs sans danger : toute une ceinture d'îles le séparait encore de la mer libre. L'île de Paros était peu distante : elle offrait le port de Nausse, vaste, sûr, habitué à recéler des escadres. Les Russes y avaient établi sous la grande Catherine leur principal dépôt. Désemparé et presque sans voiles, avec un équipage accablé de fatigue, le *Superbe* se dirigea vers ce refuge. On se croyait dans la passe, quand du gaillard d'avant s'éleva un cri d'alarme. On avait pris trop à droite ; le pilote abusé conduisait le vaisseau dans une fausse baie. On se hâta de revenir au vent. Pendant plus d'une heure, il fallut se traîner péniblement le long d'une côte de fer. L'émotion était vive. Le sort du vaisseau dépendait d'un hunier que des grains gonflaient quelquefois à l'arracher de sa filière, qu'une rafale sinistre faisait d'autres fois ralinguer [1]. Tous les yeux étaient fixés sur ce morceau de toile, car la terre, les plus hardis n'osaient pas la regarder.

Sur le gaillard d'arrière, on restait heureusement impassible. Les ordres étaient donnés et exécutés avec le même sang-froid. La mer tient en réserve des ressources inconnues pour les courageux. La vague, en se retirant, repoussée par la côte, soutint, dit-on, le vaisseau par son remous ;

[1] .Lorsque le vent change de direction et cesse d'enfler une voile, cette voile *ralingue*. Quand les voiles ralinguent, le navire ne va plus qu'en dérive.

les grains eurent des risées favorables [1]. Après deux ou trois heures d'angoisses, le terrible cap, qu'on avait craint de ne pas doubler, qu'on avait vu plus d'une fois déborder sur l'avant, fut enfin dépassé. On n'était pas pour cela hors de l'Archipel ; la nuit approchait ; il fallait courir de nouveaux hasards ou trouver un abri. Le pilote proposa le port de Parekia, voisin d'Antiparos. Jamais vaisseau de ligne n'y avait mouillé. On osa cependant, pressé par la perspective des dangers auxquels on avait hâte de se soustraire, on osa s'engager dans cet étroit canal au fond duquel le pilote promettait un port. Encore quelques pas, et le pilote avait tenu parole. L'ancre tomba trop tôt ; elle tomba par une fatale méprise. Sur le gaillard d'arrière, on donnait des ordres pour orienter le petit hunier, on croyait manœuvrer pour s'enfoncer davantage dans la baie, que déjà le vaisseau mouillé venait à l'appel de sa chaîne. Un choc se fait entendre : la chaîne est brisée. Une seconde ancre est jetée des porte-haubans à la mer ; précaution stérile ! Le vaisseau talonne sur les roches, l'eau envahit la cale : en quelques minutes, l'avant est submergé : l'équipage se réfugie tout entier sur l'arrière. La mer était affreuse, mais la côte était proche. Dès le lendemain, des moyens de sauvetage furent organisés, et si quelques malheureux, trop confiants dans leurs forces, n'eussent tenté de gagner la terre à la nage, on n'eût pas perdu un seul homme dans cet épouvantable événement.

---

[1] Les *risées* sont les variations brusques et passagères de la brise pendant les grains.

Le vaisseau *la Ville-de-Marseille* fut envoyé au port de Nausse pour recueillir et ramener à Nauplie l'équipage du *Superbe*. Tout vrai marin se sent ému de sympathie à la vue d'un malheur noblement supporté ; il sait que les naufrages ne se conjurent ni par l'habileté, ni par le courage, lorsque le ciel ne prend pas en pitié nos efforts. L'inexpérience seule est prompte à blâmer : elle trouve des remèdes à toutes les situations, des expédients pour tous les périls. Elle est présomptueuse : c'est tout simple ; elle n'a jamais eu l'occasion de se tromper. La perte du vaisseau *le Superbe* eut un immense retentissement. On avait oublié que l'amiral Collingwood, vieilli dans les plus rudes croisières, déclarait la navigation de l'archipel grec impossible en hiver pour les vaisseaux de ligne. On s'étonna qu'un vaisseau eût péri ; on eût dû remercier la Providence que, dans une si terrible catastrophe, au milieu de pareilles circonstances, un équipage de huit cents hommes eût été sauvé.

Les naufragés du *Superbe* trouvèrent sur la *Ville-de-Marseille* l'accueil auquel leur donnaient droit les dangers qu'ils venaient de courir. Le jour même où ils arrivèrent à bord, nous appareillâmes. L'aspect du ciel était loin d'être rassurant, mais nous avions confiance dans notre étoile, nous à qui tout avait réussi depuis notre arrivée dans l'escadre. Nous étions un vaisseau heureux ; nos manœuvres se ressentaient de notre bonne fortune ; ce que nous faisions, nous le faisions toujours avec aplomb. Les vaisseaux qui en viennent à douter d'eux-mêmes, — les mieux commandés ne sont pas à l'abri de cet esprit de

vertige, — sont plus sujets aux accidents que les autres et
finissent souvent mal. Si dans les affaires des hommes il
y a une marée, cette marée était pour nous. Il nous fallait
un vent du sud pour sortir de Nausse : nous eûmes un vent
du sud ; un vent du nord pour nous rendre à Nauplie :
le vent changea subitement dès que nous fûmes hors
de la passe. Tant de bonheur ne pouvait manquer de
frapper douloureusement ceux dont l'habileté et la constance
venaient d'être subjuguées par la fatalité. Ajoutons d'ailleurs que rien au monde n'est plus vrai que le vieil adage :
Il n'y a de bonheur que pour les audacieux. Si nous
nous étions laissé arrêter par les menaces d'un prochain
orage, si nous avions hésité à sortir du port, la saute de
vent nous bloquait dans Nausse, au lieu de nous aider à gagner Nauplie.

Il est doux de servir sous un chef dont la sérénité apla-
nit tous les obstacles. La *Ville-de-Marseille* n'était peut-
être pas le vaisseau le plus régulier de l'escadre, mais
c'était le vaisseau qui passait partout. Pas de signaux
dont l'exécution nous parût impossible, même ceux que
nous ne comprenions pas. Un jour, nous arrivons au
mouillage de Smyrne. Depuis le matin, nous louvoyions
dans le golfe, sous une brise très-fraîche, cassant successivement tout ce que nous avions à bord de vergues de
perroquet, et nous glissant miraculeusement à travers les
bancs de l'Hermus. On nous signale de venir mouiller dans
l'est d'un vaisseau dont une flamme et un pavillon nous
indiquent le nom. Notre chef de timonerie ne voit pas ce
second signal et nous transmet d'une façon incomplète

l'ordre qu'il s'est chargé de traduire. Il affirme que nous
devons prendre poste dans l'est de l'amiral. Toutes les
longue-vues sont braquées sur le mouillage. Pas de place !
ordre absurde ! manœuvre impraticable ! voilà les commentaires qui suivent cette inspection. Le commandant
Lalande reste un instant étonné, mais bientôt il sourit au
problème difficile qu'on lui pose. C'est le traiter en maître.
Il accepte le défi. La nuit cependant est venue : un vaisseau sous notre proue ! Un coup de barre nous le fait éviter. Une frégate à tribord ! une frégate à bâbord ! Nous
passons entre deux. Un brick droit devant nous ! Nous
mouillons sous sa poupe, nous filons cinquante brasses de
chaîne et nous restons tranquilles. Nous sommes à notre
poste, — un peu près de l'*Iphigénie* cependant. — Mais,
se disait le commandant Lalande, ainsi l'a voulu l'amiral,
cela le regarde. Les officiers, accourus sur toutes les
dunettes pour nous voir passer, avaient cru que nous per-
dions la tête. Où va-t-il? disait-on. Tout le monde connaissait le signal qui nous avait été adressé, excepté
nous-mêmes. L'amiral n'était pas satisfait : dès qu'il vit
le commandant Lalande, notre erreur lui fut facilement
expliquée. Tout ce qu'il nous demanda, ce fut de changer
dès le lendemain matin de mouillage. La brise était restée
fraîche. Nous étions à une demi-longueur de vaisseau de
l'*Iphigénie*. On croyait généralement sur rade que nous
allions nous touer sur des ancres à jet, harasser notre
équipage ; on nous connaissait bien ! Nous hissâmes très-
paisiblement nos huniers, nous virâmes notre ancre et
nous abattîmes sur bâbord avec le plus grand calme.

« *Les vaisseaux ne culent pas !* dit simplement le commandant Lalande, j'en étais bien sûr. » En effet, notre flanc
passa plus loin du beaupré de l'*Iphigénie* que n'en avait
été notre arrière. L'inertie de cette lourde masse lui avait
permis de pivoter sur elle-même avant de reculer. Si l'on
croit que de pareilles épreuves ne trempent pas les caractères, on s'abuse.

Quelques années avant ma seconde campagne dans la
Méditerranée, le combat de Navarin avait mis en présence
les escadres de la France, de l'Angleterre et de la Russie.
Ce jour-là, jour si funeste à la flotte ottomane, les frégates *l'Armide* et *la Sirène* arrachèrent à nos ennemis
d'hier, à nos rivaux d'aujourd'hui, des cris d'admiration.
La nécessité de consolider le nouvel État chrétien dont ce
combat venait d'assurer l'existence retint dans les eaux
de l'Archipel les vaisseaux qui avaient combattu côte à
côte. A l'ancienne animosité succéda une émulation généreuse. On lutta d'habileté dans les manœuvres, de hardiesse dans la navigation, d'élégance et de coquetterie
dans la tenue des navires. Une ère de progrès bien entendu
s'ouvrit pour nous. Nous avions beaucoup à apprendre :
nous apprîmes vite, quelquefois même nous laissâmes en
arrière ceux que nous voulions imiter. L'amiral de Rigny
était homme d'initiative. Par sa situation personnelle, par
ses grandes relations dans le monde, il dominait de très-
haut les capitaines rangés sous ses ordres, presque tous
jeunes d'ailleurs et animés d'une noble ambition. Il fonda
une école. Il fit, dans une certaine mesure, pour notre
marine ce que l'amiral Jervis avait fait pour la marine

anglaise. C'est surtout dans la Méditerranée que les escadres peuvent perfectionner leur organisation militaire. La beauté du climat, la fréquence des relâches, le terrain même sur lequel on manœuvre, tout y favorise l'établissement d'un service régulier.

Les relations qui s'établirent entre nous et les officiers anglais nous furent très-profitables : elles nous firent partager le bénéfice de leurs traditions. Nous acquîmes ainsi en peu de temps ces *secrets de l'atelier* que nous eussions peut-être mis des années à découvrir. C'est dans le Levant qu'un esprit nouveau prit naissance : l'*anglomanie* envahit notre marine, elle ne la fourvoya pas. Si sur quelques points l'imitation fut poussée jusqu'à la puérilité, si les officiers les plus graves durent, jusque dans leur costume et dans les intonations de leur commandement, céder à l'engouement presque général, la voie dans laquelle on s'était éperdument lancé n'en était pas moins salutaire. Le progrès, le véritable progrès, était au bout. Comme dans toutes les affaires de mode, ce fut la jeunesse qui poussa les retardataires en avant. De très-jeunes officiers jouèrent à cette époque un rôle plus considérable qu'on ne l'a peut-être remarqué ; leur ardeur ébranla l'opinion publique, et dès que cette opinion se fut prononcée, les plus altiers courtisèrent ses suffrages. On eut beau regimber, il fallut plaire à ces juges, qu'on affectait vainement de dédaigner. Dès qu'un navire arrivait dans la station, il se trouvait pendant quelques jours sur la sellette. Pas un de ses mouvements qui ne fût surveillé ; on le passait en revue de la pomme à la flottaison. La tenue de sa mâture, le tracé de sa ligne de batterie, devenaient l'objet du plus minutieux examen; puis venaient ses embarcations: la *nage* des canotiers et la coupe des voiles provoquaient le sourire ou obtenaient l'assentiment. Cette sainte wehme, — insaisissable, car elle était partout, — tenait en émoi tout ce qui était jaloux de sa réputation. Elle avait ses favoris, elle avait aussi ses victimes. En somme, elle entretenait dans la marine le désir de bien faire, et je connais peu de ses arrêts que le temps n'ait pas ratifiés.

A l'époque où la *Ville-de-Marseille* était dans l'Archipel, on commençait à se préoccuper plus généralement des questions d'artillerie. Les questions de gréement, d'architecture navale, de manœuvres, avaient cependant encore le pas. La chose était naturelle, on avait débuté par ce qui offrait le plus d'attrait. Bien des gens s'imagineront que le goût en marine n'est pas chose qui puisse se définir; je le croyais aussi jusqu'au jour où ma bonne fortune me mit en contact avec un des esprits les plus judicieux que j'aie rencontrés en ma vie. Le lieutenant de vaisseau Larrieu, mon compagnon sur la *Ville-de-Marseille,* n'a point failli à ses débuts : il est aujourd'hui vice-amiral. J'appris de lui que ce qu'il fallait trouver beau, c'était ce qui pouvait contribuer aux qualités essentielles du navire, et qu'en y regardant bien il n'y avait point de coque agréable à des yeux exercés qui ne divisât facilement le fluide et ne se défendît avec avantage contre la vague. Dans les moindres détails, la raison et l'expérience devaient se trouver d'accord avec l'instinct. Je prêtai d'abord une oreille distraite à ces leçons, puis insensiblement j'en vins à en comprendre le charme. Les écailles tombèrent de mes yeux : je m'étonnai d'avoir admiré si longtemps, sur la foi d'un goût perverti, des constructions disgracieuses et massives. En réalité, je n'avais rien admiré, j'étais resté indifférent. La forme d'un navire, sa mâture, son gréement, ne me disaient rien ; je n'aimais pas mon métier. Je commençai à l'aimer le jour où ces questions m'émurent. Alors seulement les heures me parurent courtes, et la manœuvre me devint attrayante. Supprimez l'amour du cheval, où sera l'intérêt du *turf?*

Jamais plus grand service ne me fut rendu. Il me semble que j'aurais langui dans la marine, si le goût nouveau que l'amitié avait éveillé chez moi ne m'eût ouvert une source inconnue de jouissances. Je ne fus pas le seul à recueillir ce bienfait : une génération entière d'officiers a grandi dans les sentiments qui m'ont fait ma profession chère. Ce qui distingue le corps de la marine pendant toute la durée du gouvernement de Juillet, c'est l'amour du métier pour lui-même, c'est un esprit de recherche et d'élégance qui a dû faire place, avec la transformation de la flotte, à des préoccupations plus austères.

Trop éprise peut-être du côté pittoresque des choses, l'agitation de la jeune marine n'en mit pas moins en mouvement dans la flotte tout ce qui, sans l'impulsion de ce zèle passionné, serait longtemps encore demeuré immobile. Matériel, personnel, discipline, organisation intérieure, rien ne put échapper à la fièvre qui venait de nous saisir. La transformation fut complète. Ce que la jeunesse rêvait, l'âge mûr se chargea de l'accomplir ; des volontés fortes et calmes se mirent au service de nos impatiences. Il avait été de mode pendant quelque temps de tout dénigrer chez nous. Bientôt au contraire on se complut dans son œuvre, on aima ce qu'on avait créé, et l'on prit confiance en soi-même. J'ai vu sur la *Ville-de-Marseille* la marine renaissante chercher sa voie. Quelques années plus tard, elle l'avait trouvée : elle s'appelait l'escadre de la Méditerranée.

CHAPITRE V

LE CUTTER *LE FURET*.

Je ne raconte point mes campagnes; je cherche dans mes souvenirs ce qui peut faire revivre pour quelques instants une marine qui n'est plus, ce qui peut surtout la rattacher à la marine du présent, déjà menacée elle-même d'une prochaine déchéance par la marine de l'avenir. Les vaisseaux à voiles ont fait place aux vaisseaux à vapeur; ces derniers s'effacent aujourd'hui devant les frégates cuirassées. Demain peut-être nous ne verrons plus que des flottilles : tout change vite dans le siècle où nous sommes; c'est pour cela qu'il faut pardonner quelques regrets au passé. Le passé a si peu vécu!

J'ai été des premiers à prédire les envahissements de la marine à vapeur, de cette force naissante, qui allait

nous obliger à renouveler nos études. L'intrépide amiral
sous lequel j'appris à aimer la marine à voiles n'a pas
connu l'amertume de ces pressentiments. Il n'était pas
dans sa nature de prévoir ce qui lui déplaisait. Au temps
de Charlemagne, il eût vu les Normands remonter la Seine
qu'il n'eût pas cru pour cela l'empire des Francs ébranlé.
Aussi, quand il quitta la *Ville-de-Marseille,* me recom-
manda-t-il de retourner le plus tôt que je pourrais à la
mer, et d'y retourner sur un vaisseau. Je lui aurais obéi,
si dans un angle obscur de la rade de Toulon n'eût existé
un bateau d'une soixantaine de tonneaux décoré par le
ministère de la marine du nom de *cutter.* Ce cutter, con-
struit jadis à Dieppe pour servir de yacht à la duchesse de
Berry, était une preuve des difficultés que rencontre en
tout pays l'acclimatement des espèces étrangères. Le cutter
est anglais, comme le lougre est français et la goëlette
américaine; mais nous sommes habitués à ne douter de
rien : la princesse voulait un cutter, on lui en offrit un,
peu coûteux, il est vrai, car on le chevilla en fer, et l'on se
contenta de le revêtir d'un enduit résineux pour le préserver des vers. Le *Furet,* — puisqu'il faut l'appeler par son
nom, — n'avait pas, comme pourrait le faire croire son
extrait de baptême, la taille svelte. Il était au contraire
très-renflé de l'avant, et si pour le bâtir on avait choisi
un modèle anglais, ce devait être celui d'une de ces grosses
barques qui viennent se charger sur nos côtes d'œufs et
de pommes de terre; mais il avait porté le nom de yacht,
et quand l'amiral Roussin, nommé ambassadeur à Constantinople, demanda qu'un navire fût envoyé à sa dispo-

sition dans le Bosphore, le *Furet* parut tout désigné pour
cette honorable mission ; seulement, comme il s'agissait
de lui faire traverser le golfe de Gascogne et la Méditerranée, on jugea prudent de lui rogner préalablement les
ailes et de le munir d'un semblant de bastingage qui éleva
d'un pied environ sa hauteur au-dessus de l'eau. J'omets
certains détails techniques ; je ne parle ni de la civadière,
ni du bout-dehors de foc dont on l'orna. Ainsi préparé, il
partit. Sa traversée fut rude. Arrivé devant la Corne-d'Or,
il obtint de prime saut l'admiration des Turcs ; le capitan-
pacha l'envoya mesurer et en fit dresser le plan. A Thérapia, il fut moins bien accueilli. L'amiral Roussin crut à une
mystification et se montra offensé. On lui promit de remplacer le *Furet* dès qu'on aurait pu armer un autre navire,
et bien que l'accomplissement de cette promesse se fût fait
un peu attendre, le cutter avait été vers la fin de 1835 ramené au port de Toulon pour y finir ses jours.

Tel qu'il était, ce pauvre *Furet,* je ne pouvais cependant passer près de lui sans le regarder d'un air d'envie.
Je me disais que ce serait un beau sort d'être le capitaine
de ce petit navire. Il était vieux, on pouvait le rajeunir ;
laid, on l'embellirait. J'étais à l'âge où toutes les femmes
sont jolies, où tous les navires sont passables. Par un hasard presque miraculeux, mes vœux furent exaucés : le
Furet sortit de son tombeau. Le bonheur voulut qu'on le
trouvât encore plus pourri que je n'avais pensé. A l'exception de l'avant et de la carène, il fallut le refaire tout
entier. J'évoquai mes souvenirs du Levant ; je me rappelai
ces yachts légers, aériens, que de jeunes lords nous

avaient montrés sur la rade de Smyrne. Le *Furet* ne fut
pas seulement refondu, il fut métamorphosé. Je partis pour
l'Espagne vers la fin de 1836 avec une poupe neuve qui
surplombait les flots et un beaupré qui se rentrait à volonté d'un ou de plusieurs crans, suivant l'état de la mer.
Un yacht n'eût vraiment pas eu meilleure grâce. Nous
étions en novembre. Le lendemain de notre départ, quand
je m'éveillai au milieu du golfe de Lyon, je trouvai la mer
grande et le *Furet* petit. La chose était assez naturelle :
je n'avais aucune expérience, et je sortais d'un vaisseau
de 74. La brise fraîchit beaucoup et passa au sud-ouest.
Le commandant Lalande m'avait élevé dans le mépris
des relâches. Un *relâcheur*, pour lui, était toujours un
triste officier. Je tins bon quelque temps, mais l'instinct
de conservation l'emporta ; j'allai, après avoir bataillé
toute une nuit, chercher un refuge à Port-Vendres. Quand
le vent se fut fixé au nord, je repris ma route vers Barcelone. La journée cette fois fut délicieuse ; nous serrions la
côte de près, et, le vieux *Portulan* de Michelot sous les
yeux [1], je suivais tous les accidents de terrain si bien dé-
crits par le Palinure des galères du duc de Vendôme. Voilà
un pilote qui avait su d'avance se mettre à la portée du
Furet. C'est que les galères étaient bien moins que le
Furet encore en état de braver les tempêtes. Il importait
donc de leur signaler le moindre abri, la moindre crique
où elles pussent *jeter le fer*. Il faut voir de quel air on par-

---

[1] Description des côtes de la Méditerranée, dont les exemplaires
sont devenus rares, et qui date du dix-septième siècle.

4

lait alors de passer de la Sardaigne en Afrique, de *faire canal,* suivant l'expression consacrée.

Entre le cap Saint-Sébastien et Mataro, le calme nous prit : la mer, fouettée dans tous les sens, venait battre sous la poupe et la secouait rudement. Je crus que cette longue arcasse[1], dont j'étais si fier, allait s'arracher. C'eût été dangereux, mais c'eût été surtout cruel, car c'était à mes instances réitérées qu'on avait accordé ce que beaucoup de vieux marins, avec un grognement de mauvais augure, déclaraient un bien périlleux appendice. J'avais vu tous les cutters anglais affecter cette forme, je ne pouvais croire qu'il y eût danger à les imiter. En effet, le danger ou l'inconvénient, pour mieux dire, n'existait que pendant le calme. Dès que le moindre souffle pouvait mettre le *Furet* en mouvement, cette poupe allongée le protégeait merveilleusement contre les lames. Aspirée en quelque sorte par le sillage, la mer eût plus aisément escaladé une muraille à pic. Il y a souvent une profonde sagesse cachée dans les traditions populaires; il faut les retourner dans tous les sens avant de se décider à les rejeter.

Au jour, nous étions devant Mataro. La brise du sud-ouest, qui est la brise habituelle sur les côtes de la Catalogne, se leva vers dix heures. Une corvette anglaise d'une rare élégance, la *Favorite,* qui arrivait de Gibraltar, vint pousser sa bordée jusqu'à terre. Nous nous trouvâmes à la même hauteur. Toute la journée, nous louvoyâmes sans

---

[1] Partie de la poupe qui se projette en arrière du gouvernail.

nous perdre de vue. Les avantages étaient balancés : la *Favorite* avait plus de vitesse, nous serrions davantage le vent. A ma grande joie, nous arrivâmes les premiers sous le môle.

Nous avions ordre de pousser jusqu'à Cadix en touchant à Tarragone : notre traversée fut pénible, mais pleine d'intérêt. Je faisais connaissance avec la côte d'Espagne, et, grâce aux dimensions du *Furet*, j'en pouvais suivre aisément les contours. C'était plaisir de passer sous ces hautes montagnes, dont les noms sonores se gravaient à jamais dans ma mémoire. Nous voguions en pleine chevalerie. Apercevait-on au-dessus du château de Roalquilar un sommet large et plat, c'était la table de Roland ; cette brèche perdue au milieu des nuages, vers le fond de la baie d'Altea, c'était le coup de sabre de Roland encore. Après les rochers noirs et déchiquetés vinrent les masses grisâtres et nues qui servent de boulevard à Grenade, puis le cap Sacratif et les cimes neigeuses de la Sierra-Nevada ; enfin le Vieux-Roc sortit du sein des flots, le détroit de Gibraltar s'ouvrit entre le mont de Ceuta et la pointe d'Europe. Par une nuit venteuse, le *Furet* franchit les colonnes d'Hercule : il faillit naufrager au port. J'eus l'imprudence d'écouter les avis d'un mauvais pilote qu'on m'avait donné à Barcelone, et, au moment d'entrer dans la baie de Cadix, je rasai de trop près la pointe sur laquelle s'élève le phare Saint-Sébastien : le *Furet* bondit de roche en roche et ne s'arrêta que dans un bassin sans issue. Comme chaque coup me retentit au cœur! On n'oublie pas ces émotions; à quarante-quatre ans de

distance, je crois les ressentir encore. Je parvins cependant à sortir du mauvais pas où je m'étais mis; nous arra-
châmes le *Furet* tout pantelant et tout déchiré du lit de
cailloux sur lequel la houle l'avait battu pendant plus
d'une heure : il avait perdu sa fausse quille et son gouvernail. J'étais fort confus. Le capitaine de l'*Algésiras,* qui
commandait la station française sur les côtes de l'Anda-
lousie, se trouvait à Cadix ; je dus lui aller conter ma més-
aventure : il avait l'indulgence que l'expérience ne refuse
pas même à l'étourderie. « Bah ! me dit-il, vous en verrez
bien d'autres. Rappelez-vous seulement ce proverbe bre-
ton : Qui veut vivre vieux marin doit saluer les grains et
arrondir les pointes. »

Nous entrâmes dans le canal de Puerto-Real pour nous
réparer. L'arsenal de la Caraque, qui avait été si splen-
dide, ne présentait alors aucune ressource : les magasins
étaient vides, les portes des bassins ruinées ; les officiers
mendiaient leur pain. Si les révolutions sont quelquefois
nécessaires, il faut avouer que ce sont de durs moments à
passer. Nous trouvâmes à Puerto-Real un compagnon d'in-
fortune : c'était le capitaine d'un brick de commerce anglais qui revenait de Terre-Neuve ; il avait pris le feu de
Saint-Sébastien pour celui de Tarifa et s'était jeté sur
l'isthme de Léon, croyant donner dans le détroit de Gibraltar. L'erreur était un peu forte, mais toutes les erreurs
en marine semblent énormes une fois qu'on les a reconnues ; j'en ai vu commettre de plus singulières par des
gens qui n'étaient pourtant pas des maladroits. Ce capitaine
anglais était un excellent homme ; il me prêta ses pompes,

et je l'invitai à partager nos modestes repas. Il se louait
peu des navires de guerre de sa nation qui étaient sur
rade; il les accusait de faire déserter ses matelots pour
compléter leurs propres équipages. La chose n'était pas
impossible, car j'ai toujours vu les vaisseaux anglais à
court d'hommes. Ce qui est bien certain, c'est que, chez
le peuple commerçant par excellence, on traite le commerce national avec bien moins de sympathie et d'égards
que chez nous. Il est peu d'occasions où on ne lui fasse
payer sans merci les services qu'on lui rend.

Bien que je commandasse le *Furet* depuis plus d'un
mois, je n'avais pas encore des idées bien arrêtées
sur la manœuvre de ce genre de bâtiment. Les maîtres,
les matelots n'avaient pas plus que moi navigué sur un
cutter. Nous nous étions tous en diverses circonstances
trouvés, je dois le dire, un peu empruntés. Ce n'était pas
le *Manœuvrier* de Bourdé-Villehuet[1] qui pouvait me tirer

---

[1] Traité de manœuvre resté classique depuis le temps de Louis XVI.
— Bourdé-Villehuet, qui était un capitaine de la Compagnie des
Indes, a le premier appliqué les lois de la statique à l'étude des problèmes que nous avons à résoudre chaque jour. Il a décrit l'effet
du vent sur chaque voile, celui de chaque voile sur le bâtiment.
Flottant au milieu du fluide, le navire, lorsqu'il obéit à l'effort qui
le sollicite, pivote autour de son centre de gravité. La pression des
voiles de l'avant doit donc balancer la pression des voiles de l'arrière. Le gouvernail rectifie les écarts qui se produisent à droite ou
à gauche. C'est ainsi que le bâtiment suit sa route. Dérangez cet
équilibre, vous obtiendrez les divers mouvements que vous avez
intérêt à produire. Bourdé-Villehuet, dans ce style simple dont il
faudra peut-être un jour retrouver le secret, a présenté avec une
clarté admirable la décomposition de forces qui s'opère sur les voiles,
sur la carène, sur le gouvernail : il a ainsi analysé la plupart des

d'embarras. Mon capitaine anglais avait précisément passé sa vie à bord d'un cutter; je ne sais même s'il n'y était pas né. Je lui exposai franchement mes doutes. En quelques mots, il m'apprit tout ce qu'il m'importait de savoir. Les appareillages m'avaient paru quelquefois difficiles; c'était au contraire la manœuvre la plus simple. Virer de bord vent arrière était bien périlleux; aussi n'y fallait-il pas songer. « *Keep her two, three points free, and she will never miss stays;* un cutter vire toujours vent devant, pourvu qu'on mette suffisamment de vent dans la voile. » — Et la cape? — « Sous l'artimon et le dernier foc, le *storm-jib.* » — Mais s'il vente tourmente? — « Ne gardez alors que la trinquette, lâchez un peu l'écoute, mettez la barre dessous, *and she will be like a duck;* ce sera un canard sur l'eau. » Le conseil était bon, je ne tardai pas à en faire l'expérience. Malheureusement *le Furet* avait une mâture trop haute, un pont trop bas, un avant trop gros. Tous ces inconvénients avaient sauté aux yeux de l'honnête capitaine. Il me recommanda d'user de prudence, en hiver surtout, et de ne pas croire que, parce que les yachts de plaisance passaient où eussent été arrêtées les frégates, le *Furet* pût en faire autant.

Cadix est une de ces villes heureuses où l'on ne peut aborder sans se croire en un jour de fête. On y respire le parfum de l'Orient, mais d'un Orient embelli par la pro-

manœuvres; mais ses théorèmes n'ont trait qu'aux bâtiments munis d'une voilure complète. Quant aux autres, aux cutters par exemple, ils demandent à être maniés avec un tact qui ne s'acquiert pas dans les livres.

preté anglaise. Dès qu'on pénètre dans l'enceinte de la ville, on se sent pris d'un vertige de gaieté. On dirait qu'on entend tinter des grelots partout; hommes et femmes, lestes et pimpants, gazouillent à l'envi. Le peuple n'a point ici une langue grossière qui soit, comme dans les autres pays, à son usage. Le sel andalous a la même saveur dans toutes les classes, et en fait de grammaire, les marchandes d'herbes de Cadix valent les marchandes d'herbes d'Athènes. L'esprit sous la mantille dériderait un quaker : jugez de l'effet qu'il produit quand on a vingt-cinq ans! Il ne manque qu'une chose à Cadix, c'est une meilleure rade : non pas que la baie ne soit vaste et qu'on n'y puisse à la rigueur tenir sur de bonnes ancres, mais les communications avec la ville sont assez difficiles, quelquefois même périlleuses, en hiver.

A devil of a sea rolls in that bay of Cadiz,

comme l'a fort bien dit lord Byron. Nous étions à peine réparés que nous faillîmes être de nouveau jetés à la côte par un coup de vent de Médine. Le vent de Médine est un vent de sud-est qui souffle avec une extrême violence du fond de la rade et qui occasionne souvent des sinistres. Ce n'est pas cependant le plus dangereux. Le vent d'ouest qui donne dans la baie tourmente bien autrement les chaînes.

Notre retour à Barcelone dut s'opérer dans le courant du mois de janvier; c'est un mois où les yachts eux-mêmes évitent de se trouver à la mer. Le *Furet* ne se tira cepen-

dant pas trop mal d'affaire. Sans doute le vent était lourd,
le froid vif et la mer un peu dure ; mais l'hiver est quelquefois dans la Méditerranée plus clément que l'automne.
Quand la côte presque tout entière est couverte de neige,
qu'elle est, suivant l'expression des marins, *hivernée,* le
vent ne souffle plus que rarement du large. Une brise
fraîche et piquante, venant toujours de terre, accueille le
navire, qui à quelques lieues de la côte était encore battu
de la tempête. Le froid manteau étendu sur les montagnes
repousse la tourmente. *La côte se défend ;* c'est par cette
métaphore que nous expliquons ce phénomène. Le *Furet,*
sous une voilure que j'avais appris à manier, cingla donc,
avec un vent presque constamment *traversier,* du cap de
Gate à la pointe de Llobregat. A Barcelone, je trouvai
l'ordre de m'arrêter *pour y renforcer la station.* Quel honneur pour le *Furet* et pour ses deux caronades de 12 ! Il
en eut un plus grand quelques mois après : il fut chargé
de porter secours à un brick de guerre anglais qui s'était
échoué près de Villanova. Ce brick se jouait des tempêtes
comme un albatros ; il manqua, en voulant virer de bord,
son évolution, et resta, saisi au talon, sur le sable. C'est
un singulier assemblage de force et de faiblesse qu'un
navire : il dompte un ouragan, il trébuche sur un caillou.
Au mois d'avril, nous fûmes rappelés à Toulon. Je ne dou-
tais plus du *Furet :* les pères et les capitaines ont de ces
illusions. Arrivé à la hauteur de Blanes et de Palamos, je
me lançai à corps perdu dans le golfe de Lyon ; le mistral,
je puis le dire, m'y accueillit à bras ouverts. Pendant trois
jours, nous ne vîmes que le ciel et l'eau. Comment les

lames qui ne cessaient de balayer le pont ne remplirent-
elles pas la cale? C'est ce qu'aujourd'hui encore je ne saurais
trop expliquer. Nos installations étaient fort incomplètes,
je les ai perfectionnées depuis lors. L'eau pénétrait jusque
dans ma chambre par mainte ouverture. Notre beaupré
fut brisé, notre fausse quille arrachée de ses crampes. Il
semblait que cette fois le *Furet* allait se démolir.

Ce n'était pas assez que le *Furet* eût été expédié de Toulon
à Cadix, on voulut l'envoyer à Lisbonne... toujours pour
renforcer la station. Le printemps aplanissait les mers, et
du cap Sepet au mont de Gibraltar le *Furet* connaissait son
chemin. La traversée ne fut donc qu'un jeu. A Lisbonne,
je fis mon entrée dans la vie politique. Petite ou grande,
la politique est dans la destinée de tout officier de marine.
Le commandant de la *Dryade* me confia une mission qui
me mit en présence d'un de ces mouvements militaires si
fréquents il y a quelques années en Portugal, commotions
périodiques dont les conséquences heureusement ne furent
jamais sanglantes. Par une belle matinée d'été, j'entrai
dans le Douro. Les bords de ce fleuve sont délicieux;
l'embouchure, par malheur, est obstruée. On n'arrive à
Porto qu'avec le secours de la marée, et lorsque le vent
vient du large, on n'y arrive qu'à travers un tourbillon
d'écume et de sable. Aussi pendant l'hiver les navires
vont-ils généralement attendre dans la baie de Vigo ou
sous les îles Bayona que le vent d'ouest ait fait place au
vent du nord. Je ne passai que quelques jours devant
Porto. Dès que j'eus acquis la certitude que les personnes
et les intérêts de nos nationaux seraient respectés par les

deux partis, je considérai ma mission comme terminée.
Le commandant de la *Dryade* en jugea de même et se hâta
de me rappeler à Lisbonne. Quant à l'orage qui s'était
formé dans les provinces du nord, il creva un beau soir
comme une bulle de savon. J'ai vu cependant à cette époque
des gens fort animés. Le patriotisme portugais s'efforçait en 1837 de réagir contre l'influence allemande. Depuis
lors, les passions se sont beaucoup calmées, et pour une
monarchie née d'une révolution, la monarchie portugaise
n'a pas donné au reste de l'Europe un trop mauvais
exemple.

CHAPITRE VI

LE VAISSEAU *L'IÉNA* ET LE BRICK *LA COMÈTE*.

Le commandant Lalande venait d'être promu au grade de
contre-amiral. Il arbora son pavillon sur le vaisseau *l'Iéna*
et me demanda au ministre pour aide de camp; mais quand
j'arrivai à Toulon vers la fin du mois de septembre 1837,
malgré tout l'empressement que j'avais mis à ramener le
Furet au port, je n'y trouvai plus l'amiral; il avait fait
voile pour Tunis. Les Turcs n'avaient pu prendre leur parti
de notre occupation d'Alger; les Anglais ne s'y étaient pas
résignés davantage. Revendiquer le gage que nous avions
conquis, personne n'osait y songer; mais on espérait pou-

voir nous donner pour voisin l'empire ottoman avec ses
excitations fanatiques et ses intrigues de sérail. Le chef de
la régence de Tunis avait envoyé à Constantinople son premier ministre Shakir-Bey, pour y faire acte de soumission
et de déférence envers le suzerain religieux plutôt qu'envers le suzerain politique. Le divan reconnut dans Shakir
un homme audacieux, subtil, investi depuis longtemps d'un
ascendant absolu sur son maître et d'un immense crédit sur
les populations de la régence. On lui fit entrevoir comme
prix d'une conspiration heureuse le pachalik qu'on voulait
créer, et on lui promit de le faire soutenir au besoin par
la flotte turque. Shakir partit de Constantinople avec la
résolution de mener vivement cette affaire. Une frégate ottomane devança la flotte, et vint mouiller sur la rade de
Tunis ; cette frégate portait un envoyé chargé de prononcer la déchéance du bey aussitôt que les projets de Shakir
seraient mûrs. On avait compté sans la vigilance de notre
ambassadeur à Constantinople : le gouvernement français,
averti, expédia devant la Goulette tous les vaisseaux qu'il
avait sous la main. On courut à la recherche de l'amiral
Lalande qui croisait près des Baléares avec l'*Iéna* et l'*Algésiras ;* la corvette *la Diligente* parvint à rejoindre ces deux
vaisseaux, qui firent immédiatement route pour Tunis. La
frégate que les Turcs avaient envoyée en éclaireur dut aller
annoncer cette fâcheuse nouvelle au capitan-pacha ; elle lui
apprit non-seulement que le coup était manqué, mais qu'une
mauvaise réception attendait la flotte à Tunis, s'il com-
mettait l'imprudence de l'y conduire : l'amiral Lalande
n'avait laissé aucun doute sur ses intentions. Le capitan-

pacha se le tint pour dit, et le bey fit appeler Shakir. Le jour
où cet entretien avait lieu, l'amiral Lalande, par un singulier
hasard, se présentait au palais du Bardo. M. Raffo, le secrétaire du bey, accourut à sa rencontre : « le prince serait
désolé, mais il lui était tout à fait impossible de recevoir
l'amiral ; il travaillait avec son ministre. » L'amiral s'empressa de rassurer M. Raffo : « sous aucun prétexte il ne
voulait être importun. Il reviendrait un autre jour, quand
le bey serait moins occupé. » Jamais discrétion ne fut plus
de saison. Le bey, en ce moment, faisait étrangler Shakir.

L'intrigue anglo-turque était à peine déjouée à Tunis que
l'escadre de l'amiral Lalande recevait l'ordre de se présenter devant Naples. Le roi des Deux-Siciles avait fait
preuve de dispositions peu bienveillantes pour la cour des
Tuileries ; ses insolents dédains méritaient une leçon. Quelles
étaient les instructions de l'amiral ? Je l'ignore, mais depuis
l'apparition de La Touche-Tréville en 1792, jamais escadre
française ne causa plus d'émoi à la cour des Deux-Siciles
que celle qui se présenta inopinément devant Naples vers
la fin du mois de février 1838. Le mouillage que prit l'amiral Lalande plaçait la ville sous le feu de ses canons : les
officiers napolitains accoururent. Ils représentèrent que ce
mouillage n'était pas tenable, que l'escadre y serait en danger. L'amiral n'en voulut rien croire. Les Napolitains insis-
tèrent et finirent par protester ; les protestations n'eurent
pas plus d'effet que les avis charitables. Le roi lui-même
s'alarma de cette obstination. Toute la nuit, il parcourut en
personne les différents postes de la ville. Les patrouilles
furent doublées, les autorités s'établirent en permanence.

Le lendemain, dès le point du jour, l'escadre s'éloignait du golfe. L'inquiétude qu'elle avait causée fut le seul châtiment des mauvais procédés dont le gouvernement français avait à se plaindre, et pourtant, à dater de ce jour, de meilleures relations parurent s'établir entre les deux cours.

Au mois de mars 1838, l'escadre rentra enfin à Toulon. Ce fut alors qu'il fallut consommer mon sacrifice et me séparer du *Furet*. J'allai prendre sur l'*Iéna* la place qui m'y avait été gardée par l'affection du capitaine de la *Résolue*, de la *Calypso* et de la *Ville de Marseille,* mais j'emportai à bord du vaisseau de 90 canons le souvenir du cutter qui m'avait fait connaître les premières joies et les premiers soucis du commandement. Des comparaisons désobligeantes m'échappaient malgré moi à chaque instant. Le *Furet,* dans un coup de vent, eût bien moins fatigué ! Avec quelle aisance il eût doublé cette pointe ! Est-ce qu'il avait jamais manqué à virer? Un autre enthousiasme vint heureusement faire diversion au mien. Le vaisseau *le Suffren* avait brisé ses chaînes et ses ancres dans une tempête essuyée sur la rade de Cadix ; il était à la côte. L'amiral Lalande et l'*Iéna* furent envoyés à son aide. Pour que nous ne fussions point arrêtés au détroit de Gibraltar, un navire à vapeur de 160 chevaux, le *Phare,* nous fut adjoint : en cas de vents contraires, il était destiné à nous remorquer. Si je ne jurais que par le *Furet,* le capitaine du *Phare,* lui, ne jurait que par la vapeur. Nous avions encore pour ce moteur nouveau les dédains dont MM. les officiers des galères avaient longtemps accablé les vaisseaux du roi. L'amiral Lalande n'a guère connu que des vapeurs à roues ; dès qu'il vit poindre l'hélice, il abjura

5

sur-le-champ ses préventions, car c'était un esprit prompt, fertile, et avant tout ami du progrès. Tels qu'ils étaient, les navires à vapeur, s'il les jugeait de mauvais instruments de combat, pouvaient du moins devenir de précieux auxiliaires lorsque le calme enchaînait et paralysait les vaisseaux ; mais il fallait que la remorque fût prise et donnée lestement. Ce fut de la part de l'*Iéna* et du *Phare* l'objet de nombreux et intéressants exercices. Jusque-là, on n'exécutait cette manœuvre qu'en mettant une embarcation à la mer. On faisait ainsi passer péniblement, et non sans quelque danger, les câbles de remorque d'un navire à l'autre. Nous employâmes un moyen plus prompt. L'*Iéna,* ses vergues brassées en pointe et bien effacées, continuait sa route ; le *Phare* venait passer le long de son bord. Au moment où il nous rangeait d'assez près pour paraître nous effleurer, un gabier jetait sur son pont le bout d'une ligne de pêche. Le vapeur continuait sa route et se trouvait bientôt sur notre avant. A l'aide de la ligne de pêche, ses matelots tiraient à eux une ligne de sonde, puis une corde plus grosse, un *faux-bras;* sur ce faux-bras, ils attachaient le bout du câble de remorque, qui restait constamment ployé sur la dunette du *Phare.* A notre tour, nous halions à nous cette amarre, et lorsque la mer était belle, quelques minutes à peine après l'appel qui lui avait été adressé, le *Phare* nous enlevait avec une vitesse de trois ou quatre nœuds à l'heure. C'étaient ses jours de triomphe : la vapeur était donc bonne à quelque chose? Mais dès que la brise s'élevait, il fallait voir avec quel ingrat mépris nous rejetions en dehors le câble inutile ! Le *Phare* le rangeait pli à pli

sur sa dunette et le tenait prêt pour une autre occasion ;
puis il essayait de nous suivre, essoufflé, roulant, tanguant,
couvert de fumée et de voiles. « On ne fera jamais rien de
ces navires-là! » tel était le jugement bref et péremptoire
de plus d'un d'entre nous. Hélas! c'était plus qu'un jugement, c'était un espoir et une consolation. Pour moi, je
n'ai pas à me reprocher dans toute ma carrière, tant que
j'ai eu l'honneur de commander un navire à voiles, brick,
corvette ou frégate, d'avoir accepté une heure de remorque.
Je me suis tiré seul d'affaire, et j'ai eu du moins le courage
de mes répugnances.

Le *Suffren* était bien envasé. La vague l'avait jeté sur
la plage de Sainte-Marie et porté si haut de secousse en
secousse que, même dans les plus grandes marées, il n'avait
pas plus de treize pieds d'eau sur l'arrière, dix ou onze à
peine sur l'avant. Le milieu portait sur un bourrelet de vase,
de telle façon que les deux extrémités, moins bien soute-
nues, avaient fléchi, et que le vaisseau était déjà ployé
comme un arc. De plus, la carène était ravagée par les tor-
sions qu'elle avait subies : une portion de la quille, tout le
massif de l'arrière, manquaient; le niveau de l'eau s'élevait et s'abaissait dans la cale avec la marée. Je n'ai jamais
vu plus triste spectacle. Les pilotes, les officiers étrangers
qui avaient visité le *Suffren* le donnaient pour perdu. Le
commandant ne se résignait pas encore. L'amiral Lalande
visita le vaisseau, étudia, approuva les moyens jusque-là
employés, en indiqua de nouveaux, et jura que le *Suffren*
serait sauvé. En effet, un beau jour, à la dernière grande
marée d'avril, le *Suffren* se leva de son lit de douleur. On

ne cria pas au miracle, c'est une preuve de l'incrédulité de
notre siècle. C'était bien un miracle cependant, miracle de
patience, d'habileté, d'audace, mais miracle de bonheur
aussi. Le *Suffren,* arraché de la fosse fangeuse où depuis
deux mois chaque jour l'enfouissait davantage, devait
couler dès l'instant qu'il flotterait. A notre grand étonnement, l'eau qu'il faisait fut assez facilement épuisée par les
pompes. Le *Phare* l'attendait à la limite des bancs : il le
conduisit le soir même à la Caraque ; bien nous en prit
d'avoir été si prompts. C'est surtout en marine qu'il ne faut
jamais remettre au lendemain. Dans la nuit, un coup de
vent de Médine s'éleva, et le *Suffren,* qui était amarré déjà
dans le port, faillit couler. Pourquoi seulement alors? Par
une raison bien simple, mais dont personne ne s'était avisé :
la vase de la baie avait pour ainsi dire mastiqué de son
argile tenace, de cette argile à travers laquelle nous venions
de traîner le *Suffren,* toutes les brèches, toutes les fentes
par lesquelles la mer eût dû pénétrer. Pendant quelques
heures, cette maçonnerie avait résisté. Délayée peu à peu,
elle venait de livrer passage à la mer, qui demandait à
reprendre ses droits. On accourut, on pompa à force, et
enfin l'on réussit à tenir le vaisseau à flot jusqu'au jour.
Un bassin, réparé par nos soins, était prêt; le vaisseau y
entra. Quand il fut à sec, chacun voulut le voir. Le *Suffren*
portait écrit sur ses flancs, en caractères lisibles pour tous
les marins : « Il ne faut jamais désespérer. »

Ce fut un beau jour pour l'amiral Lalande que celui où
il sauva le *Suffren,* mais il allait bientôt se trouver aux
prises avec de plus graves difficultés. Il touchait à l'heure

brillante de sa carrière. Revenu vers la fin d'avril de Cadix
à Toulon, il n'avait pas tardé à aller reprendre son poste
d'observation devant Tunis : il y raffermissait par ses sages
conseils le pouvoir du bey, ébranlé par les intrigues de la
Porte, lorsqu'il reçut l'ordre de se rendre en toute hâte dans
le Levant. Il partit sur-le-champ pour Smyrne. Dans les
premiers jours du mois de janvier 1839, il prenait possession d'un commandement qui allait mettre bientôt huit vaisseaux de ligne sous ses ordres. Ce fut alors qu'il se trouva
réellement à la tête d'une escadre. Une escadre en effet
n'est pas seulement une réunion de vaisseaux fortuitement
rassemblés, sans objet défini, sans espoir d'action et sans
but à poursuivre. La force navale envoyée dans le Levant
par le maréchal Soult était dans de meilleures conditions :
sa mission était de surveiller les Russes; son espoir, de les
voir arriver à Constantinople; le but de tous ses efforts, de
se mettre en mesure de les en chasser.

Pendant que la fortune servait si bien la généreuse ambition de mon amiral, elle couronnait la mienne : j'étais
nommé au commandement du brick-aviso *la Comète.* Un
ingénieur français, M. Maresquié, avait rapporté le plan de
ce genre de bâtiment d'un voyage qu'il avait fait aux États-
Unis. Une goëlette américaine ne pouvait passer par nos
mains sans en sortir un peu défigurée. N'importe, les bricks-
avisos étaient en 1839 le rêve de tous les jeunes officiers.
Celui qu'on me donna datait, je crois, de 1825. J'eus le
bonheur d'obtenir qu'on lui restituât, tout en lui conservant
sa voilure de brick, quelque chose de son élégance native.
Il me sembla bien gracieux, je l'avoue, quand il sortit ainsi

transformé des mains des charpentiers. Sa guibre élancée, supportant un buste doré de jeune femme avec une étoile au front, sa poulaine à jour, décorée de herpes et de jambettes finement travaillées, eurent, j'ose le dire, quelque succès dans leur temps. La mâture fut hardiment rejetée en arrière et ouverte en éventail. La coque, peinte en noir, portait huit caronades de 18 et deux canons de 12. Nous partîmes vers la fin du mois de juin 1839 pour le Levant; la *Comète* devait, en sa qualité de brick-aviso, servir de mouche à l'escadre. C'était vraiment justice : il y avait près de sept ans que son capitaine était attaché à l'amiral Lalande. Tous les bonheurs m'arrivaient à la fois.

Il n'est pas besoin que je dise quels événements avaient motivé l'envoi d'une escadre française dans les eaux de Smyrne et de Ténédos. Tout le monde se souvient qu'en 1839 la guerre s'était rallumée entre le sultan et Méhémet-Ali, qu'Ibrahim-Pacha s'était montré plus redoutable encore dans cette seconde campagne que dans la première, et que Constantinople se trouvait de nouveau menacée par les armes des Égyptiens d'abord, par les offres de protection des Russes ensuite. La France et l'Angleterre se portaient médiatrices, espérant prévenir ces deux extrémités. D'un côté, on s'efforçait d'arrêter Ibrahim dans sa marche victorieuse; de l'autre, on interdisait au sultan de faire sortir sa flotte. Tel était le motif ou tout au moins le prétexte de la présence des escadres alliées à l'entrée des Dardanelles.

La *Comète* avait pénétré dans l'Archipel en passant entre Tine et Miconi; la brise de nord était fraîche, et nous

forcions de voiles pour atteindre le canal d'Ipsara, lorsqu'au
jour nous découvrîmes une flotte qui venait sur nous vent
arrière. Nous arborâmes nos couleurs, la flotte répondit
par les siennes : c'était l'escadre turque. Comment cette
escadre avait-elle échappé à la surveillance des alliés?
J'avais peine à le comprendre, mais je me promis d'attirer
bientôt de nombreux limiers sur sa piste. Je comptai les
vaisseaux, les frégates, les corvettes : la flotte turque était
là tout entière. Je fis larguer un ris aux huniers : la *Comète* volait. Si la brise ne devenait pas un coup de vent, je
pouvais être près de notre amiral le lendemain soir, seulement il fallait trouver l'escadre. Serait-elle devant Ténédos
ou dans la baie d'Ourlac? Une nouvelle rencontre résolut
la question. Nous aperçûmes vers midi un brick qui,
comme la flotte turque, venait du nord : c'était un brick
français, le *Bougainville*. Le capitaine me fit signal qu'il
désirait communiquer avec la *Comète*. Nous mîmes en
panne, et il vint à bord. Il m'apprit où je trouverais l'escadre, et me donna en même temps quelques nouvelles,
que des informations plus précises me permirent de compléter plus tard. Un grand événement s'était produit pendant que la *Comète* remontait péniblement l'Archipel. Le
sultan Mahmoud était mort, Kosrew avait pris les rênes du
pouvoir, et Achmet, le capitan-pacha, qui voyait dans
Kosrew un ennemi personnel, sauvait sa tête en enle-
vant la flotte. Le capitan-pacha n'avait pas dit à l'amiral
Lalande qu'il allait conduire cette flotte à Méhémet-Ali; il
lui avait affirmé seulement que Kosrew était un traître,
tout prêt à appeler les Russes dans le Bosphore; que lui,

maître encore de la flotte, il voulait la leur dérober, et que dans quelques jours les vaisseaux du sultan seraient en sûreté à Rhodes. Le raisonnement parut juste à l'amiral, qui ne connaissait pas d'ennemis plus dangereux pour la Turquie que ses officieux protecteurs. Il avait donc laissé libre passage au capitan-pacha, et il était retourné lui-même dans la baie d'Ourlac pour y rallier son escadre et se tenir prêt. Ainsi informé par le *Bougainville,* j'amurai mes basses voiles, pendant que ce brick hissait ses bonnettes pour continuer sa route.

J'arrivai à Ourlac le lendemain soir. La baie était pleine de vaisseaux; il y avait longtemps que notre pavillon n'avait flotté sur une pareille escadre. Notre cœur s'épanouit à la vue de ce déploiement de forces, qui représentait si bien la grandeur de la France. A peine mouillé, je me rendis à bord de l'*Iéna.* Il était sept heures. La plupart des capitaines avaient dîné avec l'amiral; ils étaient rassemblés dans la galerie du vaisseau. Quand j'entrai, je fus frappé de l'animation de tous les visages. La grand'chambre du *Soleil royal* la veille de la bataille de la Hougue et celle de l'*Éléphant* la veille du combat de Copenhague durent offrir quelque chose de cet aspect. L'amiral Lalande me prit à part, et me serrant le bras : « Mon enfant, me dit-il, tu arrives à l'enclouure! » Il venait d'apprendre la bataille de Nézib, et les Russes lui trottaient de plus belle dans la tête.

L'amiral Lalande ne recherchait pas les supériorités bruyantes et dominatrices; il aimait les gens simples, et les faisait supérieurs par son contact et par sa confiance. Cette fois cependant il avait choisi pour capitaine de pavillon un officier dont la renommée était digne de la sienne; le capitaine Bruat commandait l'*Iéna*. L'amiral Lalande, l'amiral Bruat, ce sont les deux hommes sous lesquels j'ai appris mon métier, ce sont eux qui ont fait ma carrière. Le souvenir de leurs bontés, pas plus que celui de leurs traits, ne saurait s'effacer de ma mémoire. Je les vois encore tous deux : l'un avec sa figure fine, son regard perçant et câlin à la fois, son nez légèrement busqué, son front haut et découvert, aurait eu la physionomie d'un aigle, si dans cette physionomie vive et spirituelle on eût pu saisir le moindre éclair de fierté impérieuse ; l'autre, avec sa tête carrée, ses sourcils épais, sa constitution de fer, ses yeux brillants et railleurs, aurait pu poser pour la statue de l'intrépidité : tout en lui défiait le danger et dénotait la force. L'amiral avait toujours été d'une santé débile ; son capitaine de pavillon commençait à peine à regretter d'avoir souvent abusé de la sienne. Le premier s'était voué de bonne heure à l'étude, le second avait tout appris sans rien étudier. Il eût été difficile de concevoir un obstacle qui arrêtât l'un ou l'autre de ces deux hommes. Cependant ils ne l'eussent pas abordé de la même façon : l'amiral Lalande eût envisagé la difficulté de sang-froid ; le commandant Bruat, avec cette impétuosité qui se trahissait dans tous ses mouvements, se serait probablement rué dessus. Ces deux grands caractères se trouvaient rapprochés par mainte affinité secrète; ils laissaient aussi entrevoir d'assez nombreux points de divergence. Ce qu'ils avaient de commun, c'était avant tout une bonté sympathique qui, en fait de discipline, les rattachait à la

même école. Ils se ressemblaient également par cette confiance opiniâtre, habituée à espérer contre toute espérance. Je les ai vus tous deux rêver de longs jours,
former de lointains projets, quand déjà la main de la
mort était étendue sur eux; mais si l'audace de leur courage était la même, celle de leur esprit était loin d'atteindre aux mêmes limites. L'amiral Lalande était ferme
et hardi dans toutes ses opinions, raisonneur à l'excès,
n'admettant que ce qu'il s'était prouvé, indépendant en
matière religieuse comme en matière politique. Le scepti-
cisme du commandant Bruat n'était qu'à la surface. Au
fond, il était tendre et avide de croyance; il avait le cœur
naïf d'un soldat. L'amiral Lalande reçut en partage l'âme
inébranlable d'un libre penseur [1].

La première idée de l'amiral quand il fut informé des
deux grands événements qui se prêtaient une mutuelle

---

[1] Le chef d'état-major de cette escadre qui se croyait à la veille
de marcher au feu était bien jeune, mais il avait sur beaucoup
d'autres capitaines de vaisseau un grand avantage : il venait de faire
une campagne de guerre. C'est lui qui commandait la corvette *la
Créole* dans la glorieuse et rapide expédition du Mexique. Attiré
dans le Levant par le bruit d'une collision prochaine, M. le prince
de Joinville n'avait pas voulu attendre à Toulon que l'armement de
la frégate *la Belle-Poule,* qu'il devait commander, fût terminé. Pour
satisfaire à cette généreuse impatience, on lui avait donné provisoirement une position qui ne convenait ni à son rang ni à son âge, bien
qu'il fût certainement en état d'en remplir les plus minutieux devoirs. L'amiral Lalande accueillit comme un hôte aimable et sympathique le jeune capitaine de vaisseau qu'on lui envoyait; peut-
être ne prit-il pas assez au sérieux le chef d'état-major. Il ne
s'aperçut de l'erreur qu'il avait commise que deux ou trois mois
plus tard, lorsque, la *Belle-Poule* ayant rejoint l'escadre, le chef

importance, — la bataille de Nézib et la mort du sultan Mahmoud, — avait été de se concerter avec ses alliés. L'escadre anglaise, sous les ordres de l'amiral Stopford, devait être à cette heure sur les côtes de la Syrie. Le 12 juillet 1839, l'amiral Lalande me remit les instructions suivantes :

« Le capitaine Jurien, commandant la *Comète*, mettra sous voiles aussitôt que cela lui sera possible, et se dirigera sur les côtes de Syrie et d'Égypte à la recherche de M. l'amiral Stopford, auquel il remettra la dépêche ci-jointe. Il en attendra la réponse et viendra me joindre immédiatement à Besika. M. Jurien prendra d'abord langue à Rhodes, où il recevra probablement quelques indications sur la direction des escadres anglaise et turque, qui doivent être réunies. Il notera soigneusement tout ce qu'il apprendra des mouvements de ces escadres et des intentions de leurs chefs. »

Le 15 juillet, je mouillai à Rhodes, mais je ne trouvai sur cette rade ni les Anglais ni les Turcs. L'escadre ottomane, ayant passé dans le sud de l'île de Rhodes, avait détaché vers ce port une corvette pour aviser le pacha de ses intentions. On la croyait mouillée à Fenica, sur la côte de Caramanie, entre Castel-Rosso et le cap Chelidonia. Je ne pus rien savoir des motifs qui l'avaient empêchée de s'arrêter devant Rhodes, comme le capitan-pacha l'avait promis à l'amiral Lalande ; j'appris seulement de notre agent consulaire que le bateau à vapeur *le Papin,* mis à

d'état-major fut devenu capitaine. L'aplomb avec lequel cette frégate, qui partit presque immédiatement pour Constantinople, traversa en louvoyant une double ligne de vaisseaux, eût suffi pour révéler aux yeux les plus prévenus la précoce expérience de celui qui la commandait.

la disposition de l'ambassadeur de France à Constantinople, avait touché à Rhodes le 9 de ce mois, après avoir déposé un envoyé du divan à bord du vaisseau monté par le capitan-pacha. Deux politiques bien diverses dans leurs tendances commençaient alors à se manifester : l'une favorisait la fuite du capitan-pacha ; elle voulait sauver la flotte turque des mains des Russes ; l'autre faisait courir après le déserteur pour l'empêcher de livrer cette flotte à Méhémet-Ali. Bien jeune encore, je ne pouvais qu'observer sans oser porter de jugement ; mais naturellement j'inclinais, comme on fait toujours à cet âge, vers le parti le plus aventureux, vers la politique qui voulait rajeunir l'empire ottoman plutôt que vers celle qui ne songeait qu'à prévenir sa dissolution.

Le 16 juillet, je courus à la recherche de l'escadre turque. J'avais lieu de supposer que je la trouverais au mouillage de Fenica Le 17, à neuf heures du matin, je découvris au fond d'une vaste baie, que je reconnus bientôt pour la baie de Cacamo, un brick de guerre, une goëlette et un bateau à vapeur portant le pavillon ottoman. Je donnai pour les joindre dans une passe étroite, qui heureusement se trouvait saine ; à dix heures, j'étais en panne par le travers du brick. Tout ce que je pus tirer de ce bâtiment, c'est que la flotte turque tenait la mer. Le capitan-pacha l'avait détaché à Cacamo, et il y attendait de nouveaux ordres. Je sortis de la baie et je courus au sud toute la journée dans l'espoir de découvrir l'escadre turque. Ayant fait trente-cinq milles au large sans rien apercevoir, je revins à Rhodes. Il me paraissait impossible que le ca-

pitan-pacha, pressé par l'envoyé du divan de rentrer dans
les Dardanelles, ne se montrât pas bientôt en vue de cette
île. Il n'avait pas d'autre chemin pour remonter vers le
nord.

J'aurais pu cependant attendre longtemps la flotte turque
sur la route de Constantinople, car elle venait de prendre
celle d'Alexandrie. C'était là qu'avait abouti la mission de
l'envoyé de Kosrew. Le capitan-pacha accueillit d'abord
cet agent avec une sorte de déférence ; mais lorsqu'il l'eut
promené pendant quelques jours sur la côte de Caramanie,
le *tchaous* devint plus pressant. Le capitan-pacha le fit
entrer dans sa chambre. « Je connais ta mission et tes
projets, lui dit-il. Tu es venu ici pour m'enlever à la fois
le commandement de la flotte et la vie. C'est moi qui vais
avoir la tienne, si tu ne me révèles à l'instant tes intrigues
et celles dont tu n'es que le vil instrument. » En Turquie,
de semblables paroles sont sérieuses. Le *tchaous* les prit
pour telles et s'exécuta : il avoua tout. Les paroles de conciliation qu'il avait apportées, les promesses d'oubli et de
tendresse dont il s'était fait l'interprète, n'étaient qu'un
piége. Le capitan-pacha était déjà condamné. Ce dernier
n'en avait jamais douté. Il mit sous clef l'envoyé du divan
et fit route sur-le-champ pour l'Égypte. Ces nouvelles me
furent données par l'amiral Stopford lui-même, qui parut
le 20 juillet devant Rhodes. En quittant Malte, l'amiral
s'était rendu dans les eaux de Chypre avec son escadre,
détachant le vaisseau *le Vanguard* devant Alexandrie. Le
Vanguard vit l'escadre turque arriver sur les côtes
d'Égypte et entrer quelques jours après dans le port. Le

capitan-pacha avait vainement engagé le vice-roi à se rendre à Constantinople sur sa flotte pour y prendre en main la tutelle du sultan et la protection de la foi musulmane. L'amiral Stopford ne crut pas, d'après ces nouvelles, devoir paraître devant Alexandrie. Il pensa, comme l'amiral Lalande, que, dans les circonstances, la flotte turque était aussi bien en Égypte qu'à Constantinople sous la main des Russes. Il ne voulait pas cependant légitimer par sa présence la défection du capitan-pacha, et il se rendait à Paros pour y attendre de nouvelles instructions. L'amiral anglais me parut peu pressé de se trouver en position d'agir avant d'avoir reçu des ordres bien précis. Hors le cas où les Russes se présenteraient dans le Bosphore, il ne croyait pas qu'il y eût autre chose à faire que d'attendre avec patience la marche des événements. « Mon régime, me dit-il, n'est pas la diplomatie. » Il m'entretint longuement des difficultés que pouvait offrir le passage des Dardanelles sous le feu des forts, me chargeant toutefois d'assurer l'amiral Lalande que, si les Russes se présentaient à Constantinople, il n'hésiterait pas à tenter ce passage avec un bon vent du sud. « Vous pourrez juger, écrivais-je à l'amiral, de la loyauté et de la sincérité de votre collègue par ses dernières paroles : — Si, m'a-t-il dit, le bateau à vapeur *la Confiance,* que j'attends de Malte, vient, comme il en a l'ordre, me chercher à Ténédos, je prie l'amiral Lalande de se faire remettre les dépêches qui me sont adressées et d'en prendre connaissance. »

L'amiral Stopford avait obtenu le commandement de

l'escadre anglaise dans un âge fort avancé : il était à cette
époque, si mes souvenirs sont fidèles, plus que septuagé-
naire. Capitaine au combat de Trafalgar, pendant toute
la guerre, nous le trouvâmes constamment au premier
rang. C'est lui qui, déjà contre-amiral, commandait la
division des vaisseaux qui vint attaquer le 24 février 1809,
sur la rade des Sables d'Olonne, trois de nos frégates.
L'amiral Lalande avait, lui aussi, mais dans un rang plus
humble, assisté à ce combat : il n'était alors qu'enseigne
de vaisseau. Les anciens ennemis étaient devenus alliés,
le jeune homme des Sables se trouvait le collègue du
vétéran de Trafalgar. L'amiral Stopford rencontra pour
la première fois l'amiral Lalande dans la baie de Tunis ;
il se prit d'une soudaine sympathie pour cette nature si gracieuse et si profondément séduisante. De son côté, l'amiral
Lalande faisait le plus grand cas d'une expérience acquise
dans la pratique de la grande guerre ; il avait pour les
avis du vénérable amiral une déférence qui prenait sa
source dans un profond et affectueux respect. Il était beau
en effet de voir ces cheveux blancs, sur lesquels avaient
passé tant de nuits orageuses, tant de jours de combat,
reparaître, à la veille d'une grande bataille peut-être, sur
le tillac d'un trois-ponts d'où le regard pouvait embrasser
toute une escadre, d'où la pensée d'un seul homme pouvait la diriger. L'amiral Stopford, appartenant au parti
tory, était resté longtemps éloigné du service actif. En Angleterre, les crises ministérielles ont plus de portée que
les révolutions chez nous ; les emplois, même dans la marine, deviennent presque toujours le lot du parti dominant.

Pendant plusieurs années, on vit des escadres de whigs, comme on avait vu des escadres de tories. C'est ainsi qu'après dix ou quinze ans d'inaction, des capitaines remis à flot par une marée soudaine reparurent tout à coup sur des vaisseaux qui ne les attendaient plus. Les couches qui renferment les véritables richesses de la Grande-Bretagne sont profondes; elle ne les exploite point dès le premier jour. L'Angleterre a ses escadres de paix : ne jugez pas par là de sa puissance; le moment venu, elle fera sortir des rangs inférieurs de sa flotte tout ce qu'il faut pour constituer réellement une escadre de guerre. L'escadre de l'amiral Stopford avait une certaine gravité d'allures, un besoin de repos qui convenaient à l'âge assez avancé de la plupart de ses capitaines. Le contraste fut frappant quand elle se trouva en présence de vaisseaux tourmentés jour et nuit par la bouillante ardeur du plus infatigable de tous les amiraux. Ce fut néanmoins cette même escadre qui fit l'année suivante la campagne de Syrie et qui supporta si admirablement les rigueurs des coups de vent du nord sur lesquels nous comptions comme sur les meilleurs alliés de Méhémet-Ali.

L'amiral Stopford se retrouvait dans la Méditerranée sur un terrain connu. De Gibraltar à Malte, il savait le lieu de toutes les grandes aiguades, pour les avoir fréquentées jadis avec Nelson : Pula, Tétouan, Syracuse, Porto-Farina, étaient des mouillages qui lui avaient été familiers. Dans l'Archipel, où il avait, je crois, suivi un instant lord Collingwood ou l'amiral Duckworth, ses souvenirs le servaient moins bien. Aussi daigna-t-il, quand j'allais me retirer après m'être acquitté de ma mission, me retenir pendant quelques instants encore pour m'interroger avec une bonté et une condescendance extrêmes sur chacun des points que j'avais visités. Il tenait surtout à savoir dans quelle baie une grande flotte pouvait rapidement renouveler son approvisionnement d'eau. Ce ne sont pas des fontaines ordinaires, celles qui peuvent suffire à de pareils besoins; pour les aller chercher, des amiraux désespérés se sont vus bien souvent contraints d'interrompre une croisière. L'amiral Stopford se rappelait ces grosses préoccupations d'autrefois. La distillation de l'eau de mer ne nous en a complétement affranchis que quelques années plus tard.

Je quittai enfin le vaisseau *la Princesse Charlotte,* sur lequel flottait le pavillon de l'amiral, pour retourner à bord de la *Comète.* L'escadre anglaise avait continué de s'élever au vent. Un brick qui venait de communiquer avec le port de Rhodes, le *Zebra,* commandé par le fils de l'amiral, restait en panne, bien que son embarcation l'eût rejoint. Je compris que c'était un défi qu'on me proposait : on m'en avait dit quelques mots à bord de la *Princesse Charlotte.* J'ignorais jusqu'à quel point je pouvais compter sur la marche de la *Comète,* et cependant j'avais bon espoir. Le *Zebra* m'attendait, gardant pour toute voilure ses huniers et ses perroquets; je serrai le vent, et bientôt le *Zebra* s'aperçut que la lutte serait plus sérieuse qu'il ne l'avait imaginé. Il se hâta d'amurer ses basses voiles. Je vis ses soldats de marine monter sur les bastingages pour serrer la petite tente qui abritait le gaillard d'arrière. La

Comète avançait toujours. Un bruit de chaîne qu'on tirait de la cale vint m'apprendre que le *Zebra* en était déjà aux expédients. Notre grand foc commençait à mordre sur son arrière : ce fut fini. En quelques minutes, nous avions gagné une encablure. La brise fraîchissait. Toute la journée, nous louvoyâmes dans le canal de Rhodes avec des chances diverses ; la *Comète* néanmoins conserva jusqu'au bout son avantage. Vers le soir elle avait gagné plus d'un mille dans le vent sur le *Zebra ;* le reste de l'escadre était derrière nous à perte de vue. Tant que j'ai commandé ce cher petit brick, — et je l'ai commandé quatre ans, — je n'ai jamais rencontré un bâtiment qui l'ait battu. Il avait surtout un don particulier pour serrer le vent. Sous Saint-George de Skiro (le Scyros d'Achille), l'amiral Lalande voulut un jour, par une fraîche brise de nord, essayer la vitesse de son escadre. L'*Iéna,* auquel le commandant Bruat avait d'un seul coup enlevé 150 tonneaux de lest, marchait bien ; il gagna tous les autres vaisseaux ; mais il fut gagné par la *Comète.*

Je devançai à peine d'une quinzaine de jours l'amiral Stopford et son escadre devant Ténédos. La diplomatie avait arrêté Ibrahim-Pacha et les Russes ; il était difficile de prévoir combien de temps durerait cette trêve. Les escadres en conséquence attendirent, l'escadre anglaise avec le calme d'un lion assoupi, la nôtre avec l'agitation de ce roi du désert quand la faim le presse et qu'il bat ses flancs de sa queue. Il y avait à peine deux ou trois jours dans la semaine qui ne nous trouvassent pas sous voiles, et pourtant les évolutions n'étaient pas sans danger entre

ces îles où s'épanche le courant violent des Dardanelles.
Plus d'un vaisseau faillit être compromis, des abordages
eurent lieu, des murmures s'élevèrent : l'amiral n'y répondit
que par son éternel sourire ; les manœuvres n'en devinrent
que plus hardies et plus fréquentes. Nos progrès furent si
rapides que les Anglais s'en émurent. Ils formèrent des
divisions détachées de leur escadre et les envoyèrent
croiser au large ; mais ils se gardèrent bien de les exposer
aux périls que nous bravions tous les jours.

Un germe de dissentiment commençait cependant à se
glisser, non pas encore entre les deux escadres, mais
entre les deux politiques que la crainte d'un danger commun avait réunies. La France s'était prise d'un engouement subit pour ce pacha dont la puissance était en partie
son œuvre, car c'étaient des Français qui avaient instruit,
commandé les flottes et les armées de l'Égypte. Avec cette
vivacité d'impressions qui lui est propre, elle croyait facile
de fonder une nouvelle dynastie à Constantinople, ou du
moins à côté de Constantinople. Tout ce qu'on pourrait
arracher au sultan lui semblait autant de gagné sur les
Russes. Telle n'était pas sans doute l'opinion du gouvernement français, encore moins celle de l'homme éminent
que nous étions allés chercher dans les rangs de notre flotte
pour l'accréditer, en qualité d'ambassadeur, auprès de la
Porte Ottomane. L'amiral Roussin prenait nettement
parti contre des tendances dont il pressentait le danger ;
mais le sentiment public était le plus fort, et il obligeait
notre politique, malgré les avertissements répétés de
l'ambassadeur, à se montrer toujours favorable aux pré-

tentions du pacha. En Angleterre, au contraire, on n'a
jamais cessé de prendre l'intégrité de l'empire ottoman au
sérieux. C'est une idée étroite peut-être, mais qui s'explique par l'influence prépondérante que le gouvernement
britannique exerce dans les conseils et dans les provinces
de cet empire affaibli. Porter atteinte à une tradition si chère,
et surtout y porter atteinte au profit de l'Égypte, était une
imprudence pour qui voulait rester l'allié de la Grande-
Bretagne. Si le vice-roi avait des droits incontestables à
notre sympathie, il s'était jadis chargé d'inspirer de tout
autres sentiments aux Anglais, car c'est lui qui les avait
chassés de l'Égypte. Cette rancune toutefois eût peu
influé sur les décisions du cabinet britannique; mais
ce cabinet, qui sentait sa force en face de notre isolement,
ne pouvait voir sans ombrage la puissance dont le pavillon flotta un instant au Caire occuper encore une fois,
sous un nom emprunté, une des routes qui conduisent aux
Indes. Le cabinet britannique faisait trop d'honneur à notre
ambition. Nous ne songions à rien de semblable : protéger
et grandir le pacha d'Égypte, c'était notre manière à nous
de sauver l'empire ottoman. Je parle ici non point de la
politique du gouvernement de 1830, mais, si l'on veut
bien me passer le mot, de la *politique de l'escadre* et des
illusions dont j'ai eu ma part.

Quoique divisées au fond, l'Angleterre et la France
poursuivaient encore en apparence le même but : elles
réclamaient avant tout du vice-roi la restitution de la flotte
ottomane. Une dépêche pressante arriva de Paris, et l'amiral Lalande m'envoya la porter en Égypte. J'appareillai

par un vent violent qui venait d'obliger l'escadre à mouiller
une seconde ancre. En trois jours, j'étais devant Alexandrie ;
le 15 août 1839, je mouillais dans le port. Vingt vaisseaux,
sans compter les frégates et les corvettes, y étaient entassés : tout était entré, les trois-ponts comme les autres.
Rien n'est impossible à des gens qui ont peur. Le soir
même de mon arrivée, je fus présenté au vice-roi par le
consul général de France, M. le baron Cochelet. Méhémet-
Ali ne paraissait nullement fatigué d'avoir travaillé pendant cinquante-trois ans à son élévation. C'était encore à
cette époque le plus vert vieillard qu'on pût voir. Ses yeux
étaient vifs et mobiles, son regard petillant de malice et d'as-
tuce. Le vice-roi se trouvait en veine de causerie, nous en
profitâmes : Kosrew-Pacha était alors, à l'en croire, le seul
obstacle à la paix ; il lui avait écrit pour l'inviter à abandonner les affaires et à se retirer en Égypte, lui promettant un noble refuge et, qui plus est, l'honneur de sa compagnie, car le vice-roi se sentait vieillir et voulait songer
à son salut. Si Kosrew voulait consentir à venir en Égypte,
si en même temps l'Égypte, la Syrie et Candie étaient as-
surés, sous la suzeraineté de la Porte, à la famille de
Méhémet-Ali, Son Altesse voulait faire bâtir à la Mecque
deux palais d'une égale splendeur : l'un serait pour Méhémet-Ali, l'autre pour Kosrew. Là, les deux vieillards récon-
ciliés achèveraient en paix une carrière si longtemps
laborieuse. Le vice-roi montrait en ce moment une véritable passion pour le repos. « J'ai trop longtemps travaillé,
disait-il ; qu'il me soit permis enfin de songer à la retraite.
J'aurai un palais à Hanefah. L'été y est frais, les eaux

limpides, les environs ombragés. L'hiver, je me retirerai dans mon palais de la Mecque. J'ai tout fait pour Kosrew, reprenait-il alors avec plus de force : en 1826, je lui ai donné ma flotte, mon armée, mon fils ; je lui ai fait porter par Boghos-Bey cent mille talaris. Comment m'a-t-il récompensé? Après avoir abandonné Ibrahim en Morée, il m'a noirci aux yeux de mon maître. Kosrew ne peut plus rester à Constantinople, il y serait massacré le jour de sa chute, et ce jour-là n'est pas loin. Kosrew, s'il ne veut pas venir en Égypte, n'a qu'un parti à prendre, c'est d'aller en Crimée. Les Russes lui doivent un asile, car il leur a vendu l'empire. Il y a des gens qui s'imaginent que je veux me rendre indépendant. Je demande l'hérédité, et non l'indépendance. Je ne veux que la gloire du sultan et le bonheur des Osmanlis. »

Dans une seconde entrevue, qui eut lieu au palais de mer d'Alexandrie, quelques jours avant mon départ, nous trouvâmes le vice-roi plus soucieux et plus irrité. « On ne veut rien faire pour en finir, nous dit-il. Voilà bien les lenteurs de la diplomatie! Pendant ce temps, l'hiver s'avance, et mon trésor s'épuise. Quand Ibrahim-Pacha m'écrira qu'il ne peut plus nourrir ses troupes, qu'aurai-je à faire si ce n'est de lui envoyer l'ordre de marcher en avant? Je vous en préviens, monsieur le consul général, pour que vous en instruisiez votre gouvernement. Demain j'en informera officiellement les consuls de toutes les puissances. »

« Vous jugez, écrivais-je à l'amiral Lalande, si M. Cochelet dut se récrier à cette sortie. « Votre Altesse y songe-t-elle? dit-il. On est « déjà fort irrité en Europe de son obstination à retenir la flotte

« turque et à exiger le renvoi de Kosrew-Pacha. Le cabinet français
« lui-même, qui trouverait cette condition inadmissible, si elle venait
« d'un souverain indépendant, ne peut la concevoir de la part d'un
« vassal en guerre contre son suzerain. Et c'est au moment où la
« France se fait l'avocat de Méhémet-Ali, bien qu'elle soit loin de
« tout approuver dans sa conduite, c'est au moment où j'ai cru pou-
« voir me porter garant de la modération de Son Altesse, que, par
« son impatience, le vice-roi irait donner raison à ses ennemis ! Si
« son armée a épuisé le pays qu'elle occupe, qu'il la dissémine et la
« fasse entrer dans des cantonnements. — *Péqué Guzel!* char-
« mant en vérité ! s'est écrié le vice-roi, en riant à gorge déployée.
« Voilà bien le moyen d'obtenir raison de Kosrew ! Me faudra-t-il
« moins nourrir mon armée quand je l'aurai disséminée? Mon trésor
« en sera-t-il soulagé d'un para? Je n'aurai fait qu'un pas rétrograde.
« Quant à Kosrew, c'est mon ennemi. Avant qu'il vînt aux affaires,
« n'étais-je pas le plus aimé des serviteurs de mon maître? On veut
« me faire mourir d'inanition; j'aime mieux mourir d'un seul coup.
« Ah ! vous craignez que je n'amène les Russes à Constantinople !
« Que m'importe à moi? Ils n'y resteront pas. J'entraînerai la guerre
« générale, dites-vous? Je ne le désire pas; mais deux maisons
« brûlent, la mienne et celle de mon ami. Il faut d'abord que je
« sauve la mienne. Je vois clairement aujourd'hui que les puissances
« étrangères ne sont pas en état de s'entendre. Elles veulent toutes,
« prétendent-elles, l'intégrité de l'empire ottoman et le maintien du
« fils de Mahmoud sur le trône : qui donc ne veut pas cela, ou qui
« le veut plus que moi? Pourquoi vous êtes-vous mêlés de nos
« affaires, vous qui n'êtes pas de notre religion? Sans vous, nous les
« aurions déjà réglées. »

Ainsi perçait, près d'un an avant le traité du 15 juillet
1840, ce projet d'arrangement direct entre le vice-roi et
le sultan, projet sage et loyal au fond, qui se fût réalisé
sous les auspices de la France, si la France eût été plus
forte que toute l'Europe. La Russie exploita habilement
contre nous la jalousie de l'Angleterre. Quand je rejoignis,
vers la fin de septembre, l'amiral Lalande devant Ténédos,
la cordialité de nos anciens rapports avec l'escadre an-

glaise avait disparu. Nous choisissons nos amitiés, et souvent il ne nous déplaît pas de les choisir à l'encontre de
la politique de nos gouvernements. En Angleterre, les
choses ne se passent pas ainsi ; on dirait que nos voisins
ne sauraient être aimables que par ordre de l'amirauté. La
froideur subite qu'on nous témoigna nous surprit, mais
nous avertit en même temps. Nous comprîmes que le jour
pouvait venir où ces émules seraient des ennemis, et nous
les estimions trop pour ne pas les tenir, malgré leur apa-
thie apparente, pour les plus sérieux ennemis que nous
pussions avoir. A dater de ce moment, ce fut vers les
exercices de guerre que se porta toute notre attention.
L'amiral prit la mer et alla croiser au large entre Saint-
George de Skyro et Ipsara. Nous étions au mois de novembre 1839. C'est déjà une saison avancée dans l'Archipel. Le temps fut souvent orageux, et certes il n'était pas
facile de faire évoluer huit vaisseaux rangés sur deux colonnes dans ce bassin étroit où il fallait chaque nuit virer
deux ou trois fois de bord. Je me souviens d'un signal du
Montebello, qui se trouvait en tête de la colonne du vent,
nous avertissant tout à coup vers onze heures du soir que
la route était dangereuse à tenir. Nous avions deux ris aux
huniers, la mer était grosse, le ciel noir comme il l'est
dans l'automne ; le vent soufflait par rafales. Nous dûmes
virer lof pour lof par la contre-marche, le temps ne nous
permettant pas d'exécuter cette manœuvre vent devant.
Chaque vaisseau, couvert de fanaux, répétait le signal du
vaisseau-amiral. Quand l'évolution commença, ce fut un
pêle-mêle de feux au milieu desquels les yeux les plus

exercés avaient peine à se reconnaître. L'amiral ne trouvait jamais la ligne assez serrée : il voulait que son escadre fût compacte. De jour, nous naviguions presque beaupré sur poupe ; de nuit, l'intervalle entre les vaisseaux n'était souvent que d'une encablure.

La tactique a fixé les distances entre les colonnes, de telle façon que le vaisseau de tête de la colonne sous le vent puisse être certain, quand il vire de bord, de ne pas trouver sur sa route le vaisseau de queue de l'autre colonne ; mais l'amiral avait interverti tout cela : il faisait constamment rapprocher les colonnes. « Il faut, disait-il, s'habituer à manœuvrer serré. » Je ne me rappelle pas avoir fait de campagne plus fatigante en ma vie. Le poste qui m'avait été assigné était difficile à garder : je devais constamment rester au vent de l'amiral et à portée de voix. Aussi ne dormais-je que tout habillé ; au moment le plus imprévu, un signal pouvait m'appeler sur le pont. Enfin je réussis à sortir sans encombre de cette épreuve. La marche supérieure de la *Comète* m'était d'un grand secours. Je suivais presque toujours l'*Iéna* sous les deux huniers, le grand foc et la brigantine, dont je tenais même souvent le point d'amure cargué. Si je me trouvais dans l'embarras, serré de trop près par un vaisseau, je n'avais qu'à laisser tomber la misaine ou à border les perroquets pour bondir en avant et me trouver bientôt hors des atteintes du monstre. Mon affection redoubla pour un navire qui me servait si bien. J'aurais eu un bâtiment moins heureusement doué que j'aurais probablement passé pour un maladroit. Telle est la justice des marins. Qu'on s'é-

6

tonne ensuite de l'ardeur que nous mettons à réclamer sans cesse des perfectionnements pour les bâtiments que nous commandons. N'est-ce pas à nous, qui jouons tout sur ce dé, notre vie, notre honneur, de nous montrer difficiles? Avec la voile encore, le capitaine pouvait jusqu'à un certain point suppléer par son habileté à l'insuffisance de son navire. Que peut-il faire contre l'insuffisance d'une machine?

Des grains violents nous rappelèrent enfin la nécessité de rentrer au port. Plusieurs fois l'escadre avait failli être dispersée; elle finissait toujours par se rallier autour de l'*Iéna,* qui, ferme comme un roc, ne cédait pas, quelque impétueuse que pût être la rafale, un pouce de terrain à la brise. Nos vaisseaux s'aguerrissaient à vue d'œil. L'amiral Lalande n'était pas exempt d'impatience, mais il était juste : il savait que tous ses capitaines ne pouvaient être manœuvriers au même degré que le capitaine Hamelin ou le capitaine Bruat. Ce qu'il leur demandait à tous, et ce qu'il en obtenait sans peine, c'était de la bonne volonté. Il était d'ailleurs une chose qu'il mettait bien au-dessus de ce don si rare de la manœuvre, c'était la pratique de la guerre. Parmi les commandants de l'escadre, il en était qui avaient assisté sous l'Empire à de sanglants combats; j'en pourrais citer qui avaient servi pendant plusieurs années sous les ordres du capitaine Bouvet. De tels hommes eussent cent fois manqué de coup d'œil dans les évolutions prescrites, que l'amiral Lalande ne les en eût pas moins tenus pour d'excellents capitaines. Il n'hésitait pas à le proclamer. « Vois-tu, me disait-il souvent, cet officier qu'on serait tenté de prendre, à son air de bonhomie, pour un juge au tribunal de commerce : parle-lui de l'*Aréthuse* et de l'*Amelia,* et dis-moi si le regard de ce brave n'est pas fait pour électriser un équipage. »

L'amiral Lalande cherchait ainsi partout les motifs de sa confiance; il les trouvait dans l'exceptionnelle aptitude des uns comme dans le vaillant passé des autres, dans l'ardeur de la jeunesse aussi bien que dans l'expérience de l'âge mûr. Lorsqu'il eut bien déployé son escadre en ligne et qu'il l'eut bien reployée en colonnes, lorsqu'il eut changé assez de huniers et de vergues de hune, il voulut se donner le spectacle d'un combat de nuit. A un signal du vaisseau-amiral, les batteries de l'escadre s'illuminèrent, et au premier coup de canon de l'*Iéna* un feu général s'ouvrit sur toute la ligne. Les divisions d'abordage furent appelées sur le pont, et le petillement de la mousqueterie se joignit à la grosse voix des pièces de trentesix. La nuit était sombre et venteuse; l'exercice n'en fut que plus instructif. A dater de ce jour, l'amiral Lalande eut foi dans son escadre. Il ne crut pas toutefois pour cela en avoir assez fait. Il avait commencé l'éducation de ses vaisseaux par les exercices faciles ; quand il les eut ramenés dans la baie d'Ourlac, il visa hardiment aux difficultés. A l'heure la plus imprévue, le signal d'appareiller tous à la fois, au plus vite, *au plus tôt paré,* montait au haut des mâts de l'*Iéna.* Il fallait laisser là le lavage des ponts, embarquer les chaloupes, hisser cinq ou six autres embarcations, lever deux ancres et sortir de la baie, qu'il ventât ou qu'il fît presque calme. Le lendemain, c'était le tour

des exercices de force : on changeait les mâts de hune.
La première fois, cette opération demanda deux heures et
demie à l'*Iéna* et huit heures au *Montebello*. La quatrième
fois, l'*Iéna* l'exécuta en cinquante-cinq minutes. Les autres
vaisseaux y employèrent à peu près une heure et demie.
« Et pourtant, me disait l'amiral Lalande de cet air triomphant qu'il prenait quelquefois, il y a des gens qui prétendaient que ces exercices étaient inutiles,... parce que les
Anglais ne les faisaient pas. » L'exercice favori restait
d'ailleurs celui du canon. Les règlements allouaient
une certaine quantité de boulets et de poudre pour cet
usage ; l'amiral Lalande consomma en un mois ce que les
règlements lui accordaient pour une campagne de deux
ans. Il fut coupable à bord de l'*Iéna* comme il l'avait été à
bord de la *Résolue ;* mais cette fois il avait pour lui l'opinion publique, et bien osé eût été celui qui eût entrepris
de l'attaquer. L'escadre, en effet, un instant hésitante, le
protégeait alors de tout son enthousiasme. L'amiral l'avait
d'abord lassée ; il avait fini par l'entraîner et par la séduire. La fatigue des exercices s'oubliait dans les ardeurs
de l'émulation ; il n'y avait nul besoin de pousser les équipages, le difficile était au contraire de les retenir. Tel
vaisseau échappait pour ainsi dire aux mains de son état-
major. Les gabiers tenaient affichés les principaux signaux
dans les hunes, et l'on avait peine à leur faire attendre les
commandements de l'officier de quart. Aussi, disait-on en
riant dans l'escadre que ce vaisseau, le premier bien souvent, *naviguait à la part* [1]. Ce n'était pas seulement les

---

[1] On appelle navigation à la part celle où chaque matelot navigue

matelots qui avaient pris goût à ces luttes journalières; les officiers y mettaient également tout leur amour-propre. On n'avait donc ni un instant d'ennui, ni un instant d'oisiveté sur la rade d'Ourlac. La plus grande liberté, d'ailleurs : voulait-on rentrer en France, passer d'un vaisseau sur un autre, prendre une permission de quinze jours ou d'un mois, visiter Constantinople, ou Athènes, ou Smyrne, il suffisait de le demander. Tout s'arrangeait à l'amiable dans cette grande famille. L'amiral Lalande aimait les bons officiers; il ne connaissait point les officiers indispensables; c'est ce qui le rendait si facile pour toutes les mutations.

J'ai déjà dit quelles étaient ses idées sur la discipline des équipages. « J'aurai, m'écrivait-il, au 1er janvier 1840, six ou sept cents hommes à congédier... Si l'on veut avoir une bonne armée de mer, il faut soigner son moral et ne pas a mécontenter. Il faut de la fidélité aux engagements. Ce serait une mesure encore plus politique que juste de renvoyer en France les hommes qui ont fini leur temps... Il vaudrait mieux, à mon avis, que chaque vaisseau eût soixante ou quatre-vingts hommes de moins, et des meilleurs, que d'avoir ce nombre de mécontents et de grognons. » L'amiral Lalande aimait le matelot jusque dans ses faiblesses. « Les officiers, disait-il, qui s'étonnent qu'un marin aille s'enivrer à terre ressemblent fort à Arlequin lorsqu'il donne un tambour et une flûte à ses enfants : Amusez-vous bien, mes chers petits, mais ne faites pas de

à peu près pour son compte, et a sa part dans les profits de l'expédition.

bruit..... Ce qui distingue, ajoutait-il, le matelot du soldat, c'est qu'il a de l'argent dans sa poche, et, parbleu! il faut bien qu'il le dépense! »

Telle était la sage indulgence qui avait en moins d'un an gagné tous les cœurs. Il faut dire aussi que l'attente de prochains combats prêtait dès lors aux exercices de l'escadre un attrait que ces exercices ont rarement. La routine du service habituel avait fait place à l'énergie de la force qui se concentre. Il faut mettre de côté les fanfaronnades qui nous ont représentés, à dater de ce moment, comme prêts à écraser au premier signal la flotte anglaise. La vérité est que nous savions mieux que d'autres ce que valait cette flotte, mais nous avions confiance en nous-mêmes et dans le chef qui nous commandait. Je ne crois pas que jamais meilleur esprit ait régné dans une escadre.

CHAPITRE VII

LA STATION DU BOSPHORE EN 1840.

Vers la fin du mois de décembre, l'amiral me donna l'ordre de rentrer à Toulon pour y changer le mât de misaine de la *Comète,* qui était fendu transversalement. Je partis sans regret, car je savais que l'hiver, dans l'Archipel surtout, est une morte saison. J'avais à peine touché au port, la quarantaine à laquelle on avait soumis la *Co-*

mète n'était pas encore terminée, que déjà l'amiral Lalande me pressait de le rejoindre. « Profite bien du temps, m'écrivait-il d'Ourlac le 9 janvier 1840, mais n'en abuse pas. Il faut revenir ici. Tout n'est pas fini, il s'en faut diablement. Un nuage diplomatique vient de se lever du nord. Peut-être en jaillira-t-il la foudre. La Russie veut évidemment nous brouiller avec l'Angleterre. »

Au mois de mai 1840, j'étais de retour dans le Levant, mais je n'étais plus auprès de l'amiral Lalande ; j'avais été envoyé dans le Bosphore pour y rester aux ordres de l'ambassadeur de France à Constantinople. J'ai vu là d'assez près se dérouler, du mois de mai au mois d'octobre, de bien graves événements. Nous avons eu nos jours de triomphe, bientôt suivis de jours d'humiliation. Kosrew, disgracié et remplacé par Rechid-Pacha, avait cessé d'être un obstacle invincible à la paix ; la flotte turque allait rentrer à Constantinople, quand le traité du 15 juillet éclata sur nos têtes [1]. L'Europe refusait à Abdul-Medjid et à Méhémet-Ali le droit de se réconcilier : elle prenait en main leurs affaires au nom de l'indépendance du sultan. On nous appliquait sans merci la loi du plus fort ; mais pouvions-nous protester autrement que par notre indignation

---

[1] C'est le 19 juin 1840 que l'amiral Lalande m'écrivait : « Méhémet-Ali tient en ses mains le repos du monde. S'il s'aperçoit qu'on veut le jouer, il nous amènera de terribles complications..... J'ai appris par la voix publique la retraite de Kosrew-Pacha. Cela me semble d'un bien bon augure. Le vice-roi est trop capable pour ne pas mettre à profit cette circonstance. Il va sans doute renouveler ses propositions d'accommodement. Il faut laisser le sultan et le vice-roi s'arranger entre eux. »

contre cet ostracisme? Sur qui nous serions-nous appuyés?
Sur les peuples? Les peuples seront toujours du côté de
leurs gouvernements contre l'étranger. Sur le vice-roi
d'Égypte? Ce n'était qu'en face des Turcs qu'il avait été
fort, et encore ne l'était-il plus quand on armait contre
lui le sentiment religieux. Il était impossible de ne pas faire
retraite contre une telle coalition. Un combat naval n'aurait rien décidé, quoique les Anglais nous aient un instant
prêté ce projet. Ce qui eût été heureux, c'est qu'on doutât
moins de l'amiral Lalande et qu'on connût mieux l'Angleterre. Le rappel de l'amiral Lalande au mois d'août 1840
fut probablement motivé par la crainte qu'il ne compromît
la France par quelque coup de tête. On faisait injure à
son intelligence politique autant qu'à son patriotisme. Deux
mois avant la mesure qui allait l'enlever à son escadre, il
m'écrivait : « Devons-nous désirer qu'on évite les complications, nous qui vivons de la guerre? Je le désire pourtant, parce que chez moi l'intérêt du pays passe avant
tout. »

Nous autres cependant, officiers de la *Comète,* nous
dansions sur ce volcan. Nos plus longues croisières se bor-
naient à descendre le Bosphore ou à remonter de Tophana
à Thérapia et à Buyuk-Déré. Pendant l'été, les vents du
nord règnent avec la régularité d'une mousson dans le canal
qui met en communication l'antique Propontide et la mer
Noire. Des flottes entières s'accumulent alors dans la
Corne-d'Or, car le courant est trop rapide pour que des
bâtiments à voiles puissent le surmonter sans le secours
d'un vent favorable : aussi, lorsqu'une brise passagère du

sud vient à s'élever, il faut voir le spectacle que présente
ce fleuve qui coule bleu et sans fond entre deux rangées
de palais. Les navires s'élancent pêle-mêle, se heurtant,
se poussant, rasant les quais sous un nuage de toile ; c'es
à qui atteindra le premier l'entrée du Pont-Euxin. Tous les
pavillons se trouvent là confondus ; toutes les carènes,
depuis le clipper américain jusqu'aux formes étranges qui
rappellent encore *Argo, la nef à voix humaine,* luttent de
vitesse et d'activité. Des injures se croisent dans toutes les
langues. Les Turcs, bien qu'ils soient chez eux, sont toujours les plus maltraités ; il faut dire aussi qu'ils sont généralement les moins adroits. C'est le peuple le moins
marin qui soit au monde ; ils sont à eux seuls coupables
de plus d'abordages que toutes les autres nations qui se
donnent rendez-vous dans le Bosphore. Je me suis senti
quelquefois tenté de prendre leur parti malgré leur gaucherie incontestable, tant je les voyais bousculés, rudoyés
sans façon. S'il leur arrivait d'accrocher en passant quelque beaupré, au lieu de les aider patiemment à sortir d'embarras, on hachait leur gréement, on les jetait à tout
hasard de côté, et les malheureux s'en allaient à la dérive,
tombant d'un navire sur l'autre et soulevant de toutes
parts un concert d'imprécations.

Notre pilote grec, natif d'Ipsara, avait été un des compagnons de Canaris. Il se distinguait par la violence avec
laquelle il poursuivait de ses injures les enfants de Mahomet dans le malheur. Il passait sa journée sur le gaillard
d'avant à les guetter pour les prendre en faute. Si un de
nos tangons, si notre bout dehors de clin-foc était seule-

ment frôlé par un bateau turc, il accourait montrant son
poing mutilé au patron. L'Osmanli dédaignait le plus souvent de répondre à ce chien hargneux et continuait gra-
vement de fumer sa pipe ; mais ce calme ne faisait qu'exciter davantage la colère de l'irritable pilote. Il avait de
vieilles rancunes contre les Turcs, et les trouvait évidemment de trop en ce monde. C'était un type curieux que ce
vieux corsaire. — Quand je dis corsaire, c'est par euphé-
misme. — Il ne venait pas, comme les autres pilotes, de
Milo ; nous l'avions trouvé à Syra, où, la paix faite, il
avait jugé à propos de dresser sa tente. Il était marin jusqu'au bout des ongles, n'ayant guère, depuis son enfance,
vécu ailleurs que sur mer. Il parlait peu de ses aventures ; mais il n'y avait pas dans la Méditerranée une
crique dont il n'eût connaissance : ce n'était pas sous Canaris seulement qu'il avait gagné ses éperons ; les côtes
de Sardaigne et de Corse, le golfe de la Syrte, celui de
Naples, auraient pu nous dire quelque chose de ses hauts
faits. Je ne pouvais le regarder sans qu'il me rappelât,
avec son air renfrogné et ses deux doigts coupés, ce vieux
Lambro qui faillit devenir le beau-père de don Juan. Pendant les longues guerres de l'Empire, la piraterie avait eu
beau jeu ; les Grecs ne furent pas les derniers à profiter de ces heureuses circonstances. Lorsque la cause de
l'indépendance les appela dans une plus noble arène, ils
eurent quelque peine à renoncer à de vieilles habitudes, et
il fallut que plusieurs années s'écoulassent avant que le
commerce européen pût, dans l'Archipel, se passer d'es-
corte. Je ne sais, jusqu'en 1830, qui les marins de Mar-

seille et de Gênes redoutaient le plus, des Grecs ou des
Algériens. Les Grecs cependant ont l'esprit fertile : lorsqu'il leur fut interdit d'écumer les mers, ils se mirent cou-
rageusement à les exploiter. Leur pavillon se multiplia,
on le vit partout; des navires sortirent des coffres-forts du
riche et des épargnes du pauvre. Toute spéculation leur
fut bonne, tout voyage leur convint. Ils résolurent, mieux
que les Américains, mieux que les Suédois ou les Brémois,
le problème de la navigation à bon marché. Notre Lambro,
retiré des affaires avec un ou deux milliers de talaris, aurait pu cultiver paisiblement un coin de terre, vivre de sa
vigne et de ses oliviers : il n'en eut pas un instant la
pensée. Il avait fait construire à Syra un navire de ce pin
dur et tors qui croît sur les bords de la mer Égée; il paya
cette coque, y compris les bas mâts, environ six mille
francs. Deux chaînes et deux ancres, — car il n'avait
pas voulu lésiner sur ce point, — lui en coûtèrent à peu
près autant. Maintenant il naviguait pour gagner le reste
de la mâture, le gréement et les voiles. Il recevait pour
ses services à bord de la *Comète* une piastre forte par jour :
tout, jusqu'au dernier para, était mis de côté, et chaque
mois une vergue, une pièce de cordage ou de toile partait
pour Syra sur un navire ami qui se chargeait gratuitement
du transport. Notre pilote n'avait pas d'Haydée, il possédait
quatre vigoureux garçons : l'équipage de son brick était
tout trouvé. L'un des fils serait capitaine, le second subré-
cargue, le troisième maître d'équipage, le quatrième matelot. On y joindrait deux ou trois vagabonds ramassés sur le
port, et l'on serait prêt à partir, s'il le fallait, pour l'Amé-

rique. Du premier coup on n'alla pas si loin, mais on n'en
fit pas moins une campagne lucrative. Un beau jour, nous
vîmes apparaître dans le Bosphore le fameux brick équipé
à Syra; il était allé chercher un chargement de caroubes
à Candie, et il le portait à Odessa. Avec de pareilles mœurs
et de semblables aptitudes, la Grèce n'est-elle pas destinée
à nous montrer un jour une des premières marines marchandes du monde?

On s'étonnera peut-être que j'aie parlé de nos fréquentes
promenades dans le Bosphore, lorsque les vents du sud y
sont si rares et que les vents du nord y sont enchaînants.
Ce n'était pas en effet un petit effort d'industrie et de persévérance que d'accomplir en tout temps ces courtes traversées. Nous mettions près de deux jours à parcourir
une distance de onze ou douze milles. Nous partions généralement de Tophana vers une heure de l'après-midi, aussitôt après le dîner de l'équipage. Louvoyant le long de
terre sans sortir du contre-courant, nous arrivions en
deux ou trois bordées à la hauteur du palais de Tchéragan.
Il fallait nécessairement alors laisser retomber l'ancre. Chaque fois qu'on nous voyait arriver à ce mouillage interdit,
un caïque se détachait invariablement du palais et venait
nous avertir que nous ne pouvions pas rester là. Nous le
savions; mais pendant ce pourparler nous avions allongé
tout ce que nous possédions de faux-bras, de drisses et d'a-
mures de bonnettes, jusqu'à la pointe voisine, sur laquelle
s'élevait une espèce de cabaret peint en rouge dont le bal-
con reposait sur des pilotis. Pour atteindre la pointe, ces
amarres suffisaient; pour la doubler, il nous fallait recourir

à nos avirons de galère. Nous arrivions ainsi dans une
baie où nous faisions usage d'un nouveau moyen : une
partie de l'équipage, débarquée à terre, tirait le navire à
la cordelle. Tout cela pourtant n'était pas la grosse affaire :
le difficile était de franchir le coude que forme le Bosphore près de Dolma-Batchi. Le courant est si violent en
cet endroit que les caïques eux-mêmes, ces fines mouettes
qui semblent voltiger sur l'eau, ne réussissaient pas à doubler la pointe, s'ils ne se faisaient haler par des hommes
apostés sur le quai tout exprès. La rive par exemple est
à pic, et vous pouvez la serrer sans danger. Nous passions
ordinairement la nuit accostés à terre, tranquilles dans ce
repli de la côte, en dehors duquel s'épanchaient, avec la
rapidité d'un torrent, les eaux de la mer Noire. Le matin
venu, le calme atténuant un peu la vitesse du courant,
nous nous disposions à tenter le passage. Une cinquantaine de marins se plaçaient alors sur le quai avec deux
fortes amarres. Appuyant sur le bord un bout-dehors de
bonnette ou tout autre espars, nous écartions légèrement
de la rive l'avant du brick. Il n'en fallait pas davantage, le
courant se chargeait du reste : comme par un vigoureux
soufflet appliqué sur sa joue, il jetait à l'instant la *Comète*
au milieu du Bosphore. Si nos hommes étaient adroits, ils
profitaient de ce moment pour entourer d'une de leurs
amarres un des piliers de granit dressés sur le quai; la
Comète, ainsi retenue, se rangeait dans le fil de l'eau, et
les marins, saisissant l'autre amarre, s'animant par des
cris, par le son du tambour, la mettaient en chemin. Ce
n'était qu'un coup de collier; il n'y avait pas une demi-

7

encablure à faire pour tomber dans un autre remous. Le coude franchi, nous suivions presque sans effort les contours d'une baie nouvelle, salués par le gazouillement des oiseaux, mais semant l'émoi sur notre passage. Les Turcs, brusquement éveillés, tremblaient pour leurs maisons, non sans motifs peut-être, car je me souviens d'avoir enlevé un jour, près de Kadi-Keui, tout un angle de corps de garde du bout de mon beaupré. Le bruit que les chrétiens traînent constamment après eux fait le désespoir des Turcs. Le pauvre sultan me rappelait un peu, dès cette époque, le cheval qui voulut se venger du cerf; je ne m'étonne donc pas de l'empressement qu'il mit à accueillir le conseil qui lui fut donné de régler son différend avec le pacha d'Égypte sans recourir à l'intervention de l'Europe.

L'amiral Lalande voulait m'appeler à lui : il avait écrit à l'ambassadeur qu'il enverrait à Constantinople un autre brick remplacer pour quelques mois la *Comète*. Il craignait que je ne m'amollisse dans cette navigation de rivière[1]; mais avant qu'il eût pu donner suite à ses intentions, il fut lui-même rappelé en France. Il ne s'attendait pas à ce coup, et ne laissa pas d'en être ému[2]. Il ne

---

[1] Ce fut au milieu des loisirs de ma station du Bosphore que me vint la première idée de livrer mes impressions de marin à la publicité. L'amiral Lalande ne m'encouragea pas beaucoup, je dois le dire. Voici ce qu'il répondit à mes confidences : « Smyrne, 2 juillet 1840. — ...Tu as donc toujours des projets de l'autre monde?... Nous en parlerons. Tu veux écrire! Mais il me semble que tu t'y prends un peu tard. Pour *faire l'article*, mon cher ami, il faut que cela vienne de jeunesse, — comme le calfatage. Je te l'ai toujours dit, passé vingt-cinq ans, on n'est plus qu'une vieille bête. »

[2] Deux lettres que j'ai par bonheur conservées montreront com-

comprit pas en effet d'abord cette dernière faveur de la
fortune : par un hasard presque providentiel, il recevait
l'ordre de quitter le Levant au moment où sa position
allait y devenir intolérable. L'escadre, passée en d'autres
mains, dut sortir des eaux de Smyrne. Pendant que les
forces alliées faisaient tomber les murs de Saint-Jean-
d'Acre, elle attendait de nouvelles instructions, tristement
reléguée à Athènes et à Navarin. Enfin on eut le courage
de cette prudence dont notre isolement nous faisait une
loi ; on rappela nos vaisseaux à Toulon. L'escadre y parut
non pas humiliée, mais frémissante. Vingt et un vaisseaux
de ligne, réunis en un seul faisceau, devaient donner à
réfléchir au cabinet de Londres : cette armée navale eût
été dans la Manche avant que l'escadre de Beyrouth eût
pu rebrousser chemin jusqu'à Gibraltar. On songeait à lui

ment, malgré cette émotion à coup sûr bien naturelle, il sut se
montrer à la hauteur d'une si dure épreuve :

« Ourlac, 2 août 1840. — Eh bien ! mon cher Edmond, toi et
moi, moi et toi, nous sommes de vrais enfants. ... Je reçois l'ordre
de remettre provisoirement le commandement de la station à M. de
La Susse et de partir *immédiatement* pour Toulon.

« Si La Susse eût été ici, je serais parti demain. Je l'avais envoyé
à Smyrne, parce qu'il le désirait. Je le rappelle aujourd'hui, et je
partirai mardi soir ou mercredi matin au plus tard. *Il faut toujours
montrer du zèle.* »

« En quarantaine, à Toulon, 30 août 1840. — Comme tu le pré-
sumais bien, mon ami, toutes les oppositions m'ont glorifié pour
avoir occasion de tirer sur le ministère. J'en serais fâché, en vérité,
si cela pouvait porter coup ; mais c'est l'opportunité qui les fait
s'occuper de moi. Dans quinze jours, il n'en sera plus question, et
ce n'est pas moi qui réveillerai ce chat-là. Je sens qu'il serait bête
et inutile de se poser en mécontent. J'attendrai patiemment que la
mauvaise marée soit passée. Chez nous, les marées durent peu. »

donner pour chef un de ces hommes dont on invoque presque involontairement le nom les jours de combat, une de ces vieilles gloires pures, intactes, comme il nous en restait encore, — l'amiral Duperré. — Celui qu'on avait choisi pour commander immédiatement sous lui, pour servir de son activité, en qualité de major général, la haute expérience à laquelle on voulait faire appel, c'était l'amiral Lalande, qu'on trouvait ainsi le moyen de rendre à ses vaisseaux. Avec un tel second, avec des lieutenants qui se nommaient Hugon et de La Susse, l'amiral Duperré était homme à tout entreprendre. Combien de temps nos succès auraient-ils duré? C'est ce qu'il est difficile de savoir, mais il est hors de doute qu'un premier succès était presque infaillible.

CHAPITRE VIII

.

LA TEMPÊTE DU 24 JANVIER 1841.

Je suivis d'assez près en France l'amiral Lalande : il était parti dans les derniers jours de juillet ; je quittai Constantinople dans les premiers jours d'octobre. Je pouvais trouver la guerre sur mon passage, mais je commandais un bâtiment qu'il n'eût pas été facile d'atteindre. Notre traversée fut très-orageuse. Quand l'hiver doit être rigoureux, on en est généralement averti dans la Méditerranée par le

mois d'octobre. Dans l'Océan, c'est le mois des vents d'est ;
dans la Méditerranée, c'est celui des violents orages, plus
encore que des tempêtes. Si l'on est moins vigoureusement assailli à cette époque de l'année que durant les premiers mois de l'hiver, on est plus constamment harcelé et
menacé. Dans une mer étroite, de ces deux dangers l'un
vaut l'autre. La première fois que j'étais revenu du Levant,
dans les mois de novembre et de décembre, j'avais suivi
le canal de Malte ; cette fois je crus mieux faire en allant
chercher le phare de Messine. Je me présentai pour le franchir vers onze heures du soir. Les pilotes qui me mirent
dehors avaient fait une excellente journée : le vent de sud-est
régnait depuis le matin ; aussi les navires dépassaient-ils
l'un après l'autre les noires aiguilles et le promontoire
redouté de Scylla. Le temps cependant ne me paraissait
pas sûr ; j'eus un instant l'idée de m'arrêter à Messine, mais
les pilotes dissipèrent mes doutes. *Tempi ligeri!* c'était
tout ce que je pouvais attendre. Fiez-vous aux Siciliens !
J'étais à peine en dehors du phare qu'il me fallut prendre
deux ris aux huniers ; arrivé sous Stromboli, j'étais à la
cape. On ne peut se laisser dériver ainsi, quand on a sous
le vent le golfe de Gioja et celui de Policastro. Les côtes
de Calabre sont les plus inhospitalières que l'on puisse
rencontrer dans la Méditerranée. Je virai donc de bord et je
forçai de voiles, au risque de tout briser, pour regagner la
côte de Sicile. Le vent sauta heureusement au nord-ouest,
et j'atteignis tout juste la pointe du phare. Je voulais donner
dans le canal ; les pilotes s'y opposèrent ; le vent était trop
court, la marée contraire. Ils me firent mouiller sur ce banc,

qui n'est que le prolongement de la pointe sablonneuse du
phare, et qui descend brusquement vers un abîme sans
fond. J'y trouvai, je dois le dire, nombreuse compagnie.
Tous ces bâtiments, qui étaient sortis, comme moi, du détroit
sur la foi des *tempi ligeri,* avaient dû se hâter de rétro-
grader ; mais tous n'avaient pas été aussi heureux que la
Comète. La plupart louvoyaient péniblement dans le golfe
de Gioja et perdaient du terrain à chaque bordée. Je me
rappelle encore une large goëlette anglaise qui faisait des
efforts prodigieux pour sortir de ce tourbillon ; elle arrivait
presque à nous toucher, pas d'assez près cependant pour
que son ancre pût mordre sur le banc ; sous peine de tomber
sur Scylla, il fallait qu'elle poussât une nouvelle bordée au
large. J'ai rarement vu montrer plus de courage et d'intelligence ; mais toute cette énergie se dépensait en pure perte.
La nuit approchait, et elle menaçait d'être plus venteuse
encore que la nuit précédente : nous ne pouvions penser
sans frémir au sort de ces bâtiments affalés sur une côte
de fer. Vers dix heures du soir, un effroyable orage, qui
s'était formé dans le nord-est, creva tout à coup et amena
une saute de vent. A la lueur des éclairs, nous donnâmes
dans le phare et trouvâmes sur la côte de Sicile un mouillage suffisamment sûr pour y passer la nuit. Après deux
jours de repos, nous reprîmes la mer ; mais toute notre
traversée devait être marquée par des épreuves. D'un bout
à l'autre, ce ne fut qu'une lutte continuelle. Ce qui me
consola, c'est qu'un navire à vapeur, le *Castor,* parti
d'Alexandrie le jour même où nous quittions Constantinople,
n'arriva à Toulon qu'après nous.

Quand on s'est décidé à armer une escadre, on ne peut pas prendre immédiatement sur soi de la désarmer. Les difficultés politiques ont beau s'aplanir, il subsiste comme un grondement sourd dans les esprits qui tient encore les hommes d'État en éveil. Dans la situation que nous avait faite l'Europe et que nous avions acceptée, nous eussions été aussi forts avec dix vaisseaux qu'avec vingt. Cette économie aurait eu un double avantage ; elle eût ménagé le Trésor et épargné à la marine les dégoûts d'une activité qui paraissait désormais sans but. On se fût repris plus tard avec la même ardeur à ces exercices dont on avait bien quelque sujet de se montrer lassé : il ne fallait qu'une trêve entre la fièvre d'Ourlac et la déception de Toulon. L'escadre était restée sous les ordres de l'un des hommes de mer les plus éprouvés qu'ait jamais possédés la marine française. L'amiral Hugon, qui en avait reçu le commandement dans ces circonstances pénibles, était un vivant témoignage des hautes espérances que nous avait données naguère la marine régénérée de l'Empire. Il s'était formé dans ces brillantes campagnes de l'Inde où la gloire de Suffren trouva des émules : c'est lui que le capitaine Bergeret chargea, au milieu du combat soutenu par la *Psyché* contre la frégate anglaise *le San-Fiorenzo*[1], d'aller traiter avec un ennemi bien supérieur en force des conditions auxquelles lui serait abandonnée une frégate qui ne pouvait plus se défendre. Il s'acquitta heureusement d'une mission sans exemple dans

---

[1] Ainsi nommée en souvenir de la prise de Saint-Florent en Corse.

les fastes de la guerre maritime, et rapporta sur la *Psyché* la seule capitulation qui ait jamais été signée sur mer entre deux combattants. La frégate fut rendue comme une place forte ; son équipage en sortit libre avec les honneurs de la guerre. L'amiral Hugon était alors lieutenant de vaisseau ; il était capitaine lorsqu'il conduisit dans le combat de Navarin la frégate *l'Armide* au secours du *Talbot* et qu'on le vit se frayer si bravement un passage jusqu'au plus épais de la mêlée. Sa réputation était européenne. Il n'éveillait pas l'enthousiasme et la sympathie au même degré que l'amiral Lalande, mais il commandait l'estime et inspirait le respect. Il était déjà parmi nous un homme d'un autre âge, homme de pratique et de sens, qui avait beaucoup vu, beaucoup souffert, dont l'expérience acquise sur le champ de bataille se défiait de toute nouveauté. Son calme était fait pour contraster avec notre ardeur présomptueuse. On eût dit que son heure n'était pas encore venue, et qu'il attendait le premier coup de canon pour nous faire voir sur quel terrain il avait appris son métier. Il s'ennuyait en rade de Toulon et exerçait sans plaisir ce commandement désobligeant qu'on lui avait donné quand il n'en pouvait plus rien faire. Ne sachant quel emploi assigner à notre escadre, n'osant l'envoyer croiser dans la Méditerranée au cœur de l'hiver, on se décida enfin à laisser une division sur rade, aux ordres du contre-amiral de La Susse, pendant qu'une autre division irait avec le vice-amiral Hugon stationner aux îles d'Hyères.

La division du commandant en chef se composait de cinq vaisseaux : *l'Océan*, vaisseau à trois ponts portant le

pavillon de l'amiral et commandé par le capitaine Hamelin ;
l'*Iéna,* le *Neptune,* le *Généreux* et le *Triton.* La frégate *la
Médée* reçut l'ordre de l'accompagner. Cette escadre appa-
reilla de Toulon le 21 janvier 1841, vers quatre heures
du soir, avec l'intention de passer la nuit au large et
d'aller chercher le mouillage des îles d'Hyères le lendemain. A peine fut-elle en dehors du cap Sepet que le vent
du nord-ouest se leva. L'escadre, sous une voilure réduite,
conserva les amures à tribord. Dans la nuit, le vent
redoubla de violence : l'amiral jugea prudent de s'éloigner
du golfe de Lyon et de prendre la bordée qui le rappro-
cherait du golfe de Gênes. On n'était déjà plus en ligne, et
si les mouvements de l'amiral peuvent être facilement
exécutés sans signal par une file de vaisseaux rangés
exactement dans les eaux les uns des autres, il n'en est
pas ainsi quand on navigue en peloton. Avant de virer de
bord, il fallait de toute nécessité en donner l'ordre par
signal. On l'essaya : au milieu de la tempête les fanaux
s'éteignirent ou se brisèrent. Il n'y avait déjà plus moyen
de s'entendre. Aussi, quand le jour se fit, l'escadre était-elle
dispersée : la plupart des vaisseaux, jetés sous le vent par
la dérive, n'auraient pu, s'ils avaient alors viré de bord,
doubler avec certitude l'île de Corse. Un seul vaisseau, le
Généreux, le tenta, et ce fut le seul qui atteignit les îles
d'Hyères. Le reste de l'escadre s'en allait en travers du
côté de Mahon. Jusqu'au 23, elle n'avait été aux prises
qu'avec un violent coup de vent d'hiver ; dans la nuit du
23 au 24, ce fut un ouragan qui éclata. Le vent passa au
nord et balaya tout ce qui se trouva sur sa route. D'un

7.

bout de la Méditerranée à l'autre, ce ne fut qu'un désastre.
La *Marne* se perdit dans la baie de Stora, le *Météore* se
réfugia dans le port de Malte, après avoir failli périr sur
l'île Maritimo ; il n'y eut pas un des navires surpris par cette
tempête qui ne fît de graves avaries ou ne courût les plus
grands dangers. Les plus heureux furent ceux qui trouvèrent
un asile à portée. L'*Océan,* fort maltraité déjà par trois jours
de cape, vit sa dernière voile enlevée ; il ploya sous la rafale
au point de plonger, — chose incroyable, — le bout de sa
grand'vergue dans l'eau : le vaisseau n'étant plus soutenu
par aucune voile, les mouvements de roulis avaient acquis
une amplitude énorme. Le craquement des cloisons, le
gémissement des mâts, semblaient annoncer la prochaine
dissolution du bâtiment. Pendant ce temps, trois sabords
avaient été défoncés, et la mer s'engouffrait avec fureur
dans les batteries. C'est dans de pareilles circonstances
qu'on peut voir la grandeur de l'homme et sa faiblesse :
il est bien petit devant la puissance de la nature, mais
il est bien grand aussi quand il se redresse sous ces
formidables colères. Au moment le plus critique, la fermeté
de l'amiral et celle de son capitaine de pavillon ne fléchi-
rent pas ; ils pourvurent aux accidents les plus graves
avec le sang-froid et la sérénité qu'ils apportaient dans
les circonstances ordinaires aux plus modestes détails de
leur profession. L'*Océan* fut, de tous les vaisseaux, celui
dont les convulsions furent le plus effrayantes ; ce ne fut pas
cependant le vaisseau le plus en péril. Le *Triton,* commandé
par le capitaine Bruat, faillit couler ; ses pompes furent
pendant un instant impuissantes. Le *Neptune* eut plusieurs

courbes rompues; l'*Iéna* craqua son beaupré. Enfin le temps permit d'aller chercher un abri où chacun pût réparer ses brèches. L'*Océan* et la *Médée* se réfugièrent dans le golfe de Palmas en Sardaigne; le *Triton,* le *Neptune* et l'*Iéna,* dans celui de Cagliari.

Le vent souffle pour le brin de chaume comme pour le chêne : la *Comète* eut aussi sa part de cette épouvantable tempête. J'avais été expédié à Barcelone pour y porter quelques rechanges aux bâtiments de la station ; ma mission accomplie, je devais rentrer à Toulon. Le 22 janvier, je me disposai, dès le point du jour, à sortir du port. Le commandant du *Méléagre* voulut me retenir; il connaissait mieux que moi les côtes de Catalogne et venait d'interroger le capitaine d'un *falucho* de la douane qui arrivait de Blanès. Cet officier lui avait annoncé que, d'après l'état de la plage, il était impossible qu'il n'y eût pas à cette heure une tempête déchaînée dans le golfe de Lyon. Je dédaignai follement ces pronostics, et je me mis en route. La journée fut magnifique : nous suivions la côte, poussés par une petite brise d'ouest et de sud-ouest. La nuit vint, et le ciel resta pur. Si j'avais su ce que j'ai appris depuis lors, je me serais inquiété de cette petite houle peu profonde, mais sèche et dure, qui venait heurter sans cesse notre joue. Il faut des années pour apprendre à lire et à interpréter les signes du temps; seul, le marin expérimenté les trouve partout, dans le scintillement des étoiles, dans la forme, dans la coloration et dans la course des nuages aussi bien que dans les ondulations des flots. Je me couchai donc sans la moindre préoccupation. Au jour, on vint me rendre compte de notre position : tout allait à merveille. Lorsque je montai sur le pont, la scène avait changé : un voile de vapeurs, à peine perceptibles à l'horizon, s'était subitement déployé et avait en quelques minutes envahi tout le ciel. J'ai revu ce phénomène dans les mers de Chine à l'approche d'un typhon, et je le tiens pour un des indices les plus certains d'une tempête. Le ciel n'était pas noir, mais d'un gris opaque, uniforme, d'où ne se détachait aucun nuage. Le vent, lorsqu'il souffle du nord-ouest dans le golfe de Lyon, s'infléchit au cap de Creux, et, suivant le contour de la côte, souffle du nord-est dans le canal qui sépare les îles Baléares de la Catalogne. En général, il n'accuse toute sa violence que vers le milieu de ce canal. Près de terre, il s'affaiblit, et il existe même entre le cap Saint-Sébastien et Barcelone une zone de quelques lieues de large, zone menteuse où l'on n'éprouve plus, sous la forme d'une légère brise de sud-ouest, que le remous du grand courant qui s'est produit au nord. Arrivés à la hauteur du cap de Tosa, à quelques lieues du cap Saint-Sébastien, nous commencions à sortir de la zone abritée, et le véritable aspect du temps se montrait.

Il n'y avait jusque-là rien de bien effrayant. Le mistral ne m'avait pas empêché autrefois de traverser le golfe de Lyon avec le *Furet;* il ne me détournerait pas de tenter ce passage quand j'avais sous les pieds un brick tel que la *Comète.* Je savais qu'en avançant je devais trouver le vent de plus en plus favorable, et que ce terrible mistral se ployait pour ainsi dire, en s'arrondissant, aux grandes inflexions du golfe. A huit heures du soir, j'étais sous le

grand hunier au bas ris, la misaine et le petit foc; les
mâts de perroquet étaient dépassés. S'il y avait quelque
chance de franchir le golfe, c'était sous cette voilure. A
neuf heures, je n'avais plus que le grand hunier, et à dix
heures que le petit foc. Je crus qu'il ne nous fallait désormais que de la patience, et je m'étendis sur les coussins de
notre petite dunette. Il était deux heures du matin; je
reposais assoupi, brisé par la fatigue, lorsque je fus éveillé
en sursaut. Le brick était sur le côté, la dunette pleine
d'eau, et j'entendais crier sur le pont : « Nous *sommes
engagés.* » Je m'appuyai aux deux montants de la porte et
je criai à mon tour : « La barre est-elle au vent? Défoncez
les sabords! » Un gabier de beaupré, nommé Roque, se
saisit d'un anspect et fit voler en éclats le sabord de l'arrière.
La *Comète* obéit à sa barre, et pendant que la proue cédait
à l'impulsion du vent, nous sentîmes le brick se redresser :
l'eau, qui tout à l'heure chargeait sa muraille, s'était écou-
lée par la brèche que nous lui avions ouverte. Il partit
comme un trait, écartant les lames de droite et de gauche,
pareil à un cheval échappé. Restait à savoir où il allait
ainsi. Je sautai sur ma carte : en faisant le sud-ouest, nous
pouvions enfiler sans crainte le canal des Baléares jusqu'au
cap Saint-Martin. Je donnai l'ordre de venir au sud-ouest.
Deux ou trois lames nous prouvèrent bien vite que cette
route était impossible. Nous essayâmes de venir au sud-
est; la tentative n'eut pas plus de succès. Le vent était
franc nord, et tout ce que nous pouvions faire, c'était de
fuir vent arrière. On ne pouvait dire que la mer fût très-
grosse : elle était en quelque sorte couchée par le vent;

mais la crête des lames, enlevée comme un immense
embrun, jaillissait à bord dès que nous présentions à la
vague l'une ou l'autre hanche. Nous passions littéralement
à travers une couche d'écume, sans pouvoir, bien que la
lune brillât au plus haut du ciel, rien distinguer à une encablure devant nous. J'estimais notre vitesse à douze milles
environ à l'heure. Tout flottait sur le pont, les échelles,
les coffres à signaux et les cages à poules ; la plupart des
matelots, l'œil morne et abattu, s'étaient réfugiés sur l'arrière : quelques-uns s'efforçaient d'épuiser d'en bas l'eau
qui tombait par les écoutilles dans le faux pont ; une
dizaine de gabiers, l'élite de l'équipage, raffermissait
les dromes, faisait jouer les pompes et parait aux mille
avaries qui se déclaraient à chaque instant. Deux de ces
gabiers, Moulinier et Matty, s'étaient chargés de la barre ;
ils ne la quittèrent pas de la nuit. Aucun des officiers ne
s'était couché. Tous étaient à leur poste, m'entourant et
me secondant. Vers six heures du matin, nous approchions
évidemment de la terre ; la brise, qui jusqu'alors n'avait
été qu'une rafale continue, sembla mollir. Une lame
énorme se dresse sur notre arrière et vient déferler sur
nous : je crus que cette lame nous engloutissait et que tout
était fini. Je me souviens qu'en cet affreux moment, lorsque
j'étais encore accablé sous la montagne d'eau qui nous avait
couverts, pendant que le brick semblait s'enfoncer sous
mes pieds, et que je m'imaginais ne jamais revenir à la surface, j'eus le temps de faire cette réflexion : « C'est donc
ainsi qu'on meurt ; je m'étais figuré que c'était plus pénible. » Nous ne restâmes pourtant submergés que quelques

secondes. J'entendais autour de moi ces paroles sinistres :
« La barre est cassée ! » Il n'en était rien par bonheur.
Deux rayons de la roue de gouvernail que serraient de
leurs doigts nerveux Moulinier et Matty s'étaient seuls
brisés entre leurs mains.

Je pris un grand parti : il était évident qu'avec la route
que nous avions suivie depuis deux heures du matin nous
ne pouvions pas conserver l'espoir, dont je m'étais flatté un
moment, de passer au large de Minorque : notre seule chance
de salut était de trouver le passage entre cette île et Majorque. Notre point de départ était loin d'avoir le caractère de certitude qui eût été si nécessaire en pareille
occurrence ; l'erreur de notre position, résultat d'une estime
influencée pendant deux jours par les courants, pouvait
être de quinze ou vingt milles. Si nous donnions sur
Minorque, nous étions en grand danger. Cependant Minorque
est une île peu étendue, et un léger changement de route
peut en faire éviter les pointes. Si nous rencontrions la
plus grande des Baléares, Majorque, un miracle seul pouvait nous sauver. J'envoyai larguer la misaine et je fis
gouverner au sud-ouest : nous le pouvions alors, parce
que la tourmente s'était un peu apaisée. A huit heures, le
maître d'équipage, qui était monté dans la hune de
misaine, annonça la terre devant nous. Bientôt nous dis-
tinguâmes du pont de hautes gerbes d'écume que quelques-
uns d'entre nous prirent pour des coups de canon : c'était
la mer qui rejaillissait en pluie après avoir frappé la falaise.
Ces brisants s'aperçoivent souvent lorsque la côte est
encore voilée par la brume. Quelques minutes d'intense

anxiété s'écoulèrent; la terre se dessina plus clairement : elle s'étendait comme une longue bande noirâtre au-dessus de l'horizon; un seul sommet arrondi en marquait à peu près le milieu. Nous reconnûmes Minorque et le mont Toro : un soupir s'échappa de toutes les poitrines. Nous inclinâmes encore légèrement notre route sur tribord et passâmes à un ou deux milles de la pointe de Ciudadella. La brise diminuait de violence au fur et à mesure que nous avancions dans le canal; à la misaine, nous ajou-tâmes successivement le grand hunier, le petit hunier, puis la grand'voile, pour nous rapprocher de Majorque et nous abriter sous ses hautes montagnes. A midi, l'équipage riait déjà de ses émotions : le ciel était bleu, la brise était ronde, et la *Comète* voguait sur une mer unie..... Mais com-bien de familles cette affreuse tempête avait plongées dans le deuil! combien de pauvres femmes se trouvèrent avoir prié en vain Notre-Dame de la Garde ou Notre-Dame de Sicié! combien d'orphelins fit en un seul jour le premier cour-rier qui arriva de la côte d'Afrique! C'est une rude exis-tence que celle du matelot : il gagne si peu et il a tant d'êtres à soutenir! Aimez-le, protégez-le, vous qui disposez de ses destinées; mais n'espérez pas qu'il échappe à cette dure loi qui pèse depuis les premiers jours du monde sur la majeure partie de l'espèce humaine. L'homme doit tra-vailler, et la femme doit gémir :

For men must work and women must weep.

J'ai connu des parages plus dangereux que ceux de la Méditerranée; cependant on peut devenir marin dans la

Méditerranée aussi bien qu'ailleurs. Les Anglais nous raillèrent quand ils apprirent le sort de cette escadre qui leur avait fait tout à la fois et ombrage et envie ; ils affectèrent de ne voir en nous que des marins de rade et de beau temps. Les vaisseaux de Nelson, au mois de mai 1798, n'avaient pourtant pas été plus heureux que les nôtres au mois de janvier 1841 ; leurs avaries furent même beaucoup plus graves. La vérité, c'est que dans certains coups de vent exceptionnels il n'y a qu'une science qui serve, celle qui apprend à les éviter ; mais, chose étrange, cette Méditerranée si étroite, nos bâtiments de guerre ne la connaissaient pas : ils en ignoraient le régime et les ressources. Les cartes que nous possédions ne nous disaient rien de ces précieux abris que la nature a pour ainsi dire creusés à chaque pas du détroit de Gibraltar à l'entrée des Dardanelles. L'Archipel seul nous était devenu familier par de longues stations ; partout ailleurs nous allions à l'aventure sur la foi d'un méchant *routier* dont on avait fixé les principaux points par des déterminations astronomiques. Le coup de vent du 24 janvier 1841 eut au moins cet heureux résultat : l'amiral Hugon découvrit le golfe de Palmas en Sardaigne. Quelque temps auparavant, le commandant Bérard, sur l'*Uranie,* avait annoncé dans la même île l'existence de la baie de Saint-Pierre. On comprit enfin la nécessité d'accorder à la navigation de la Méditerranée un peu de cette sollicitude qu'on prodiguait à celle des mers les plus lointaines. Sur un théâtre où se meuvent des escadres et où l'on expose chaque jour des millions, aucune précaution ne saurait être superflue ; il fut donc décidé qu'on allait s'occuper sans délai de l'exploration des côtes de Sardaigne, de la partie du moins de ces côtes où des flottes entières trouveraient encore aujourd'hui, comme au temps de César et de Charles-Quint, des rades aussi sûres que des ports, aussi vastes que des golfes. Pendant deux années consécutives, cette reconnaissance hydrographique, suivie d'une courte exploration dans le canal de Malte, occupa la *Comète* [1]. Nos travaux étaient à peine terminés qu'un nouveau commandement m'appela sur les côtes de Catalogne : on me confiait cette fois un brick de vingt canons, le *Palinure*. Quatre ans plus tard, je conduisais dans les mers de Chine une corvette. A la corvette succéda une frégate : rien ne put me faire oublier les deux navires de mes jeunes années, le *Furet* et la *Comète*. En eux s'était personnifiée pour moi une marine qui allait disparaître.

CHAPITRE IX

L'AVENIR.

Il me semble que je parle d'un siècle passé quand je retrace des souvenirs qui n'ont pas encore plus de trente ou

---

[1] Voir à l'Appendice : 1° *L'île Julia et l'écueil qui lui a succédé;* 2° *Recherche du danger signalé au sud du Toro.*

quarante ans de date. Lorsque les souvenirs vieillissent avec cette rapidité, il faut se hâter de les fixer avant qu'ils s'effacent. Qui sait ce qu'une postérité que nous pouvons peut-être voir déjà courir dans les rues réserve à cette marine qu'elle ne connaîtra que par une vague histoire ? Quand la marine de l'antiquité disparut, elle ne laissa dans l'esprit des peuples que d'incomplètes légendes : des textes mutilés ou imparfaitement compris imposèrent aux marins confondus les plus singulières croyances [1]. Espérons qu'il n'en sera pas ainsi pour la marine dont nous avons vu la transformation rapide. Je ne me dissimule pas cependant que des questions qui avaient un si haut intérêt quand nous pouvions, d'un jour à l'autre, livrer à nouveau les combats de la Hougue, de la Dominique ou de Trafalgar, ne soient dès à présent tombées dans le domaine de l'archéologie. Ce qu'il nous importe maintenant d'étudier dans ces grands événements, ce sont les hommes, le rôle que leur caractère y a joué, les ressorts qu'ils ont fait mouvoir. L'histoire technique de la marine peut vieillir : je ne crains pas de le répéter, son histoire dramatique sera toujours jeune.

Je n'aurais probablement pas essayé de ressaisir les traits fugitifs des premières années que j'ai passées sur mer, si toute cette période n'eût été remplie par l'image d'un chef vénéré : aussi, lorsque cette image me manque, je m'arrête. Dans cette période de renaissance que j'ai essayé de retracer, le rôle de l'amiral Lalande, plus sym-

---

[1] Voyez à l'Appendice : *La marine des Grecs au siége de Troie.*

pathique qu'aucun autre, a été certainement un rôle à
part; il serait injuste cependant de vouloir le grandir aux
dépens de ses émules : à côté de lui, nous rencontrons des
chefs non moins autorisés, dont la marine a aussi gardé la
mémoire. Je ne parle pas de l'amiral Hugon — cette noble
et sévère figure tient par trop de côtés à la marine de la
République et de l'Empire ; — je ne parle pas non plus de la
jeune et brillante influence qui s'efforçait déjà d'élever
au-dessus de nos têtes le drapeau de l'avenir : les chefs
qui ont achevé l'œuvre ébauchée de l'amiral Lalande
appartenaient à la même génération que le commandant
de la *Résolue*. L'amiral de La Susse nous a révélé ce que
vaut la méthode ; l'amiral Casy, ce que peut l'enthousiasme ;
l'amiral Baudin nous a montré l'énergie passionnée qui
entraîne ; l'amiral de Parseval, la suprême dignité qui sub-
jugue. Ce qui me paraît distinguer l'amiral Lalande entre
tous ces hommes si remarquables à des titres divers, ce
sont les grandes perspectives que son esprit embrassait.
L'opinion publique peut avoir ses surprises ; elle est en
général clairvoyante : dans l'amiral Lalande elle avait reconnu un homme supérieur, et elle le poussait de toutes ses
forces au premier rang. L'amiral se sentait lui-même digne
d'y arriver. Lieutenant de vaisseau, il disait déjà en riant
à ses camarades : « Quand je serai ministre ! » Les événements de 1814 et de 1815 le surprirent sans le décou-
rager. Beaucoup d'officiers croyaient que c'en était fait de
la marine : les armements étaient suspendus, un trans-
port-écurie tenait station dans le Levant, des goëlettes
suffisaient aux Antilles ; la plupart des officiers vivaient

péniblement d'une maigre demi-solde. Le lieutenant
Lalande attendit avec confiance des temps meilleurs : il
pressentait les prodigieuses ressources de la France. Le
père de l'amiral, au grand scandale des bourgeois du
pays, avait vendu la presque totalité d'un patrimoine qui
n'était pas considérable pour donner une bonne éducation à
ses fils ; il leur laissa sans doute peu de bien, mais, par cette
sage prodigalité, il assura leur avenir. De ses quatre enfants, l'aîné fut notaire, le second mourut officier supérieur en Russie, le troisième devint général, le plus jeu
était l'honneur et l'espoir de notre flotte.

Le lieutenant Lalande, mis un peu à la gêne par la
réduction du budget, vécut pendant quelques années du
produit des parts de prise que lui avait valu une croisière heureuse sur la frégate *la Nymphe* : il portait toute sa
fortune dans une ceinture. Avant que cette réserve fût
épuisée, le flot vint et le souleva. Il rentra joyeux dans
la carrière active, y fit des pas rapides et se trouva officier général dans un âge où, avec une meilleure santé, il
eût pu rendre encore à son pays de longs services. Ce fut
à Ourlac, après le retour de sa campagne d'évolutions à
l'entrée des Dardanelles et sous Saint-George de Skyro,
qu'il nous apparut dans toute sa séve martiale et dans
tout son éclat : il semblait, à voir son activité dévorante,
qu'il n'eût plus de temps à perdre. L'amiral Lalande se
mourait en effet depuis l'âge de vingt ans : il n'avait pas
de corps ; ce n'était qu'une volonté. Il voulait vivre ; il le
voulait, si je puis m'exprimer ainsi, avec acharnement ; il
défendait sa vie contre une maladie implacable, et ce qu'il

y avait de plus admirable en lui, c'est qu'il la défendait gaiement[1]. Il ne pouvait croire qu'il dût mourir sitôt, quand il avait encore tant de choses à faire. Les souffrances n'étaient rien pour lui; elles avaient été impuissantes à le lasser de l'existence, car il aimait ce monde dont tant de fous médisent. Il mourut cependant calme et fier, triste sans amertume, résigné sans espoir. C'est dans l'été de 1844 que notre marine perdit, à l'âge de cinquante-sept ans, cet homme qui avait tant fait pour elle[2].

[1] Je ne parle que preuves en main de cette triste et inaltérable gaieté. On en pourra juger par les extraits suivants :

« Paris, 22 novembre 1843. — J'en suis revenu à mon lait pour unique aliment, et je m'en trouve fort bien. On dit qu'on peut très-bien vivre avec une ennemie comme une hydropisie bénigne; mais je n'entends pas de cette oreille-là, et veux guérir... Je m'arme de patience pour passer l'hiver comme un *bon à rien*, ce qui, en conscience, ne me va guère. »

« Paris, 16 décembre 1843. — Je me suis fait percer le ventre pour la sixième fois, et je suis tout dégagé en ce moment. On me dit et je veux croire que je continue à aller de mieux en mieux. Je ne m'en aperçois que lorsque je ne souffre pas. Ce que je vois, c'est qu'il faut se résigner à passer l'hiver au coin du feu, bien chaudement, et en s'étudiant au rôle de *bon à rien*, que je n'aime pas. »

« Paris, 28 décembre 1843. — Tu sais toucher la corde sensible, mon cher Edmond. Oui, j'espère bien que je retournerai à l'eau et que nous y serons ensemble à parader, comme tu dis, puisque nous en sommes réduits là; mais en paradant on se dispose aux choses sérieuses, et il en peut surgir d'un moment à l'autre..... Mais quand pourrai-je d'abord, et quand voudra-t-on m'envoyer parader? Ce sont là deux grandes questions. Je suis capable d'intriguer pour résoudre la dernière, et je me résigne à tout pour attendre la première. Mes docteurs disent que je suis tout à fait en bonne voie, et je les crois. »

[2] Voyez à l'Appendice : *Détail des services du vice-amiral Lalande.*

Quoiqu'il appartînt par ses affections et par ses études à la marine d'autrefois, l'amiral Lalande était précisément l'homme qui eût pu porter la plus vive lumière dans la situation d'aujourd'hui[1]. Il excellait à dégager une idée

[1] « Je ne suis absolu en rien », m'écrivait l'amiral, et il le montrait par la sympathie avec laquelle il acceptait les perspectives de l'avenir. Les lettres dont j'offre ici quelques extraits ont précédé de près d'un an la *Note sur les forces navales de la France,* publiée dans la *Revue des Deux Mondes* du 15 mai 1844, note qui traçait avec une grande hardiesse et une rare fermeté de coup d'œil tout un programme nouveau pour le développement de notre marine.

« Paris, 9 octobre 1843. — .....Je te crois en conscience quand tu me dis qu'on laisse jeûner la voile, tandis que la vapeur est dans la litière jusqu'au ventre. Ce n'est peut-être pas un mal, car pour arriver à bien faire, il faut faire beaucoup et même trop. C'est de l'argent gaspillé ; mais, s'il y a des résultats, je m'en consolerai facilement. »

« 21 octobre 1843. — Si je ne puis approuver les capitaines qui n'ont jamais assez, qui ne trouvent bien que ce qu'ils ont fait faire, défaire ou refaire, je n'ai pas non plus la moindre estime pour ceux qui trouvent tout bien, sans avoir même regardé, et s'en rapportent aux autorités du port et au règlement pour qu'il ne leur manque rien. »

« Paris, 1er décembre 1843. — Les bureaux sont obligés de convenir que M. de Mackau s'occupe sérieusement et fructueusement de son affaire ; mais ils sont fort mécontents de l'allure qu'il prend de les faire beaucoup travailler, de leur demander mille renseignements, et puis de décider sans qu'ils en sachent rien. Ce n'est pas leur compte, quoique ce soit raisonnable.....

« Tu es ou plutôt nous ne sommes pas les seuls effrayés de la dépense des vapeurs. Le ministre en est tourmenté. Il est venu me voir l'autre jour, et nous n'avons guère parlé que de cela. Il revient sans cesse sur ce grand *hic.* « Les transatlantiques, dont nous allons « peut-être rester chargés, coûteront plus d'entretien à eux seuls « que toute la flotte à voiles ! » Je réponds : « Tous les perfection- « nements doivent avoir pour but de diminuer cette énorme dépense « et de fondre les deux marines, comme on a fait de la lance et de

juste et fondamentale des détails au milieu desquels il est si facile de s'égarer. En marine, il partait d'un principe aussi simple qu'absolu : tout pour la flotte, — c'est-à-dire faire tout converger vers le bon et prompt armement du plus grand nombre de vaisseaux possible. Le faste des arsenaux ne lui imposait pas ; ce n'était point aux monuments des ports qu'il jugeait la force d'une marine : il la reconnaissait à la puissance productive des chantiers, à la richesse des approvisionnements, et surtout à la forte constitution du personnel. Il rêvait une armée de mer permanente, se rapprochant beaucoup sous ce rapport des idées qui ont prévalu en Russie. Je ne sais s'il avait bien mesuré toute l'étendue de son vaste programme ; mais il est certain que, s'il eût vécu de nos jours, son ambition eût reçu des modernes découvertes que nul en 1840 ne pouvait encore soupçonner un encouragement inattendu et comme une impulsion nouvelle. Sa flotte, quel que fût le nombre des bâtiments dont il l'eût composée, eût été avant tout une flotte de combat. C'est lui qui se déclara si énergiquement l'ennemi de la *poussière navale :* il appelait ainsi, non pas tous les bâtiments qui ne pouvaient pas figurer en ligne, mais tous ceux, grands ou petits, qui n'avaient aucune valeur militaire. Quand la Constituante, en 1790, voulut se rendre compte de ce qu'il fallait entendre par ce mot : *une marine,* les uns lui affirmèrent que la marine était une administration, d'autres soutinrent que

« l'arquebuse. La marine de nos jours doit être — *un fusil à baïon-*
« *nette.* »

ce ne pouvait être qu'une armée. Pour l'amiral Lalande, la marine n'était pas seulement une armée, c'était, dans la plus étroite acception du mot, une escadre.

J'accepte volontiers la définition ; mais cette grande escadre qui doit embrasser la marine dans son ensemble, comment la constituer en 1882 ? La situation n'est plus aussi simple qu'elle l'était en 1844. La Révolution a été déchaînée, et ceux qui l'ont introduite dans le monde naval ne savent plus eux-mêmes où elle les mène : une flotte est à peine construite qu'il en faut bien vite ébaucher une autre. On marche et l'on trébuche à chaque pas sur un progrès nouveau ; les budgets se lassent et les haches s'émoussent. Des forêts entières descendent des montagnes dans nos arsenaux, des armées d'ouvriers sont debout auprès des chantiers attendant le modèle qui n'est pas encore sorti du cerveau de l'ingénieur. C'est une heure de fièvre, et c'est aussi une heure de trouble. Gardons cependant notre sang-froid : ce bouleversement est pour nous une moins rude épreuve que pour l'Angleterre. Il n'atteint d'ailleurs que le matériel ; les questions qui concernent le personnel marin ont gardé toute leur importance et peuvent être résolues avec la même précision qu'il y a vingt ans.

Chargé de passer l'inspection générale des bâtiments qui portèrent au Mexique une armée de plus de trente mille hommes, j'ai fait en quelque sorte défiler sous mes yeux notre marine. Les officiers que je vis alors dans la force de l'âge et déjà pleins de maturité, sont aujourd'hui à la tête d'un corps qui se sent fier de marcher sous de tels

8

chefs; ils ont été remplacés dans les rangs inférieurs de la flotte par d'autres officiers d'une instruction non moins vaste, non moins variée et non moins profonde : agrandissez autant qu'il vous plaira la sphère de leur action, vous trouverez à peine un rayon assez étendu pour embrasser toutes les aptitudes que cet admirable personnel vous offre. Je puis le louer sans crainte ; j'appartiens à un autre âge. J'ai beaucoup fréquenté la marine anglaise ; je la tiens en très-haute estime, et personne ne sait mieux que moi ce que nous avons gagné à l'étudier de près ; je ne crois pas cependant qu'une guerre exclusivement maritime nous trouvât aussi désarmés qu'au temps du premier empire. Richard Cobden le proclamait il y a dix-sept longues années déjà en plein Parlement sans provoquer un seul démenti : plus de la moitié du peuple anglais vit aujourd'hui du blé qui lui vient du dehors. C'est une garnison dont la subsistance est compromise, si ses communications sont coupées. L'assaut est donc inutile contre cette place qu'on pourrait aisément affamer ; seulement il faut se tenir en garde contre les sorties.

« Il est de la destinée des deux plus grandes puissances de l'Europe, disais-je en 1865, de se mesurer sans cesse des yeux, et, alors même que la cordialité de leurs rapports est le mieux assurée, de se prendre mutuellement pour objectif. Du jour où je suis entré dans la marine, je n'ai entendu parler que de guerre contre l'Angleterre : voilà trente-quatre ans que nous nous y préparons, mais heureusement le clairon des zouaves ne s'est encore fait entendre des Anglais que dans la journée d'Inkermann. »

L'ancien équilibre du monde a subi, ce me semble, quelque atteinte depuis l'heure où je prononçais ces paroles : ce ne sont plus nos soldats que l'Angleterre désormais peut craindre ; ce ne sont pas davantage ses vaisseaux qui menacent notre indépendance ; nous avons donc besoin de rajeunir un peu notre programme. L'initiative des plus hardies et des plus fécondes nouveautés nous a jusqu'ici appartenu ; ne souffrons pas que sous ce rapport on nous devance. Tranquilles du côté des instruments qu'on nous prépare, nous aurons plus sujet encore de l'être du côté de ceux qui s'en serviront. Je le répète, notre corps d'officiers n'a pas son pareil en Europe ; celui des sous-officiers a la même valeur. Les matelots, peu nombreux, le sont assez depuis que les équipages, réduits de plus de moitié sur les étranges et formidables navires de nos jours, tendent à se restreindre encore : ils sont instruits, vaillants et d'une douceur qui fait de la discipline navale un jeu. Les châtiments corporels n'ont été abolis sur la flotte que par un décret de la République ; l'exemple de l'amiral Lalande les avait depuis quelques années presque abolis de fait. En rendant nos matelots des artilleurs habiles, en demandant chaque jour davantage à leur intelligence, on éprouva le besoin de ménager leur dignité et de les relever à leurs propres yeux. La discipline repose aujourd'hui à bord de nos bâtiments sur l'ordre et sur la méthode ; il n'y a que la France qui puisse jeter un équipage sur un navire armé de la veille et trouver le soir même chaque matelot à son poste.

En fait de matériel, il est urgent, sans doute, d'être

novateur ; quand il s'agit de personnel, j'incline vers la conservation, vers celle, bien entendu, qui améliore, qui perfectionne avec soin les détails, mais qui respecte les principes des choses. Ce bien dont nous jouissons, il n'est pas né en un jour : il est d'abord l'héritage du grand siècle, le legs respectable et précieux de Colbert. Le règne de Louis XV a reçu du règne de Louis XIV ses traditions ; les officiers qui avaient connu Duguay-Trouin, l'amiral de Court et M. de l'Étenduère n'ont pas été inutiles à la génération qui a fait la guerre d'Amérique ; les chefs qui nous ont instruits sous la Restauration et sous le gouvernement de Juillet nous venaient de l'Empire [1] ; nous-mêmes nous transmettons à une jeunesse impatiente les leçons que nous avons

---

[1] Une de mes querelles avec l'amiral Lalande, — car il avait assez de condescendance pour me permettre de soutenir, non sans vivacité, des opinions qui n'étaient pas toujours d'accord avec les siennes, — portait sur les critiques, à mon gré, un peu trop sévères qu'il adressait souvent à une époque marquée, il est vrai, par de grands désastres. Je retrouve une lettre, datée du 29 juin 1841, dans laquelle l'excellent amiral veut bien prendre la peine de m'expliquer à ce sujet sa pensée. « Je crois important, me dit-il, de redresser ton jugement sur l'opinion que tu m'attribues à l'égard de mon temps, c'est-à-dire à l'égard de la marine de la République et de l'Empire. Les Duperré, les Jurien, les Bourayne, les Bouvet, les Dupotet, etc., ont mille fois raison d'être glorieux de leurs hauts faits, car avant et depuis eux on n'a rien fait ni de mieux, ni d'aussi bien ; mais à qui doivent-ils et devons-nous cette gloire ? A eux, à eux tout seuls, à leur valeur personnelle, car il n'existait rien dans les institutions ni dans les usages qui leur vînt en aide. Où ils ont non-seulement passé, mais triomphé, cent autres seraient restés, et cent autres ont succombé à bien plus faible épreuve. Ceux qui n'avaient pas une valeur supérieure, qui n'avaient pas *ce mérite si rare d'inspirer confiance et affection*, ont tous succombé, quelle que fût leur valeur comme marins et comme militaires. Or ce n'est pas pour les

reçues des Duperré, des Roussin, des Rigny, des Baudin, des Hugon, des Lalande, des La Susse, des Parseval, des Hamelin et des Bruat. La marine à vapeur a ses ancêtres dans la marine à voiles; la marine d'aujourd'hui trouvera le phare qui la doit guider dans la trace lumineuse que laisse après elle la marine d'autrefois. Un établissement qui a pu survivre a tant de mécomptes et à tant de catastrophes, qui s'est relevé après les plus longues périodes d'abandon et d'oubli, doit avoir dans sa constitution même une vitalité qu'il serait au moins imprudent de méconnaître.

La campagne de Crimée, par la rapidité de mouvement qu'elle n'avait cessé d'exiger, par le spectacle de cette magnifique escadre russe, condamnée à l'immobilité dans le port de Sébastopol, vint précipiter la déchéance du vaisseau à voiles; mais avant d'entreprendre la création d'une marine qu'on voulait mettre tout d'un coup au niveau des

hommes supérieurs et hors ligne qu'il faut faire des règles, c'est pour le commun des martyrs; et c'est pour ce commun des martyrs que nous sommes mille fois mieux en mesure qu'autrefois. L'armée de Ganteaume, dont je faisais partie, sortait pour combattre, sans avoir jamais tiré un coup de canon et sans avoir essayé de prendre un ris. Vit-on jamais une incurie pareille? Et pas plus tard qu'en 1831 n'a-t-on pas vu quelques-uns des vaisseaux qui allaient forcer l'entrée de Lisbonne dans le même état d'ignorance? Et en 1836! En 1836, on sortait, pour aller dicter la loi aux Américains, dans un état pire encore. C'était un fouillis comme ceux que j'ai vus à nos sorties sur le *Colosse* en 1819 et sur l'*Eylau* en 1824, c'est-à-dire que ces vaisseaux ne valaient pas pour quoi que ce fût la plus mince des frégates. Avec ce système, on ne peut avoir que des défaites, à moins, comme je te l'ai dit, de confier chaque bâtiment à un de ces hommes qui domptent les événements et la fortune. S'en trouve-t-il beaucoup? — *Dixi.* »

8.

plus récents progrès de l'art naval, on prit soin d'étudier
dans leur ensemble les crédits qu'exigerait annuellement
la constitution de la flotte nouvelle. C'est ainsi que fut
déterminée en 1857 l'importance de notre établissement
maritime. L'armée de terre avait 100 régiments, l'armée
de mer dut avoir 150 navires de combat, ou pour mieux
dire l'équivalent de ces 150 navires, car on prévoyait déjà
le remplacement des vaisseaux et des frégates à vapeur
par des types plus coûteux, modèles insaisissables encore
qu'allait fournir une science constamment en travail et qui
de longtemps ne devait être stationnaire. Le jour où fut
arrêté ce programme, *la marine d'autrefois* eut vécu. Une
sorte de solennité sembla présider à sa condamnation : ce
fut en plein conseil d'État, les sections de la guerre, de la
marine et des finances réunies, que l'arrêt rigoureux, un
arrêt suprême et sans appel, lui fut signifié. Après une
délibération, telle qu'on la pouvait attendre de cette grande
assemblée au sein de laquelle tant de questions sont venues
chercher la lumière, il fut décidé qu'à dater du 1er janvier 1858 un navire à voiles, quel que pût être le nombre
de ses canons, cesserait d'être considéré comme un navire de
guerre. Ainsi finit une marine qui avait duré deux cents ans.
La marine de Louis XIV, de Louis XV et de Louis XVI, celle
de la République et de l'Empire, la marine même du gouvernement de Juillet, ce ne sont pas des marines différentes ; c'est la même marine à différents âges. Entre le
Soleil royal monté par le maréchal de Tourville et l'*Océan*
monté par l'amiral Hugon, il n'y a que des perfectionnements de détail, perfectionnements que deux siècles ont

été bien lents à réaliser. Entre l'*Océan* et le *Napoléon,* il y a toute la distance qui sépare le reptile de l'oiseau.

Saluons de nos espérances cet astre nouveau sous lequel notre carrière s'achève. L'avenir est plein de promesses. Le passé est plein d'encouragements : il est plein de leçons aussi. Il nous apprend que nous avons eu une grande et respectable marine toutes les fois que nos finances ont pu nous donner une flotte suffisante. Grâce à la force de nos institutions, le personnel — chose étrange et presque incroyable ! — n'a jamais manqué au matériel, je ne dis pas pendant la période révolutionnaire, mais dans le cours du dix-huitième siècle. Aujourd'hui plus que jamais la question se trouve reportée tout entière sur le terrain financier ; c'est en vain que nous remanierions chaque jour notre organisation intérieure, si nous n'avions pas l'appui assuré du trésor public. Tout nouveau vaisseau que nous mettons à la mer, en même temps qu'il nous apporte un surcroît de force, nous impose une nouvelle charge et une augmentation inévitable de dépenses : c'est un fonds dont il faut à la fois servir l'intérêt et amortir, en dix-huit années au plus, le capital. Rien ne sert donc de grossir le chiffre de sa flotte, si l'on ne s'assure à l'avance les moyens de ne pas la laisser dépérir. En toute chose, sans doute, mais bien plus encore en marine, il est essentiel de régler ses aspirations sur ses ressources ; pour constituer une puissance durable, il vaut mieux suivre avec persévérance un sage programme, qu'afficher un programme ambitieux qu'on ne suivra pas.

Le programme de 1857 convenait au temps où il fut arrêté. Quel devrait être le programme de 1882? Si je le savais, je ne vous le dirais pas : j'irais déposer le plus discrètement possible ce précieux secret dans l'oreille du ministre, ne lui demandant que de vivre et de durer pour mener à bonne fin l'œuvre que je me croirais en droit de recommander à sa sollicitude. Assez d'autres entretiendront le monde de leurs projets, sans que ma vieille expérience s'en mêle ; je leur laisse le programme de demain et je m'empare d'un rôle qui me paraît n'avoir encore tenté personne : je veux prophétiser ce qui adviendra dans cent ans.

Si la vision dont j'ai été favorisé ne m'abuse, dans cent ans, Poissy sera devenu le grand arsenal maritime de la France : j'aperçois d'ici une immense flottille rangée sous les quais d'un immense bassin circulaire ; des bataillons, des escadrons, des batteries d'artillerie sont à chaque instant amenés vers ce centre d'action de tous les points de la circonférence. En six heures, en six jours peut-être, 150,000 hommes ont été embarqués. Le monde est dans l'attente, on se dit tout bas que don Pèdre d'Aragon réunit sur la plage africaine de Collo l'expédition qui, au mois d'août de l'année 1282, débarqua en Sicile, au lieu d'aller, comme on le croyait, attaquer Tunis. Est-ce au nord? Ne serait-ce pas plutôt au midi que le bélier frappera? Avec quelle rapidité dans un songe les événements se succèdent! Le bélier n'a fait qu'un bond d'une extrémité de la France à l'autre ; je l'ai vu se plonger dans les flots de la mer du Nord, et le voici qui reparaît dans l'Adriatique.

Étranges illusions d'un cerveau troublé! Est-ce un nouveau changement qui s'est produit tout à coup dans mon rêve, ou le ciel m'envoie-t-il cette fois la vision distincte et réelle de l'avenir? L'arsenal de Poissy a disparu, Paris est le centre d'un empire qui s'appelle les États-Unis européens, et il n'y a plus que l'Académie des inscriptions et belles-lettres qui sache encore ce qu'était autrefois un navire de guerre. Voilà, confessons-le, un rêve qui finit bien! Vous pouvez, à présent, aussitôt qu'il vous conviendra, m'éveiller :

Aqui está enterrada el alma del licenciado Pedro Garcia.

LA SARDAIGNE

EN 1842

LA SARDAIGNE

EN 1842

PRÉFACE

J'ai déjà raconté dans les pages qui précèdent comment, vers la fin du mois de janvier 1841, une escadre de cinq vaisseaux, sortie de Toulon pour se rendre aux îles d'Hyères, fut dispersée par un violent coup de vent, et forcée de chercher un refuge dans les ports de la Sardaigne. Bien qu'à proximité des possessions françaises, cette île avait été jusqu'alors négligée par notre marine, et nos cartes n'en donnaient qu'une idée très-imparfaite. L'accident qui nous y conduisit fit sentir la nécessité de la mieux connaître. Le gouvernement français obtint donc de la cour de Turin l'autorisation de faire lever par un de nos bâtiments les plans des ports de la Sardaigne. Le brick *la Comète* fut désigné pour remplir cette mission. Au mois de mai 1841, nous quittions Toulon, faisant voile pour Cagliari.

Les circonstances étaient alors très-favorables pour une exploration définitive de cette région intéressante. M. le genéral de La Marmora, directeur de l'école de marine à Gênes, venait d'achever, avec le concours de M. le chevalier de Candia, la rédaction d'une carte générale de l'île. Leur travail avait été soigneusement relié à la grande triangulation de la Corse. C'était un précieux avantage que de pouvoir s'appuyer sur une pareille base, au lieu de se borner à des déterminations astronomiques, comme l'avaient dû faire les hydrographes qui nous avaient précédés. Notre entreprise devait encore être facilitée par l'hospitalité empressée, les recommandations, les renseignements de plusieurs personnages aussi bienveillants qu'éclairés.

Dès notre arrivée à Cagliari, le consul de France, M. Gottard, se chargea de nous présenter au vice-roi. On nous fit attendre quelque temps dans une vaste salle où se trouvent appendus, à une haute muraille grise, les portraits de tous les vice-rois qui ont gouverné l'île depuis sa réunion à la couronne d'Aragon. Rien ne semblait moins encourageant que la contenance rébarbative de toutes ces Excellences bardées de fer, qui nous jetaient un fier regard du haut de leurs cadres vermoulus. Nous nous trouvâmes plus à l'aise avec leur successeur. M. le comte dell' Assarte nous reçut de la façon la plus gracieuse, et cet accueil nous parut d'un heureux augure pour l'avenir de notre expédition. C'est en effet à l'intérêt constant que M. le comte dell' Assarte voulut bien nous témoigner que nous dûmes de rencontrer partout un dévouement

affectueux. Outre les recommandations qu'il prit la peine
d'expédier de tous côtés, il eut encore la bonté de nous
faire remettre une espèce de firman revêtu de ses armes,
dans lequel il intimait l'ordre aux autorités de la côte et
de l'intérieur de nous venir en aide en toute occasion. Au
moyen de ce talisman, les difficultés que nous aurions
pu rencontrer dans le mauvais vouloir des habitants
s'aplanirent devant nous. Deux campagnes nous suffirent
pour explorer minutieusement les côtes méridionales de
la Sardaigne, depuis la baie de Saint-Pierre jusqu'au cap
Ferrato.

De tous les pays que j'ai visités, je ne sais pourquoi la
Sardaigne seule m'a laissé une secrète sympathie. Peut-
être l'obscurité où elle a vécu jusqu'ici, et qui l'a préservée
de l'invasion des touristes, est-elle un grand charme à
mes yeux ; car j'ai pour les pays que j'aime une sorte
d'affection jalouse qui n'admet pas volontiers de partage.
Il semble que trop de regards profaneraient les sites qui
m'enchantent, et qu'ils cesseraient de me plaire, si chacun pouvait les admirer. Le secret de ma prédilection
pour la Sardaigne n'est point cependant tout entier, je
l'espère, dans cette jouissance ombrageuse, dans ce
besoin envieux de possession exclusive dont je m'accuse
sans détour. Il doit s'y mêler, si je ne suis pas un ingrat,
quelque souvenir des bontés dont j'ai été l'objet pendant mon séjour dans cette île.

Notre expédition avait un but purement scientifique.
Elle eut pour résultat, outre le levé détaillé des golfes de
Cagliari, de Palmas et de Saint-Pierre, la reconnaissance

de l'écueil qui a succédé à l'île Julia dans le canal de Malte, et l'exploration du vaste plateau sous-marin qui s'étend au sud de la Sardaigne[1]. Mais cette expédition, dans laquelle nous n'apportions que le zèle et les espérances d'hydrographes pénétrés de l'importance de leur mission, devait nous présenter un attrait auquel nous n'avions pas songé, et qui tient au singulier oubli dans lequel a été laissé, depuis des siècles, le pays que nous visitions. La Sardaigne était à peu près inconnue il y a quelques années. L'étroite ceinture des flots bleus de la mer Tyrrhénienne avait mis plus de distance entre cette île et le continent européen, que l'immensité de l'Océan n'en met aujourd'hui entre l'Australie et la Grande-Bretagne. La marine sarde, n'ayant rien à exporter d'une terre appauvrie, se bornait à un petit commerce de cabotage sans cesse menacé par les Barbaresques. Le commerce d'importation était éloigné par des droits excessifs et des prohibitions sans but ; les curieux, ne trouvant point de communications régulièrement établies, reculaient devant des traversées qu'il eût fallu tenter la plupart du temps sur des bateaux peu sûrs. Aussi, après avoir partagé avec la Sicile l'honneur de nourrir le peuple romain, et avoir servi de théâtre aux querelles des républiques italiennes pendant le moyen âge, cette île était depuis plus de trois cents ans retombée dans un oubli à peu près général, malgré quelques estimables tentatives pour la signaler à l'attention de l'Europe.

---

[1] Voir à l'Appendice : 1° *L'île Julia et l'écueil qui lui a succédé;* 2° *Recherche du danger signalé au sud du Toro.*

En 1798, un écrivain né en Sardaigne, Azuni, juris-
consulte habile accueilli en France sous le Directoire, fit
paraître sur son pays un essai qui, bien que composé à la
hâte, méritait cependant plus de succès qu'il n'en obtint.
En 1819, trois autres ouvrages furent publiés sur la Sardaigne, l'*Histoire ancienne et moderne* de l'île, par M. Mi-
maut, consul de France à Cagliari, et deux descriptions
complètes du pays, l'une par M. William Smyth, capitaine
de la marine anglaise, l'autre par M. le comte de La Marmora, qui n'était alors que capitaine d'état-major. De ces
trois publications, l'ouvrage de M. le comte de La Marmora,
dont la seconde édition a paru en 1839, est sans contredit
le plus remarquable. Cet écrivain distingué a su appliquer
à l'étude d'un pays où tout était nouveau, où tout était à
décrire, des connaissances très-étendues et très-variées, un
jugement plein de netteté et de profondeur. Mais pendant
que ces observateurs étudiaient avec étonnement une civilisation qui, restée enfouie sous la lave du moyen âge,
datait encore du quatorzième siècle, il se passait une
chose qui allait ravir bientôt à la Sardaigne le charme de
son originalité et de sa mystérieuse existence. Un jour, les
Sardes aperçurent de leurs rivages une colonne de noire
fumée qui s'avançait vers leurs ports. C'était l'Europe qui
venait à eux. Un service régulier de bateaux à vapeur
avait été organisé par les soins du roi Charles-Albert entre
Gênes et les deux extrémités de la Sardaigne ; le premier
paquebot se dirigeait sur Cagliari.

Ces bateaux à vapeur sont de singuliers agents de propagande. Leur course infatigable efface les distances ; sans

cesse ils transvasent les populations d'une rive à l'autre, et les assimilent en les mêlant. Un peuple qui communique tous les jours avec le continent ne peut rester long-temps étranger à ses mœurs et à ses institutions. Devenue accessible aux voyageurs les moins entreprenants, la Sar-daigne ne tardera pas à perdre le genre d'intérêt qu'elle excite encore. S'il l'on veut conserver le souvenir d'une physionomie que les influences extérieures auront altérée avant peu, il y a en quelque sorte urgence d'en prendre une dernière empreinte : c'est là ce qui m'a déterminé à reproduire ici les impressions et les notes que j'ai recueillies en Sardaigne, pendant'un séjour de deux années.

CHAPITRE PREMIER

DESCRIPTION DE L'ILE DE SARDAIGNE.

La Sardaigne, dont la longueur du nord au sud est de cent quarante-quatre milles géographiques, et la largeur moyenne d'environ soixante milles, n'est séparée de la Corse que par un étroit canal de six milles et demi. Par le nord, elle est à cinquante-trois lieues de Toulon ; par le sud, à quarante-deux lieues de Bone et quatre-vingt-quinze d'Alger. Pour constater en peu de mots l'intérêt qui s'attache à la position maritime de la Sardaigne, il suffit de rappeler que cette île commande le plus important des bassins formés par la Méditerranée ; qu'également menaçante sur ses quatre faces, elle semble s'élever entre l'Italie, l'Espagne et l'Afrique, ainsi qu'une immense forteresse, présentant à chaque angle un port comme bastion, obligeant Marseille et Livourne à passer sous ses glacis, et dominant en même temps la grande route commerciale qui vient de Gibraltar et se bifurque à l'entrée du canal de Malte pour aller aboutir à Constantinople et à Alexandrie.

Un hydrographe de l'antiquité classait ainsi les îles de la Méditerranée, d'après leur étendue : « La Sardaigne, disait il, est la plus considérable; la Sicile vient ensuite. Après elle, il faut placer la Crète, Chypre, l'Eubée, la Corse et Lesbos. »

La Sardaigne, en effet, d'après les calculs du capitaine Smyth, quoique moins riche et moins peuplée que la Sicile. l'emporterait sur la Sicile par son étendue[1]. La superficie de la Sardaigne, en y comprenant celle des petites îles adjacentes, est de près de sept mille milles géographiques carrés, ou environ deux cent trente-neuf myriamètres; mais ce qui lui mériterait le premier rang entre les îles méditerranéennes, ce n'est pas sa superficie, ce n'est pas même la fertilité de son sol : c'est sa ceinture de ports; ce sont ces dix mouillages qui, sur un périmètre de plus de deux cents lieues, forment autant d'étapes pour le commerce ou pour la guerre.

Si nous commençons l'exploration de ce littoral, qui s'enfonce à chaque pas en des golfes profonds ou se découpe en archipels tutélaires, par l'extrémité nord-est de la Sardaigne, nous voyons d'abord le groupe des îles de la Madeleine abriter les baies d'Arsachena et d'Azincourt, où Nelson venait se réfugier pendant ses longues croisières devant Toulon. A quinze lieues de là, l'île d'Asinara, qui touche à la Sardaigne et forme son éxtrémité nord-ouest, présente sur sa côte orientale les mouillages de la Reale et des Fornelli, excellents abris auxquels peut se confier une frégate, et qui servent pour ainsi dire de rade à la darse

---

[1] Il faut dire cependant que d'autres calculs établissent au contraire un avantage de 22 à 30 myriamètres carrés du côté de la Sicile.

insuffisante de Porto-Torrès. Tournant la pointe d'Asinara,
nous n'avons pas fait onze lieues vers le sud que nous rencontrons un autre port. C'est Porto-Conte, près de la ville
d'Alghero, le plus sûr et le plus abrité des ports de la Sardaigne. Seize lieues plus bas, sous le cap de la Frasca, à
la pointe sud du golfe d'Oristano, une frégate peut mouiller
en toute sécurité. Après Oristano, à douze lieues plus loin,
commence enfin, dans le sud, la magnifique série des
vastes bassins creusés par la nature. Cette partie du littoral comprend dans son développement la baie de Saint-
Pierre, formée par l'île de ce nom; celle de Palmas, entre
le continent sarde et l'île de Saint-Antioche; celle de l'île
Rousse, vers le cap Teulada, et enfin le grand golfe de
Cagliari, dont l'entrée, de Pula à Carbonara, a vingt-quatre
milles d'ouverture. La côte orientale est moins bien dotée
que les autres. L'abri de la petite île de Tortoli, à dix-sept
lieues du cap de Carbonara, ne saurait donner de sécurité
qu'à des bricks, et il faut remonter jusqu'aux golfes de
Terra-Nova et de Congianus, situés à trente-six lieues de
Carbonara et à huit lieues environ des îles de la Madeleine,
notre point de départ, pour renouer cette riche et forte
chaîne de baies spacieuses, de ports faciles à défendre.

L'aspect général de la Sardaigne est celui d'une contrée
montagneuse et accidentée. Toutefois, ses montagnes, com-
parées à celles de la Corse, n'ont qu'une médiocre élévation, et semblent la continuation affaiblie des croupes
gigantesques du Monte-Rotondo et du Monte-Cinto. En
effet, une chaîne granitique dirigée du nord au sud, prenant naissance au nord de la Corse et venant mourir au

cap Carbonara, à l'extrémité méridionale de la Sardaigne, forme le noyau de terrain primitif dont paraît avoir été composée, dans les premiers âges géologiques, cette portion de continent aujourd'hui divisée en deux îles, la Corse et la Sardaigne. Cette chaîne centrale, prolongée transversalement par des ramifications secondaires, souvent interrompue par de profondes coupures ou par de larges plateaux, bouleversée par des perturbations qui ont couvert le sol de grandes nappes de roches d'éruption, atteint, vers le centre de l'île, sous le nom de Gennargentù, la hauteur de 1,917 mètres. Celle du Monte-Rotondo, en Corse, est de 2,672 mètres.

L'aridité de ces montagnes n'en détruit cependant pas la majesté, à en juger du moins par l'aspect de la région méridionale, que nous avons particulièrement explorée. Le chaînon qui se ramifie vers le sud-est, en poussant jusqu'à la mer la pointe de Carbonara, est un entassement de blocs granitiques qui affectent des formes tourmentées et bizarres, comme pour conserver le souvenir d'un gigantesque bouleversement. Des tableaux encore plus saisissants s'offrirent à nous pendant les laborieuses journées que nous employâmes à sonder la rade de Saint-Pierre. Vers une heure, quand le soleil de juin devenait intolérable, et que la faim nous pressait, nous cherchions à terre un abri pour quelques instants. Tantôt nous trouvions l'ombre et la fraîcheur dans les fractures d'un terrain bouleversé ; tantôt une falaise qui semblait avoir été tranchée d'un seul coup, tant elle était lisse et inaccessible, se dressait bariolée par de larges stries d'ocre jaune et rouge. D'autres fois, c'était un promontoire de trachyte bleuâtre qui surgissait à nos yeux, et ses colonnes juxtaposées, avec leurs découpures bizarres et leur merveilleuse efflorescence, nous donnaient l'idée d'un château gothique sorti par magie du sein des eaux. Des falaises de porphyre, d'un rouge brun luisant, nous ont parfois offert des asiles splendides. Une étroite fracture qui se prolongeait jusqu'au haut de la falaise, et qui laissait à peine passage à notre canot, nous introduisait dans un vaste bassin rempli d'une eau limpide et profonde. Les massifs rochers, inclinés l'un vers l'autre, pressaient entre eux, au sommet du dôme qu'ils formaient sur nos têtes, une gigantesque clef de voûte mal attachée, menaçante, et qu'on eût dit devoir s'abattre à la moindre vibration de l'air. Néanmoins, fascinés par la magnificence du spectacle, nous prenions possession de ce palais de fées en poussant notre canot jusqu'au centre du bassin. Au dehors, la mer venait en mugissant se briser sur les roches, mais elle semblait respecter notre asile enchanté, et, à l'intérieur, sa surface restait calme et transparente.

Les plaines les plus étendues comprises entre les contre-forts des différentes chaînes de montagnes sont arrosées par de nombreux ruisseaux, mais aucun grand cours d'eau ne les traverse : la constitution géologique de la Sardaigne s'y oppose; le sol y est trop tourmenté pour permettre à une rivière un peu considérable de développer son cours. Les principaux ruisseaux sont en été de maigres filets d'eau que l'hiver transforme en torrents. Alors, grossis par des pluies diluviennes, ils descendent des montagnes, entraînant les terres sur leur passage, franchissant les ravins et les précipices, et sortant de leur lit mal encaissé pour se répandre dans de vastes plaines qu'ils changent, pendant la moitié de l'année, en marécages.

La Sardaigne réunit aux avantages attachés à l'admirable position qu'elle occupe dans la Méditerranée celui de posséder un sol fertile et propre aux plus riches cultures. Sa population n'est cependant que d'environ 515,000 âmes, un peu plus de 21 habitants par kilomètre carré. Les calculs qu'on a faits sur la population spécifique de la Corse ont donné à peu près les mêmes résultats. C'est rester bien loin des 181 habitants qui représentent la densité de la population dans le département du Nord, et même des 63 qui expriment en moyenne celle de la France. Des 515,000 habitants de la Sardaigne, 94,000 résident. dans les villes de Cagliari, Sassari, Alghero, Castel-Sardo, Tempio, Ozieri, Nuoro, Oristano et Iglesias; les autres sont répandus dans les 368 communes de l'île.

Cagliari renferme près de 26,000 âmes. C'est en vain que Sassari, chef-lieu de la partie septentrionale, prétend lui disputer le premier rang; la prépondérance de Cagliari, ville maritime et place de guerre, est suffisamment justifiée. Élevée en amphithéâtre au fond du golfe auquel elle donne son nom, sur une colline calcaire dont le sommet est à une centaine de mètres au-dessus du niveau de la mer, cette antique cité présente de loin l'aspect d'une colline blanchâtre, isolée au milieu d'étangs et de salines. Dans le nord seulement, cette colline se relie par une vallée à la hauteur sur laquelle est bâti le château ruiné de Saint-Michel, élevé de cent soixante mètres au-dessus du niveau

de la mer. La ville se compose de quatre parties bien distinctes : la cité proprement dite, qui comprend dans son
enceinte bastionnée le faubourg de la Marine ; en dehors
de cette enceinte, deux autres faubourgs, à l'est celui de
Villa-Nova, qui fait face à la baie de Quartù ; à l'ouest celui
de Stampace, qui conserve encore des vestiges de l'antique
cité fondée par les Athéniens sous les ordres d'Iolas, et
enfin le Château, ou Castello, qui couronne la colline sur
laquelle est bâtie Cagliari, et forme une acropole entourée
d'une seconde enceinte qu'habitent les autorités et la
noblesse.

La tour pisane de Saint-Pancrace s'élève au sommet de
cette acropole ; celle de l'Éléphant en défend les approches.
Ces constructions remontent à l'année 1307. Combien de
fois je me suis arrêté à contempler ces tours massives que
ne se lassait pas d'admirer Charles-Quint ! Combien de fois
ai-je pris plaisir à repasser sous ces guichets qui gardent
encore suspendue la herse aux lourds barreaux de fer à
travers lesquels volaient les traits des arbalétriers ! Dans
la vue de cette herse gothique endormie sur les deux po-
teaux qu'on a encastrés dans les rainures de pierre, dans
la vue de cette herse rouillée et levée aujourd'hui pour
toujours, il y avait encore pour moi tous les souvenirs d'un
assaut de guelfes et de gibelins. C'est ainsi qu'à chaque pas
on retrouve en Sardaigne quelques débris du moyen âge
laissés là par mégarde, et qu'on a oublié de détruire.

La colline de Cagliari est une de ces positions que recher-
chaient les anciens pour y asseoir leurs citadelles. Elle
n'est accessible que par le faubourg de la Marine : sur ses

trois autres faces, elle présente de formidables escarpements qui défient l'escalade. Les fortifications de Cagliari
sont du reste assez négligées. Le bastion de Sainte-Cathe-
rine, au sud-est de la ville, a été converti en promenade
d'hiver. L'enceinte du château est fort dégradée et en
partie désarmée; elle ne figure plus dans le système de
défense de la ville, qui paraît se concentrer du côté de la
mer. J'ignore pourquoi, avec une pareille préoccupation,
on a renoncé à entretenir les ouvrages qui défendaient les
hauteurs de Saint-Élie et du mont Urpino.

A la distance de quelques milles, l'aspect de Cagliari,
vue de la mer, est assez imposant; mais, en approchant,
on remarque je ne sais quel air de négligence et de dégra-
dation répandu sur cette façade grisâtre. Les dômes des
églises sont mesquins et écrasés, les clochers sans hardiesse, les maisons couvertes d'un badigeon qui a bavé
partout. A part les souvenirs qu'ont laissés Pise et l'Espagne dans ces bastions bien assis, dans ces tours luisantes
au soleil, il y a peu de monuments qui méritent d'être
cités. Le palais du vice-roi, grand édifice sans caractère,
a toute l'apparence d'une caserne. La cathédrale, commencée par les Pisans, restaurée et modifiée par les Espagnols qui l'ont gâtée, se présente aujourd'hui grossièrement
revêtue de plaques de marbre d'un effet assez médiocre.
L'université est un monument d'une architecture simple
qui ne manque pas de grandeur; toutefois, ses principaux
titres à l'attention du voyageur sont un musée et une
bibliothèque de dix-sept mille volumes où dominent, comme
d'ordinaire, la vieille jurisprudence et la théologie.

Le principal attrait du musée consiste dans une collection d'antiquités phéniciennes et carthaginoises. Plusieurs sarcophages et bas-reliefs y ont été apportés des diverses parties de la Sardaigne. On y a réuni tout ce qu'on a pu recueillir des antiquités de l'île : de petites figurines de bronze, retrouvées dans l'Ogliastra, qui ont été reconnues pour des idoles phéniciennes, et dont quelques-unes présentent le grotesque et curieux emblème d'une hideuse trinité; une armure presque complète, provenant des fouilles faites à Saint-Antioche; de lourdes épées, des boucliers, des socs de charrue, des clefs, des serrures, mille objets en bronze, pour lesquels on ignorait encore l'emploi du fer. A tout cela joignez des congés romains gravés sur d'étroites plaques d'airain, de nombreuses inscriptions phéniciennes, grecques et latines, des talismans juifs ou arabes, des médailles et des monnaies de tous les âges, de petites statuettes délicieuses, et enfin des vases romains d'un verre remarquable par ses nuances nacrées, et vous aurez une idée des richesses du musée d'antiquités de Cagliari.

En résumé, la capitale de la Sardaigne gagne peu à être vue de près. Les rues sont pavées d'un cailloutis qui n'a son pareil qu'à Lyon. Ce pavé de galets, avec les rampes qu'il faut gravir pour arriver jusqu'au château, n'invitent guère à parcourir la ville et prédisposent le voyageur aux injustes préventions. Quoique mal bâties pour la plupart, les maisons ne manquent pas d'une certaine apparence. De larges balcons de fer capricieusement contournés en corbeilles et d'un effet pittoresque rap-

pellent, avec plus d'élégance encore, les miradors de
Cadix ; mais qu'il est regrettable qu'on ne trouve pas
également à Cagliari la propreté du midi de l'Espagne !
Hélas ! dès qu'on pénètre dans une de ses vastes maisons,
sous ces arseaux moresques qui supportent de massifs
escaliers de pierre, il est rare qu'on ne rencontre pas,
au pied même de l'escalier, un bourbier infect qu'on y
laisse accumuler pendant plusieurs jours. Cette négligence
n'est pas générale, je m'empresse de le reconnaître, mais
elle ne manqua pas de frapper, comme nous, le capitaine
Smyth, pendant le séjour qu'il fit à Cagliari. Une autre
habitude bizarre donne à la ville un singulier air de fête :
des bannières flottent dans toutes les rues ; d'un côté à
l'autre, des cordes sont tendues pour les recevoir ; on se
croirait à l'entrée de Henri IV à Paris : c'est tout simplement qu'à Cagliari chacun lave son linge sale en famille
et le fait sécher en public.

Ce qu'il y a peut-être de plus remarquable dans la capitale de la Sardaigne, c'est la magnifique promenade créée
récemment dans l'enceinte même de la ville, au pied des
escarpements que domine le château. Chaque soir, pendant l'été, quand le soleil commence à disparaître derrière
les crêtes du mont Arenosù, on est certain de trouver
réunie sur cette promenade toute la société de Cagliari.
Là, du même coup d'œil, vous pouvez embrasser et la
population et le pays sous leurs divers aspects. Dans la
foule, où brillent ces yeux noirs pleins de feu qui se cachent
à demi sous le voile de blonde ou la cape catalane, vous
reconnaissez, mêlés aux gracieux uniformes des carabiniers

ou des chasseurs-gardes, le *collettù* de cuir des bouchers de Cagliari, les bas violets des chanoines et le froc des capucins; en même temps, vous voyez s'étendre devant vous le vaste golfe qui s'ouvre de Pula à Carbonaro. A vos pieds, l'industrieux faubourg de Villa-Nova résonne encore du bruit des marteaux et des enclumes, et dans les champs fertiles qui forment le Campidano de Cagliari, huit clochers signalent les gracieux villages qui enrichissent la plaine, depuis l'étang de Molentargiù jusqu'au pied des montagnes granitiques de Sarpeddi.

Plus d'une fois nous eûmes occasion d'admirer cette belle plaine de Cagliari, plantée d'oliviers et de vignes, couverte de splendides moissons, et découpée en nombreux enclos par des haies de *cactus opuntia*. Cette plante vivace, qui étend ses grands bras épineux à cinq ou six pieds de distance du tronc principal, forme la meilleure de toutes les clôtures. Originaire de l'Afrique, et se propageant avec une activité merveilleuse dans tous les lieux où le climat la favorise, elle donne aux campagnes de la Sardaigne une physionomie toute moresque, qui les ferait aisément confondre avec les environs de Tunis ou d'Alger. Ses fruits, appelés figues de Barbarie, quoique un peu secs et filandreux, sont d'un goût agréable; ses feuilles épaisses et charnues servent, pendant une partie de l'automne, de nourriture aux bestiaux. Mais ce serait payer bien cher les avantages que procure cette plante, s'il était vrai que ses débris, amoncelés dans les fossés, devinssent une cause active d'épidémie.

Autour de la Sardaigne sont semés, comme autant de

postes avancés, plusieurs îlots, blocs de granit qui semblent avoir été entassés par la main des cyclopes, et rivés à jamais au fond des mers. Nos travaux nous obligèrent précisément à visiter les deux plus remarquables de ces petites îles, celles de Saint-Pierre et de Saint-Antioche, qui dessinent au sud-ouest du continent sarde la magnifique baie dite de Saint-Pierre, et le golfe plus spacieux encore de Palmas. Envoyés à la recherche d'un danger signalé par les navigateurs, à quinze milles environ du cap Teulada, nous quittâmes Cagliari au commencement de juin 1841, munis des utiles documents que nous donnèrent, avec une grâce et un empressement que nous n'avons pas oubliés, M. le comte de Bellegarde, commandant de la marine à Cagliari, et M. le chevalier de Candia, collaborateur très-distingué de M. le général de la Marmora.

L'île de Saint-Pierre, dont tout révèle l'origine volcanique, est peu élevée. De loin, ses collines noirâtres sont écrasées par le voisinage des pics plus audacieux qui forment en cet endroit la côte de Sardaigne. Ce n'est qu'à la distance de six ou sept milles qu'on peut observer les falaises de Saint-Pierre. La côte du nord, battue par le mistral, est à peu près inabordable; la côte méridionale n'est guère moins abrupte. Ces deux faces de l'île, également sinistres et désolées, se distinguent cependant par leurs teintes : au nord, c'est un trachyte bleuâtre; au sud, un porphyre brun. Au moment d'entrer dans la baie, on range d'assez près une haute colonne à pans carrés, détachée de quelques mètres du rivage, et sur le sommet de laquelle une aigle pyrargue a grossièrement étalé son nid.

Cette aiguille a valu à ce lieu le nom de cap Colonne. Le coup d'œil de la baie n'a rien d'attrayant. Sur un rivage peu élevé qui court tout droit vers le nord, s'élève une tour grise et sombre destinée à couvrir les approches de Carlo-Forte : tel est le nom du chef-lieu de l'île. Cette petite ville flotte dans son enceinte, pentagone garni de tours qui contiendrait aisément une ville trois fois plus considérable. Ses maisonnettes blanches s'étalent à leur aise au soleil ; un petit clocheton les domine, et la statue de Charles-Emmanuel, bienfaiteur de Carlo-Forte, se dresse sur un piédestal au bord du quai.

La population de Saint-Pierre tire son origine de quelques familles de corailleurs génois qui s'étaient établis sur l'île de Tabarque, située à la limite des régences d'Alger et de Tunis. En 1737, plusieurs de ces familles quittèrent Tabarque et vinrent s'installer dans l'île entièrement inhabitée de Saint-Pierre, qui était alors un fief du marquis de la Guardia. Quatre ou cinq ans plus tard, Charles-Emmanuel réunit à ces premières familles cent vingt captifs de même origine qui avaient été emmenés en esclavage par les Tunisiens, et qu'il racheta. Il obtint en même temps du marquis de la Guardia la cession de tous ses droits, et fit élever un fort, aujourd'hui ruiné, qui devint le centre de Carlo-Forte. L'industrieuse population de cette petite ville atteint presque le chiffre de trois mille âmes. Fidèle à sa nationalité tabarquine, elle n'a·rien de commun avec les farouches habitants de la Sardaigne, dont tout la sépare, son langage, la douceur de ses mœurs, ses habitudes civilisées et son amour pour le travail. La

pêche du thon, qu'exploitent quatre madragues établies
sur la côte occidentale de la Sardaigne, est pour elle une
source d'occupations et de profits pendant trois mois de
l'année. Mais après tout, le Tabarquin n'est jamais embarrassé de son temps. Quand la pêche ne l'emploie pas, il
fait un petit cabotage ; il s'aventure même en été jusqu'aux
côtes de l'Algérie ; dans ses moments perdus, il bêche un
coin de terre. Ce n'est point là un hardi pêcheur comme
le corailleur sicilien qu'on voit quitter Marsala ou Dra-
pani dès le mois d'avril pour aller affronter dans son
bateau ponté les orages du canal de Malte. Le Tabarquin
n'est pas si entreprenant : il n'y a rien d'aventureux dans
son caractère, et, à tout prendre, je ne le crois pas un
grand marin ; mais il est patient, sobre, laborieux, de
mœurs douces et honnêtes : s'il se refuse à courir de
grands risques, c'est qu'il se trouve trop heureux pour
cela. La ville de Carlo-Forte a un aspect de propreté qui
charme ; les enfants y ont l'air sain et vigoureux, les
femmes y sont gracieuses et bien faites ; les hommes,
généralement grands et robustes, ont une physionomie
bienveillante qui inspire la confiance. Les tribunaux ont
peu à faire à Carlo-Forte.

Nous réservâmes pour notre seconde campagne l'exploration du golfe de Palmas. L'île de Saint-Antioche, qui en
forme la partie occidentale, est très-fertile. Elle est jointe
au continent sarde par deux étroites langues de terre qui
encadrent de vastes étangs, avantageusement exploités
comme pêcheries. Au point de jonction s'élève un petit
fortin qui protége le pont sur lequel passe la route d'Igle-

sias à Saint-Antioche. Sous les arches de ce pont, un canal
presque à sec unit, par un mince filet d'eau, le golfe de
Palmas et celui de Saint-Pierre. Cette communication d'un
si grand intérêt et si facile à entretenir est tellement
négligée cependant, que pour passer d'un golfe à l'autre,
il faut traîner les plus légers bateaux plats sur le sable et
leur faire franchir à force de bras un espace de trois ou
quatre cents mètres. Nos pauvres canotiers, ainsi attelés
presque tous les jours à nos lourdes embarcations, faisaient
comprendre le miracle opéré par Mahomet II, qui fit traverser une vallée à sa flotte pendant le siége de Constantinople. Tout n'était pas fini quand le pont était passé :
le canal était si étroit, si tortueux pendant plusieurs milles,
que s'il nous arrivait de nous laisser surprendre en route
par la nuit, nous tombions dans des difficultés inextricables.
Nous étions arrêtés à chaque pas par des bancs d'herbe
ou de sable. Notre position ne faisait que s'aggraver par
nos infructueuses tentatives. Il nous est arrivé de passer
des heures entières dans ces perplexités, nous demandant par quelle incurie on avait ainsi laissé se combler un
canal qui conduisait autrefois les galères de Rome aux
quais de Sulcis.

Ces quais, dont les débris bordent encore la côte, indi-
queraient à eux seuls l'existence d'une grande ville sur
l'emplacement même où s'élève le village de Saint-Antioche. Sulcis était en effet si riche à l'époque de la rui-
neuse visite que César rendit à la Sardaigne, qu'elle put
être condamnée à payer, outre une forte contribution en
blé, la somme de cent mille sesterces, en expiation de

l'attachement qu'elle avait montré au parti de Pompée.
Des médailles et des vases sont fréquemment trouvés au
milieu de ses ruines. Nous fûmes nous-mêmes témoins de
fouilles exécutées devant le vice-roi. Au pied d'un rocher
de porphyre, on découvrit toute une nécropole d'urnes
funéraires juxtaposées, et contenant des cendres et des os
à demi consumés. Cette violation des tombeaux séculaires
fut peu profitable : on trouva bien quelques bas-reliefs de
médiocre valeur, mais les urnes funéraires ne contenaient
ni médailles, ni anneaux d'or ou d'argent ; elles ne ren-
fermaient que de tristes restes de l'espèce humaine, réduits
à leur plus simple expression : des mères et des époux,
des enfants morts à la fleur de l'âge, des héros, peut-être...

Impositique rogis juvenes ante ora parentum.

Il y a une sorte de prescription pour le respect qu'on
accorde aux morts. Tous ces paysans, qui eussent cru
commettre un sacrilége s'ils avaient seulement marché
sur une tombe fermée depuis vingt ans, piochaient sans
remords parmi ces sépultures antiques, et jetaient au vent
les cendres romaines ou carthaginoises qui y avaient
reposé pendant tant de siècles.

En considérant l'importance de la Sardaigne comme
position stratégique, on s'étonne de la trouver à peu près
désarmée. Cagliari mérite seule aujourd'hui le nom de
place de guerre. Deux autres villes, jadis fortes et respectées, Alghero et Castel-Sardo, ont perdu leur prestige
depuis que l'artillerie est devenue le principal moyen
d'attaque et de défense. Après avoir joué un grand rôle

du douzième au quatorzième siècle, d'abord sous le nom de Castel-Genovese, quand elle était au pouvoir des Dorias, ses fondateurs, puis sous celui de Castel-Aragonès, qu'elle prit en passant sous la domination des rois d'Aragon, Castel-Sardo reçut son dernier nom en 1769, de la dynastie qui règne encore. Alghero, fondée aussi par les Dorias, au commencement du douzième siècle, tomba au pouvoir des Aragonais en 1354. Bâtie sur une pointe de rocher qui surgit du milieu d'une plage de sable, cette ville a la forme d'un parallélogramme, et est entourée de murs très-épais flanqués de bastions et de tours. Ces fortifications sont encore assez bien entretenues, mais, comme celles de Castel-Sardo, elles sont dominées par deux hauteurs voisines.

Outre ces places, fort peu redoutables malgré leur aspect menaçant, il existe sur tout le littoral des tours de défense établies par les vice-rois espagnols, pour protéger l'île contre les descentes des Barbaresques. Ces tours étaient au nombre de quatre-vingt-quatorze ; on n'en compte plus que soixante-sept qui soient encore habitables. Elles défendaient autrefois les seuls endroits abordables de la côte, et, communiquant entre elles par des signaux et des feux, avertissaient les populations des villages voisins de l'approche de l'ennemi et de la nécessité de s'enfuir dans les montagnes, à moins qu'on ne fût en force pour le repousser. Si délabrées qu'elles soient aujourd'hui, elles suffisent à faire observer les règlements de l'intendance sanitaire et de la douane. Leur personnel ne se compose ordinairement que de trois ou quatre miliciens appelés *torrari*, et d'un gardien, désigné sous le nom d'*alcaïde*. Ces édifices, toujours assis, comme des nids d'aigles, en des lieux escarpés et agrestes, projettent autour d'eux je ne sais quel reflet romantique qui saisit l'imagination et la transporte dans un autre âge. J'aime à me représenter encore la vieille tour du cap Teulada, et les *torrari* appuyés sur le parapet ruiné, retirant, à notre approche, l'échelle de corde qui seule peut donner accès à l'intérieur. Leur canon sans affût, et soulevé sur deux pierres, était présenté tout chargé à une des embrasures ; le seul fusil de rempart qui fût en état reposait aussi sur sa fourche, prêt à faire feu. Ainsi préparés, ils attendaient de pied ferme les Barbaresques, et bien que l'un deux fût boiteux et que l'autre n'eût qu'un œil, ils eussent fait au besoin une énergique résistance. Ce ne fut pas avec une force plus considérable que l'alcade Sébastien Milis repoussa les Turcs qui vinrent l'attaquer, en 1812, dans la tour de Saint-Jean de Salarà, sur la côte de l'est. Il n'avait avec lui que son fils et un simple canonnier. Son fils tomba mort près de lui, son compagnon fut grièvement blessé. Atteint lui-même par le feu de l'ennemi, il n'en continua pas moins à combattre. Au bout de dix heures seulement, l'arrivée des habitants des villages voisins vint mettre fin à cette lutte inégale.

La garnison de Teulada, j'aime à le croire, malgré son aspect misérable, aurait eu aussi son Mazagran, si les Turcs l'avaient mise à l'épreuve. Ce n'était pas votre faute, vaillants *torrari,* si l'affût de votre unique canon n'existait plus. Tout ce qu'on pouvait faire, vous le faisiez. Une barque n'approchait pas sans que vous fissiez retentir, pour l'interroger, votre énorme porte-voix en fer-blanc. S'il arrivait que cette barque, forcée de chercher un refuge contre le mauvais temps, ne fût pas un bateau de pêche, exempt pour cela seul de tout droit, il fallait qu'elle fût bien habile pour se dérober au payement des droits d'ancrage. Vous n'hésitiez pas au besoin à risquer une sortie ; quand c'était à un brick ou à un trois-mâts que vous aviez affaire, après les trois sommations au porte-voix, venait un coup de canon à poudre ; puis un boulet suivait, atteignant Dieu sait où ! Les Napolitains, les Génois, se laissaient quelquefois intimider, et se rendaient à terre afin d'acquitter le tribut dont une partie entrait pour beaucoup dans les émoluments de vos nobles fonctions ; quant aux Grecs, je le dis à regret, ils se moquaient de vous, les maudits, et vous eussiez épuisé vos munitions avant de les décider à sortir un talari de leur escarcelle.

Rien ne prouve mieux la terreur qu'inspirèrent longtemps les pirates, que la présence de ces tours sur toutes les côtes exposées à leurs incursions. Les traces laissées en Sardaigne par les dernières apparitions des Maures sont encore saignantes. En 1798, six bâtiments tunisiens mouillèrent pendant la nuit dans la baie de Saint-Pierre ; au point du jour, ils débarquèrent sur la plage environ deux mille hommes. La tour Vittorio fut prise sans coup férir, et la ville livrée au pillage. Une partie des habitants s'enfuit dans les montagnes. Huit cent cinquante personnes, hommes, femmes et enfants, furent emmenées à Tunis, et y restèrent jusqu'en 1815. Le gouvernement

sarde parvint alors à traiter de leur rançon. Un dernier
coup de main fut tenté en 1816, avec un égal succès. Les
Tunisiens débarquèrent dans le golfe de Palmas, enlevèrent le château de Saint-Antioche, saccagèrent le village,
et entraînèrent comme esclaves une partie des habitants.

Il faut oser l'avouer : un funeste fléau, que l'énergie
humaine ne parviendra peut-être jamais à conjurer, semble
opposer un insurmontable obstacle à la régénération de la
Sardaigne ; ce fléau, c'est l'insalubrité de l'île, déjà pro-
verbiale dès l'époque romaine, malgré les grands déve-
loppements qu'avait alors reçus l'agriculture. Si l'on en
jugeait par la moyenne de la température, la Sardaigne
serait une terre favorisée : cette moyenne est, suivant de
nombreuses observations, de seize degrés centigrades
dans la ville de Cagliari, un degré de moins que la température moyenne de Naples; mais les variations atmo-
sphériques qu'on y subit sont fréquentes et perfides. J'ai
pris date, par exemple, d'une de ces journées de février
qui, délicieusement attiédies par le premier souffle prin-
tanier, et se confondant avec les sécheresses de janvier,
le secche di gennaro, font de la fin de l'hiver la plus belle
saison dans le midi de l'Europe. Le soleil était resplen-
dissant et doux. Le ciel ne formait qu'une vaste coupole
d'azur, et le sein de la mer, mollement soulevé, trahissait
à peine une émotion secrète. Les plongeons, dans leurs
nids grossiers semés sur de petits îlots, couvaient leurs
œufs en toute sécurité; les amandiers se paraient prématurément de fleurs. Qui ne s'y fût trompé? Pour moi, je
m'y laissais prendre avec la nature entière. Je croyais

l'hiver refoulé au delà de Paris, et je m'applaudissais d'en avoir fini sitôt avec le vent, avec la pluie, avec les gros nuages chargés de toutes les colères du ciel ; mais pendant ce beau rêve, de petits nuages aux formes indécises, aux contours mous et floconneux, s'élevaient de l'horizon, et, se succédant rapidement, allaient s'arrêter et se grouper au sommet des montagnes. A l'ondulation légère de la mer se joignait par intervalles une lame plus creuse et plus brusque que les autres ; puis toutes les pointes, tous les écueils blanchissaient graduellement ; la houle s'animait de plus en plus, et cependant on ne sentait encore aucune brise, si ce n'est une folle bouffée de vent, rapide et fugitive, qui s'éteignait avant qu'on eût pu en reconnaître la direction.

Suffisamment avertis par ces indices, nous abrégeâmes notre course. Notre canot, armé de six avirons maniés par de vigoureux gabiers, était guidé par un excellent pilote. Nous eûmes le temps de gagner le rivage et de nous rendre à Carbonara, pour y recevoir l'ouragan dans notre lit, les portes et les fenêtres bien closes. Vers quatre ou cinq heures du matin, nous fûmes réveillés par le bruit du vent. C'était le sud-est, le *sirocco,* qui commençait, accompagné de grains de pluie se succédant sans interruption. Vers midi, il abandonna la partie, et fut remplacé par le *libeccio* ou sud-ouest, qui souffla plus violemment et plus constamment. Ce n'était rien encore. Pendant la seconde nuit, le mistral vint chasser tous ces vents qui se combattaient. Le fougueux aquilon parla réellement en maître. La maison semblait tressaillir ; on eût dit qu'elle

allait s'écrouler. Le mistral continua ainsi, toujours pluvieux, toujours renforcé par des grains plus terribles les
uns que les autres. Un instant, dans la journée, il parut
s'apaiser : c'était pour reprendre bientôt avec une nouvelle furie, dont nous avions à peine l'idée. Armé d'un
petit marteau géologique, je courais partout, assurant les
portes et les fenêtres; les clous ébranlés cédaient et s'arrachaient; nous voyions pleuvoir les débris du plafond.
Ce n'était pas un coup de vent, c'était un *terre-moto,*
comme disait notre digne hôte, tremblant pour son village
menacé d'être emporté tout d'une pièce à la mer.

Plus tard, quand les chaleurs de juillet et d'août succé-
dèrent à la température plus modérée du mois de juin, il
y eut pour nos marins des journées où l'ardeur du soleil
devint vraiment insupportable : c'étaient celles où régnait
ce calme lourd qui précède le vent venu d'Afrique, *plum-
beus Auster.* Elles étaient annoncées dès le matin par la
sécheresse de l'atmosphère, la netteté avec laquelle les
contours des montagnes, dégagés de toute vapeur, s'accu-
saient dans le ciel, les teintes pâles du lever du soleil, et
quelques nuages maigres et effilés répandus vers l'est. Le
calme durait souvent jusqu'au soir; le lendemain, la mer
était unie comme un miroir et sans aucune vibration à la
surface. Le soleil, qui produisait un capricieux mirage,
avait toute l'intensité d'un soleil tropical. Vers le soir, il
se couchait au milieu d'une bande de vapeurs que les pêcheurs du pays appelaient la *cargadura del sirocco.* Le
vent du sud-est, qui suivait de près ces chaleurs insolites,
durait deux ou trois jours; le troisième jour, presque

infailliblement, le nord-ouest, ce *maître inquiet* de la Méditerranée, ripostait avec une subite violence. Il parcourait aussi sa carrière de trois jours, et quelques belles journées de brises solaires nous étaient alors acquises.

Ces soudaines variations ne peuvent manquer d'exercer une fâcheuse influence sur l'état sanitaire de la Sardaigne ; mais elles ne sauraient suffire à expliquer l'insalubrité du pays. Au moyen âge, Dante confondait dans la même fosse les fièvres de la Sardaigne et celles des maremmes. Il y a en effet de grands rapports entre les fièvres pernicieuses qui désolent la Sardaigne depuis la fin de juin jusqu'au mois de décembre, et la *malaria,* qui exerce ses ravages dans les campagnes de Rome et de la Sicile. On retrouve dans ces fièvres, nommées par les Sardes *intemperie,* de même que dans la malaria, les caractères généraux des fièvres miasmatiques communes à tous les pays marécageux et produites par les gaz délétères qui s'exhalent des eaux stagnantes. En Sardaigne, où la constitution volcanique du pays, les nombreuses dépressions de terrain qui en sont la suite, et le peu de perméabilité d'un sol argileux, retiennent les eaux à la surface, on peut prévoir les effets d'un soleil ardent sur les mares croupissantes qui se forment de toutes parts dans de vastes plaines en partie inondées pendant l'hiver.

Ce qui distingue l'intempérie sarde de toutes les fièvres de même origine, c'est la rapidité de ses ravages ; elle est presque toujours mortelle. Parfois, l'invasion en est lente et sournoise ; elle ne se manifeste d'abord que par un état de malaise auquel il faut se hâter de porter un prompt remède; dans la plupart des cas, elle est tellement foudroyante, qu'elle ressemble à un empoisonnement. L'inflammation gastro-entérite, qui est la condition morbide la plus remarquable de cette maladie, révèle alors à l'autopsie les plus affreuses lésions dans les intestins. Quand ces terribles fièvres ne vous enlèvent pas ainsi soudainement, elles deviennent chroniques et laissent après elles des obstructions du foie ou de la rate.

L'intempérie épargne d'ordinaire les habitants des localités où elle sévit; ils sont généralement acclimatés et respirent sans danger cet air empoisonné. Cependant la population qui habite la mortelle plaine de Pula, celle qui vit au milieu des cloaques qui couvrent le littoral de la province de Sulcis, depuis Porto-Paglia jusqu'aux marécages de Teulada, témoignent toutes deux, par leur teint jaune et leur aspect maladif, que ce n'est pas avec une entière impunité qu'elles subissent l'influence d'une atmosphère viciée. Rien n'est plus misérable surtout que l'apparence de ces enfants demi-nus, à la face pâle, aux jambes grêles et au ventre ballonné, qu'on voit grelotter en hiver sur le seuil de chaque maison. Par une exception inexplicable, le village de Cabras, près d'Oristano, situé au centre des marais qui font de ce golfe le lieu le plus redouté de la Sardaigne, semble, par la beauté extraordinaire et la longévité de ses habitants, donner un éclatant démenti à cette inévitable influence des miasmes délétères.

La terreur qu'inspire l'intempérie est générale en Sardaigne. On évite avec soin d'approcher des lieux mal famés pendant la mauvaise saison. La population de Ca-

gliari reste tout entière confinée dans l'étroite enceinte de
la ville; ceux qui s'aventurent pendant quelques heures
au dehors ne le font qu'avec un luxe de précautions qui
trahit leurs inquiétudes. L'île vit pour ainsi dire dans une
espèce de quarantaine pendant six mois de l'année. Si un
étranger arrive à cette époque redoutée, il ne peut manquer d'être frappé de la préoccupation universelle. De
bienveillantes recommandations le mettent en garde contre
les dangers du climat; on s'alarme pour lui, on lui demande ce qu'il vient faire dans une pareille saison; on
l'engage à fuir, à revenir dans des temps meilleurs. L'intempérie est dans toutes les bouches; les noms d'Oristano,
de Pula, de Terra-Nova, bien d'autres encore, traînent
toujours avec eux un cortége de lamentables histoires. On
est tellement ému de la violence de l'intempérie, qu'on se
refuse généralement en Sardaigne à lui reconnaître avec
les fièvres miasmatiques des autres pays une commune
origine. Parmi les personnes qui veulent en trouver l'explication dans l'intervention d'agents plus énergiques que
les exhalaisons ordinaires des terrains marécageux, les
unes attribuent cette action délétère à la décomposition
de certaines plantes de la famille des iridées, propres aux
marais de la Sardaigne, d'autres admettent l'existence de
gaz souterrains que la terre laisserait échapper en se fen-
dillant pendant les grandes chaleurs; mais les hommes
spéciaux ont tous résolu la question dans le même sens :
l'intempérie n'est qu'une fièvre miasmatique; des travaux
de culture et de desséchement dirigés avec intelligence
contribueraient à en délivrer la Sardaigne.

Il est heureusement plus facile qu'on ne le croirait de se soustraire à l'influence de ces miasmes pernicieux. La sphère où ils règnent paraît fort bornée. Cagliari, dont la colline s'élève au milieu d'étangs et de marais, est un lieu de sûreté pendant la mauvaise saison. L'île de Saint-Pierre, située en face des marais de Porto-Scuso, ne connaît pas l'intempérie, et les bâtiments qui séjournent dans le golfe de Palmas, entre la plaine marécageuse de Villarios et la vallée si malsaine de Maladrossia, n'ont rien à redouter de cette maladie, pourvu qu'ils évitent de laisser leurs marins descendre à terre. Sans ce droit d'asile octroyé à certains lieux, la Sardaigne ne serait pas habitable : quiconque n'aurait point été acclimaté dès l'enfance n'y pourrait séjourner pendant la moitié de l'année. On comprend sans peine que des Piémontais, des soldats du comté de Nice ou de la Savoie n'abandonnent pas sans répugnance un pays sain, des villes heureuses, de riantes campagnes, pour venir affronter ces champs fétides et pestilentiels. Leurs regrets les rendent même souvent injustes envers *cette Sardaigne* qu'ils traitent peut-être avec trop de dédain et d'amertume. Il est à regretter surtout que ce dégoût, partagé par les Piémontais qui occupent en grande partie les emplois de l'île, soit souvent exprimé sans ménagement et avec une rudesse qui ne peut manquer de blesser le sentiment national. Et cependant on se sent disposé à excuser l'emportement de ces discours. Peut-on juger de sang-froid cette nouvelle Tauride dont on ne touche point le funeste rivage sans inquiétude? Tout ne sépare-t-il pas en Sardaigne le peuple acclimaté de celui qui ne saurait jamais l'être? Il faut bien en convenir, la fusion est impossible entre gens qui ne peuvent respirer le même air.

CHAPITRE II

PRODUCTIONS DE LA SARDAIGNE.

Par quelle raillerie du sort se trouve-t-il qu'une terre si souvent désolée soit d'une merveilleuse fécondité? Convenablement cultivée, la Sardaigne, à peu près dépeuplée aujourd'hui, pourrait nourrir la population la plus compacte, et s'enrichir par l'exportation de ses produits naturels. Son sol argileux est particulièrement favorable à la culture des céréales. Sous l'empire romain, non-seulement elle alimentait une population trois fois plus nombreuse que de nos jours, douze ou quinze cent mille âmes; mais elle fournissait une exportation tellement considérable, que, payant ses impôts en froment, le dixième de ses produits suffisait, avec le contingent de la Sicile, pour remplir les greniers de Rome. Aujourd'hui, le tiers environ de la surface de l'île est occupé par les étangs, les marais, les salines, et par des terres arides et sablonneuses impropres à la culture. Les forêts et les pâturages en comprennent à peu près autant; le reste du sol, c'est-à-dire une superficie évaluée à sept cent quatre-vingt-dix-sept mille hectares, est cultivé en vignes, oliviers, vergers et jardins.

Près de quatre cent mille hectares sont consacrés à la culture du blé, qui, malgré l'imperfection des procédés agricoles, donne communément un produit de sept ou huit pour un.

Les vins sardes sont généralement capiteux ; ils se conservent bien et devraient former un des articles les plus avantageux du commerce d'exportation ; mais aucun marché ne leur est ouvert. Le droit d'introduction auquel ils sont soumis à leur entrée dans les États piémontais a été élevé à la moitié de celui qui frappe les vins étrangers, ce qui équivaut presque à une prohibition ; la culture de la vigne tend donc chaque jour à se restreindre dans l'île. Cependant cette culture conviendrait parfaitement au climat de la Sardaigne et mettrait en valeur des terrains pierreux laissés en friche, parce qu'ils sont impropres à donner d'autres produits.

Une autre culture dont la concurrence continentale tend aussi à arrêter l'extension, c'est celle de l'olivier. Les encouragements du gouvernement ne lui ont pas manqué. Dès le dix-septième siècle, l'assemblée des états de Sardaigne enjoignit à chaque propriétaire de greffer tous les ans dix oliviers sauvages. Celui qui possédait cinq cents pieds d'oliviers devait en outre établir un moulin à huile. La maison de Savoie de son côté, pendant son séjour dans l'île, accorda par un décret royal des titres de noblesse à tout particulier qui aurait planté et cultivé une quantité déterminée de ces arbres. Du reste, l'olivier sauvage se rencontre partout en Sardaigne : une des provinces les plus incultes de l'île, l'Ogliastra, qui n'a point d'autre port

que le golfe peu sûr de Tortoli, a reçu son nom des magnifiques bois d'oliviers qui couvrent ses montagnes, et
dont on dédaigne la richesse. L'oranger réussit parfaitement; dans la vallée de Milis, près d'Oristano, il forme
une véritable forêt. On cultive aussi le lin, le mûrier, le
coton et le tabac; mais à part cette dernière culture, qui
donne de très-beaux résultats dans le nord, les autres articles que je viens de citer ne sont jamais entrés que pour
une quantité très-insignifiante dans la production générale
de l'île.

Des forêts considérables s'étendent sur les versants des
hautes montagnes du centre, dans la Barbagia et la Gallura. Là, de vastes plateaux sont couverts de chênes séculaires, de chênes-liéges et de châtaigniers. Les montagnes
du littoral sont au contraire dépouillées de toute végétation. La faute en est à la loi, qui autorise les paysans à
mettre le feu aux broussailles vers la fin du mois d'août,
soit pour se procurer un peu d'herbe fraîche pendant l'automne, soit pour déblayer un terrain destiné à être dé-
friché. Il en résulte que l'incendie gagne souvent les forêts
voisines et y cause d'irréparables dommages. J'ai vu quelquefois, de la rade de Saint-Pierre, d'immenses incendies,
animés par un vent violent de sud-est, parcourir rapidement toute la crête des montagnes qui s'étendent vers
Oristano, et ne laisser derrière eux que la roche nue et
quelques tiges noircies restées debout au milieu des cendres. Ces incendies étaient défendus par les anciennes
chartes de l'île jusqu'au 8 septembre, et ceux qui dési-
raient mettre le feu à leur terrain devaient, d'après le

même code, dès le 29 juin, jour de la Saint-Pierre, former autour de ce terrain un cercle dégagé d'herbes et de buissons, afin d'empêcher l'incendie de se propager. Je ne pense pas que ces sages prescriptions aient été abrogées; mais soit défaut de surveillance, soit insuffisance, le mal qu'elles tendaient à prévenir n'en a pas moins continué de faire de désastreux progrès.

Malheureusement, dans cette île où les pâturages naturels sont si abondants, on ignore complétement l'art de se procurer des fourrages secs pour l'hiver. Dès le mois de juillet, les herbes sèchent sur pied, et c'est pour obtenir ce misérable regain, rendu indispensable par le défaut d'industrie, que le feu est mis aux herbes et aux broussailles. Le bois est devenu excessivement rare dans la plupart des districts cultivés, et surtout dans le campidano de Cagliari. Le charbon y remplace le bois, que le défaut de routes empêche de faire venir des vastes forêts du centre. L'industrie des charbonniers, qui n'est soumise à aucune surveillance, contribue beaucoup au déboisement du littoral. J'éprouvais je ne sais quel sentiment de vague tristesse en voyant les bûcherons de Carbonara tondre à leur gré la montagne, et changer en désert un site verdoyant. Comme la touffe de cheveux que le guerrier indien conserve au sommet de sa tête chauve, quelques bouquets d'arbres, sauvés de cette dévastation par leur éloignement de la mer, témoignaient encore, sur les cimes élevées, quelle vigoureuse végétation eût couvert ces rochers, sans la funeste incurie du gouvernement.

Les troupeaux de mérinos ont ruiné, dit-on, l'agriculture en Espagne. Les chèvres et les brebis qui couvrent la surface de la Sardaigne n'y ont pas été moins funestes à la prospérité agricole du pays. Longtemps on a méconnu avec une fatale obstination la véritable richesse du sol, et l'on a sacrifié les cultivateurs aux bergers. Avant un décret qui ne date que de 1820, tous les terrains qui n'étaient point entourés d'une haie ou de murs étaient divisés par une ligne idéale en deux ou plusieurs régions. Une seule de ces régions était destinée chaque année à être ensemencée ; l'autre restait inculte et était affectée à la pâture des troupeaux. Les terres de la région destinée à la culture étaient alors réparties entre ceux qui se présentaient pour la cultiver ; la répartition avait lieu par la voie du sort, ou par élection du propriétaire, s'il s'agissait d'une propriété privée. L'année suivante, on mettait en culture la région laissée en friche, et ainsi de suite, successivement ; les terres même appartenant aux particuliers, qui se trouvaient comprises dans cette étendue de terrains appelés *vidazzoni,* devaient subir la loi commune. Ce ne fut qu'en vertu du décret de 1820 qu'on donna aux propriétaires des terrains libres enclavés dans les *vidazzoni* la faculté de les clore et de les cultiver à leur gré ; depuis cette époque, les clôtures se sont beaucoup multipliées et sont même devenues quelquefois le prétexte d'empiétements abusifs. Ne suffirait-il pas de ce seul fait pour prouver quel était encore, il y a quelques années, l'état vraiment primitif des institutions ?

La quantité de bestiaux que possède la Sardaigne est très-considérable. Un document officiel, qui date, il est

vrai, de plus d'un demi-siècle, portait cette quantité à près
de deux millions, sur lesquels on comptait environ soixante-
six mille chevaux. Les bœufs sont petits, mais vigoureux
et pleins de feu. Dans plusieurs cantons, on les préfère au
cheval, même comme monture. Une espèce de cheval particulière à la Sardaigne est de si petite taille, que quelques
individus de cette famille lilliputienne ne sont guère plus
hauts qu'un gros chien de Terre-Neuve. La race ordinaire
est d'origine espagnole, vive, intelligente, sobre, et d'une
grande sûreté de jambes. L'ancienne noblesse espagnole
estimait ces coursiers naturalisés en Sardaigne à l'égal des
plus fiers andalous. Dans l'intérieur de l'île, les paysans
vont rarement à pied. Aussi confiants dans leur monture
que dans leur propre adresse, rien ne les arrête : ils franchissent au galop les sentiers les plus rudes, et se lancent
à corps perdu à travers les ravins et les rochers.

L'âne est aussi très-petit en Sardaigne, mais il y rend
d'importants services. Il s'y est fait meunier, et remplace
très-bien les moulins à vent que l'on ne connaît pas dans
l'île, et les moulins à eau qu'on n'a pu y établir, parce que
les cours d'eau y sont insuffisants. Chaque ménage est
obligé de moudre pour sa propre consommation, et il n'y
a pas une maison où l'on ne voie dans un coin de l'appar-
tement un de ces petits ânes laborieux tourner d'un pas
égal et patient la meule du moulin de famille. Il faut dire
à leur honneur qu'il n'y a pas un pays au monde où le pain
soit plus blanc qu'en Sardaigne.

La quantité de porcs que l'on consomme dans l'île est
immense ; on en exporte aussi beaucoup en Corse ; mais

ce sont les chèvres et les brebis qui composent en Sardaigne les troupeaux les plus considérables. Le nombre de ces animaux a été porté à plus de treize cent mille têtes par le recensement que j'ai déjà cité. L'utilité de ces troupeaux consiste surtout dans les fromages que l'on confectionne avec leur lait, car la laine des brebis est sans valeur au dehors et n'est employée que dans le pays à la fabrication d'une étoffe grossière appelée *furesi*, qui joue le principal rôle dans l'habillement des habitants de la campagne.

La chasse est une des grandes ressources de la Sardaigne ; toutes les espèces de gibier s'y trouvent en abondance, et le marché de Cagliari ne manque jamais de venaison. Les perdrix, les lièvres, les grives, se rencontrent partout ; les pigeons ramiers n'abandonnent guère les falaises escarpées de la côte. Les étangs du littoral se couvrent aussi, vers la fin de l'été ou pendant l'automne, de flamants, de cygnes, d'oies et de canards sauvages, dont on voit les longues files déployées dans le ciel arriver sans cesse du nord et du midi et venir s'abattre sur le rivage. Les sangliers habitent les forêts du centre ; les cerfs, d'une taille médiocre, il est vrai, se trouvent en grand nombre dans la province de Sulcis, la Barbargia et la Gallura ; les daims, ordinairement réunis en troupes de vingt à trente, sont assez faciles à tuer ; quant au mouflon, animal ruminant et qui se laisse difficilement approcher, il est assez commun dans les lieux escarpés, qu'il préfère.

La mer est pour la population sarde un trésor inépuisable. Tous les poissons de la Méditerranée propres à la

salaison se trouvent en abondance dans les parages voisins.
Pour quelques pièces de monnaie, nos matelots ornaient
leur table d'un homard magnifique ou de ces beaux poissons qu'on appelle des *denties,* et que j'ai retrouvés au
musée de Cagliari sous le nom de *dentatus.* Souvent une
occupation lucrative devient un plaisir : telle est la pêche
aux flambeaux, dont le spectacle fit diversion à nos fatigues
pendant notre exploration du golfe de Palmas. Qu'on se
représente dans un canal étroit et peu profond une centaine de petites barques maniées par un seul homme avec
une dextérité surprenante, et voltigeant sur l'onde, à la
lueur d'un grand feu de bois résineux allumé à la proue.
Sur l'avant se tient debout, attentif et silencieux, le
pêcheur armé de la fouine aux cinq dents aiguës ; sa
silhouette, enluminée par les reflets sataniques d'une
flamme rougeâtre, se détache d'une façon bizarre sur le
ciel. D'une main, il dirige le rameur qui doit suivre le
poisson dans ses capricieux détours ; de l'autre main, il
balance son arme : son œil ne quitte pas la surface de
l'eau, et tout à coup vous le voyez darder rapidement la
fouine, et la retirer avec un mulet ou une sole qu'il jette
fièrement au fond du bateau.

Les grandes pêcheries de la Sardaigne sont très-produc-
tives ; leur exportation annuelle a été évaluée à la somme
de 1,800,000 francs. Les plus importantes ont pour but la
pêche du thon ; elles sont en grand nombre sur la côte
occidentale de Sardaigne. La première *thonnare* ou madrague est celle des salines, près de l'île d'Asinara. Il
faut ensuite descendre vers le sud, jusqu'au delà du golfe

d'Oristano, pour trouver la thonnare de Flumentargiù, à six milles au sud du cap de la Frasca; celle de Porto-Scuso, à l'entrée même de la baie de Saint-Pierre, et enfin celle de l'île Plane, à la pointe nord-est de l'île Saint-Pierre. Quelques autres thonnares ont été récemment abandonnées. L'établissement de ces pêcheries en Sardaigne remonte au seizième siècle. On en fut redevable à un simple marchand nommé Pierre Porta, qui y consacra sa fortune. On prétend qu'après l'abandon des madragues de la côte d'Espagne et de Portugal, occasionné par le tremblement de terre de Lisbonne, à la suite duquel les thons parurent changer leur itinéraire, les thonnares de la Sardaigne, héritières des thonnares espagnoles et portugaises, prirent jusqu'à cinquante mille thons par année. Ce nombre a bien diminué aujourd'hui. Le chiffre de onze mille têtes environ représente la moyenne de plusieurs années; mais les chances varient considérablement d'une année à l'autre. Plus qu'aucune autre pêche, celle des thons est une loterie : elle a ruiné bien des spéculateurs. De tous les avantages qu'elle présente, le plus certain est d'offrir à la population pauvre une lucrative occupation.

Ce fut pendant nos courses à Porto-Scuso que nous recueillîmes d'assez curieux détails sur l'industrieuse exploitation des madragues, le périodique passage des thons, et leur inconcevable stupidité. Au pied des falaises du cap Altano, un câble en sparterie, tendu perpendiculairement à la côte jusqu'à une distance de trois ou quatre cents mètres, soutient un énorme filet qui traîne jusqu'au fond. De nombreuses et fortes ancres l'assujettissent des deux côtés; des plateaux de liége le font flotter à la surface. La dernière ancre est quelquefois mouillée par une profondeur de trente ou quarante brasses. A l'extrémité de ce câble, et perpendiculaires à sa direction, se trouvent établis les filets de la madrague : ils forment plusieurs chambres dont la dernière est composée de solides mailles de chanvre.

Quand les thons, s'il faut en croire les récits des pêcheurs de Porto-Scuso, ont passé, dans leurs pérégrinations périodiques, le détroit de Gibraltar, ils se divisent en deux bandes, dont l'une suit le littoral de l'Afrique et l'autre celui de l'Espagne. Cette dernière bande gagne bientôt les côtes de la Sardaigne et les descend du nord au sud, les rangeant de fort près pour trouver à se nourrir, sur le bord, de petits poissons ou de détritus végétaux. En suivant ainsi les inflexions du rivage, les thons rencontrent sur leur route l'immense filet qui leur barre le passage. Ils le suivent jusqu'à son extrémité, et là, trouvant une barrière, ils reviennent sur leurs pas. Arrivés près de la côte, ils n'ont pas l'idée de rebrousser chemin et de s'en retourner par où ils sont venus ; ils s'en garderaient bien, l'instinct qui les dirige ne va pas jusque-là. Ils remontent encore jusqu'à l'obstacle invincible, pour redescendre de nouveau vers la côte, et pendant trois jours quelquefois leurs nombreux bataillons continuent stoïquement ce manége. Des hommes placés dans des bateaux de garde ne les perdent pas de vue ; fatigués de tourner ainsi dans un cercle constant, quelques thons s'aventurent dans l'enceinte des chambres de la madrague, les filets latéraux qu'on a laissés abaissés sont soudainement relevés, et les ingénieux pèlerins se trouvent captifs.

Le jour de la *matanza* arrivé, lorsque quatre ou cinq cents thons sont réunis dans les filets, on les provoque doucement à passer d'une chambre dans l'autre, sans les effrayer cependant ; car, si on les effrayait, ils briseraient et entraîneraient tout. Une fois arrivés dans la dernière chambre, cette chambre de mort qui peut défier tous les efforts des thons captifs, les filets sont fermés ; d'énormes bateaux, appelés les *vaisseaux* de la madrague, s'en approchent ; on soulève sur les bords la chambre chargée de butin : les meurtriers sont prêts, tenant à la main des crocs emmanchés à de courts bâtons de chêne. Le signal du carnage est donné. C'est alors un combat, une tempête : le sang ruisselle, l'onde jaillit ; des cris de joie animent les pêcheurs ; les thons sont jetés pêle-mêle au fond des vaisseaux, qu'ils battent convulsivement de leurs queues. De nombreuses barques portent à terre ces monstrueuses victimes, qui sont en un instant dépecées, cuites, salées et encaquées. A peine déchargées, les barques reviennent aux vaisseaux prendre un nouveau chargement C'est une activité à faire plaisir. Les rades ne sont animées que pendant la matanza. Des bâtiments génois, marseillais, napolitains, en attendent le produit pour l'aller porter sur les marchés de la Lombardie, de la Toscane et des provinces sardes du continent ; des équipages siciliens arrivent chargés de sel : c'est pour quelques instants un mouvement commercial inusité en Sardaigne.

La pêche du corail, moins abondante que sur les côtes d'Afrique, est entièrement abandonnée aux Siciliens et aux Génois. Les bancs de corail actuellement exploités sont ceux qui se trouvent à la hauteur d'Alghero, ou à quelques milles à l'ouest de l'île de Saint-Pierre. Outre les pêcheries du littoral, les étangs d'Oristano, de Cagliari et de Porto-Pino, dans le golfe de Palmas, fournissent une grande quantité de mulets, dont les œufs, salés et soumis à une forte pression, se vendent sous le nom de *bottarghe*, et sont une grande ressource pour le temps du carême.

CHAPITRE III

MŒURS ET COUTUMES DU PEUPLE SARDE.

Avec nos habitudes d'économie rapace, avec notre instinct spéculateur, nous avons peine à comprendre qu'un pays si fécond en ressources ne devienne pas l'objet d'une exploitation active ; mais l'habitant de la Sardaigne, le campagnard surtout, satisfait de son sort et fier de lui-même, ne s'est pas encore enthousiasmé pour les sublimes doctrines du progrès matériel. C'est un homme d'un autre âge qui se présente à l'observateur avec une physionomie étrange, remplie d'attrait et de poésie. Monté sur un cheval plein de feu, avec son long fusil sur l'arçon de sa selle, il rappelle bien plus le klephte de l'Albanie que l'industrieux laboureur de nos contrées. D'une taille moyenne, mais bien proportionnée, il a le teint brun, des yeux noirs très-vifs, la bouche généralement grande et les lèvres épaisses. Inculte comme on l'a laissé, il a conservé une prompte imagination, un tour d'esprit naïvement poétique et un attachement enthousiaste pour son pays.

Une sorte de quiétude indolente semble le caractère distinctif de la classe inférieure. Au milieu de ces terribles marais que désole l'intempérie, vous verrez souvent le berger sarde tranquillement assis et impassible sous la morsure d'un soleil dévorant. Vous retrouverez involontairement dans votre mémoire quelque souvenir de la muse antique, à l'aspect de ce Tityre sauvage qui, les joues gonflées, emplit de son souffle un triple roseau sonore. Cet instrument est la *launedda,* composée de trois flûtes inégales, *tibiæ impares,* orchestre rustique qui résonne au milieu des joncs et rappelle au troupeau les brebis éloignées. L'existence casanière de la classe moyenne est douce et monotone. Au curé de village, au modeste médecin, au petit propriétaire, il suffit d'une maisonnette bien blanche, précédée ordinairement d'une vaste cour où un lit épais de paille et de fange fait fumier. Devant le corps de logis, une vigne attache ses sarments à des traverses de bois qui partent de la façade pour s'appuyer sur de lourds piliers carrés grossièrement maçonnés. La maison, couverte en tuiles rouges, n'est le plus souvent qu'un long rez-de-chaussée composé d'une chambre à coucher et d'une cuisine comprise entre l'étable et l'écurie. Pour ameublement de la chambre d'honneur, quelques

chaises, une table, et un vaste lit au sommet duquel il
paraît difficile d'arriver sans échelle. Dans une telle retraite,
les jours coulent lentement, obscurément, semblables les
uns aux autres ; le moindre incident fait époque. La plus
importante affaire de la journée, c'est la sieste. Cette
jouissance, incomprise dans le Nord, n'appartient qu'à
ces climats généreux où le soleil, arrivé au point culminant de sa course glorieuse, verse partout une molle langueur qui provoque au sommeil le troupeau vulgaire et
porte au recueillement les natures d'élite. On dîne généralement à une heure en Sardaigne, et le dîner est suivi
de la sieste. C'est un moment de bien-être facile que chacun
respecte chez les autres et fait respecter chez soi. On
s'exposerait à une réception peu amicale, si l'on se présentait à cette heure à la porte d'une maison italienne.

Une de ces fêtes religieuses qui deviennent pour les
populations naïves des jours de réjouissance fut pour nous
une occasion unique de voir réunis les plus curieux cos-
tumes de l'île. La plupart des paysans portaient des culottes
de *furesi* noir assez semblables à celles des gars de Tre-
darzec ou de Plimeur en basse Bretagne, et par-dessous
ces larges culottes, on voyait passer un caleçon de toile
laissé ouvert par le bas. Leurs jambes étaient couvertes de
borzeghinos, espèce de guêtres de cuir lacées sur le mol-
let, ou de *carzas,* guêtres de *furesi* plus en usage chez les
habitants de la partie méridionale de l'île. Presque tous
étaient rasés, et leurs longs cheveux, réunis en tresses,
étaient rassemblés en paquet sous un bonnet de laine
noire, conique comme le bonnet phrygien, et dont la

pointe était recourbée sur le côté : par-dessus ce bonnet, un énorme chapeau de toile cirée à larges bords servait à les garantir du soleil. Cette dernière partie de l'habillement était commune à la grande majorité des paysans. Les autres vêtements différaient davantage, suivant les professions et les localités. Les uns portaient le *collettù*, justaucorps de cuir tanné, sans manches, très-serré, surtout vers les hanches, et formant, en se croisant vers le bas, comme un tablier double qui descendait jusqu'aux genoux. On a cru reconnaître dans ce vêtement le *colabium* ou *thorax* des anciens. Une large ceinture de cuir dans laquelle était passé un grand couteau l'ajustait contre le corps et servait également à conserver des cartouches. D'autres paysans étaient couverts d'une grosse capote appelée *cabanù*, qui n'est autre chose que le *caban* des Grecs; mais le plus grand nombre était vêtu de la *bestepeddi*, sorte de pelisse rustique faite avec quatre peaux de mouton ou de chèvre dans leur état naturel, et sans manches, comme le collettù. C'est ce vêtement sauvage qui, du temps des Romains, portait le nom de *mastruca,* et qui valut aux Sardes, de la part de Cicéron, l'épithète de *Sardi pelliti* et de *Sardi mastrucati.*

Il y avait en général plus de richesse et d'élégance dans l'habillement des femmes. Celles qui étaient venues d'Iglesias portaient un corset en étoffe de soie, très-serré à la ceinture et à manches étroites, un jupon de drap à plis très-fins et très-nombreux, garni dans sa partie inférieure d'une bordure de couleur tranchante, et, sur le devant, un petit tablier carré garni comme le jupon. Leurs che-

veux tressés étaient renfermés dans une résille attachée
sur le front par deux gros rubans qui tombaient sur les
côtés ; un mouchoir de mousseline brodé, lié sous le men-
ton, cachait entièrement cette résille. Quelques jeunes
filles d'Oristano se distinguaient par leur jupon rouge et
un grand mouchoir carré à larges palmes qui, placé sur
leur tête, retombait par derrière jusqu'à leurs talons.

La hiérarchie sociale est rigoureusement établie entre les
femmes par une qualification particulière à chaque classe.
La *dama* est une dame de haut rang, la *signora* est une
dame de condition moyenne ; la femme d'un médecin ou
d'un avocat s'appelle *nostrada ;* celle d'un fermier, *contadina principale*. L'*arteggiana* est l'épouse d'un artisan, et
la *contadina rustica* celle d'un simple paysan. Dans les
deux classes inférieures, les femmes sont chargées de
presque tous les soins domestiques. Elles s'occupent en
même temps des enfants et de la basse-cour, de la confec-
tion du pain et de celle des étoffes grossières que l'on fabrique
dans l'île avec la laine des brebis. Ce sont elles aussi qui,
la plupart du temps, vont chercher, aux puits ou aux
fontaines, l'eau nécessaire aux besoins du ménage. Portant
sur leur tête l'amphore aux formes antiques, elles ont alors
dans leur marche une grâce singulière. La tête rejetée en
arrière, les reins bien cambrés, soutenant parfois d'une
main le vase chancelant, elles marchent d'un pas ferme
et assuré, sans répandre une goutte d'eau de l'urne remplie jusqu'au bord.

Il n'est rien de mieux, pour conserver l'empreinte
caractéristique d'un peuple, que la rareté et la difficulté

des voies de communication. A cet égard, les Sardes n'avaient rien à envier aux populations les plus arriérées avant les tentatives faites en ces derniers temps. Il y a peu d'années qu'ils étaient entièrement privés de chemins praticables pour des voitures. Ce ne fut qu'en 1822 qu'une route royale de sept mètres de largeur, et de cent vingt-cinq milles de développement, fut ouverte de Cagliari à Sassari. Elle fut dirigée par Oristano, et prolongée jusqu'à Porto-Torrès. La dépense totale se monta à près de quatre millions de francs. Une diligence, établie sur cette route, fait aujourd'hui un service régulier entre les deux chefs-lieux de l'île. Quant à ce qu'on appelle les chemins de traverse, la description qu'on en pourrait faire serait applicable, en général, à n'importe quel pays de sauvages. Les moyens de transport sont d'ailleurs en harmonie avec l'état des lieux. Nous en fîmes la rude expérience dans une excursion à la recherche des haras justement renommés du baron de Teulada. Nous nous étions égarés après mille détours, lorsque nous vîmes arriver un jeune paysan sarde d'une physionomie fine et avenante. Il devina notre embarras, et, après nous avoir parlé une langue dont nous n'entendions pas un mot, il essaya l'éloquence du geste, en nous faisant signe de le suivre jusqu'à une charrette embourbée près de là. Ayant chargé sur cette charrette du bois qu'il devait précisément voiturer à Teulada, il passa dans une prairie voisine et en ramena une paire de taureaux magnifiques, au fanon tombant jusqu'aux pieds, à l'œil plein de feu. Nous le vîmes ensuite fixer par un œillet le bout des rênes à la corne extérieure de ces fou-

gueux animaux, puis saisir les deux oreilles qui se trouvaient près du timon et serrer chaque oreille d'un demi-
tour de la rêne qu'il avait ramenée sur l'avant du joug
Cette compression dompte si bien les malheureux taureaux,
que de semblables attelages sont conduits au grand trot ou
même au galop à travers les rues des petites villes sans
qu'il en résulte aucun accident. On doit seulement éviter
d'approcher les bœufs de mauvaise réputation, qui portent
aux cornes un brin de paille : c'est encore le *fœnum habet
in cornu* d'Horace.

Le chariot, qui sans doute n'était pas autre chose que
le *plaustrum* vénérable des Romains, n'excita pas moins
notre curiosité. Nous avions sous les yeux une espèce d'é-
chelle horizontale, ayant à peu près trois pieds de large
dans la partie qui formait le char, mais assez étroite à
son extrémité antérieure pour servir de timon. Vers le
milieu de cette échelle se trouvaient pratiqués deux encastrements semi-circulaires, dans lesquels se logeait l'essieu,
et c'était cet essieu même, portant à chaque extrémité une
roue massive, qui tournait dans les encastrements. Les
roues, composées de trois planches unies par une quatrième planche clouée en travers, étaient entourées, non
par un cercle de fer, mais par d'énormes clous dont les
têtes triangulaires se touchaient.

Peu encouragés par ces préparatifs, nous prîmes place
en frissonnant auprès de notre cocher. Celui-ci se dirigea
vers un ruisseau dont le lit formait l'enceinte de la vaste
prairie où il était allé chercher son attelage. Tout à
coup, il pique ses agiles taureaux en les animant de la

voix : les deux roues du char tombent à fois de près
de trois pieds de haut au fond du ruisseau ; nous
chancelons à cette secousse inattendue ; la ferme contenance de notre guide nous rassure, et nous voilà suivant
le lit inégal et raboteux de ce ruisseau, qui coulait à pleins
bords entre deux haies de ronces et de rosiers sauvages.
Nos coursiers avaient de l'eau jusqu'au poitrail. Le jeune
paysan, attentif à les diriger, leur parlait sans cesse et
les maintenait soigneusement au milieu du courant. Il y
avait des endroits où nous faisions, en passant, une trouée à
travers les buissons qui se rejoignaient d'un bord à l'autre
du fossé. Le moins qui pût nous arriver, selon les appa-
rences, devait être de laisser aux ronces la moitié de nos
vêtements ; quand le lit du ruisseau devenait trop étroit,
la roue du char montait sur la berge, et nous inclinions
tellement que nous nous crûmes vingt fois sur le point de
verser. Enfin, après un quart d'heure de ce supplice, nous
prîmes terre sur un sentier, qui, bien que creusé par de profondes ornières, n'était que roses après le chemin d'amphi-
bies que nous venions de parcourir. Notre cocher se tourna
alors vers nous, et son sourire sembla nous demander ce
que nous pensions des moyens de transport de Teulada.
En vérité, nous pensions que, si les Sardes voulaient naviguer ainsi dans les fossés, ils faisaient bien de garder leur
plaustrum et de repousser obstinément toutes les innovations qu'on cherche à introduire à cet égard dans leur île,
car je ne connais pas de véhicule mieux approprié au
genre de pérégrination dont nous avions fait l'épreuve.

Les communications maritimes ont aussi conservé quelque chose de primitif, du moins sur les côtes orientales. Le défaut de ports dans cette région n'admettant guère que des bateaux que l'on puisse tirer sur le rivage, on y emploie le *ciù* (prononcez *tchiou*), construction propre à la Sardaigne. C'est un grand bateau plat, pointu des deux bouts, emporté par une immense voile triangulaire, semblable à l'aile d'une bécassine, assez actif d'ailleurs, mais brutal dans son allure. Nous nous résignâmes à monter un bateau de cette famille, pour explorer le littoral désert qui s'étend du golfe de Cagliari au cap Ferrato. Il m'a toujours semblé que ce dut être sur un ciù pareil au nôtre que Télémaque s'embarqua la nuit où il quitta secrètement Ithaque pour se rendre à Pylos. Non pas que notre bateau naviguât souvent la nuit : oh ! non, c'était un ciù prudent qui touchait de plage en plage, se tirait à terre à la première menace du ciel, et relâchait ponctuellement chaque soir, ayant sans doute retenu cette sentence d'Homère transmise de ciù en ciù : « C'est la nuit que s'élèvent les vents terribles qui perdent les navires. » Dès que le vent était contraire et la mer un peu dure, nous devions chercher l'abri le plus voisin, car si le ciù eût resisté à la mer, à coup sûr, nous n'eussions pas résisté au ciù. Jamais bateau pareil, j'en fais serment, n'a choqué la crête de la lame ; jamais cahots de charrette sur les routes défoncées de la Brie n'ont égalé ses soubresauts, ses trépidations épileptiques : il n'y a que le charbon de Carbonara ou les fromages de Sarrabus qui puissent supporter longtemps une telle navigation.

La difficulté des communications dans la plus grande

partie de l'île, l'isolement forcé de la plupart des groupes
explique l'état à demi sauvage de ces communautés. Le seul
lien qui les rattache l'une à l'autre et les rapproche quelquefois, c'est la religion. Le sentiment religieux est encore
très-vif en Sardaigne. Il n'est pas rare d'y rencontrer de
francs et bons catholiques, pleins de foi et d'enthousiasme,
emportés même un peu loin par leur imagination méridionale. On vous soutiendra fort et ferme qu'il faudrait bien
se garder de ne pas aller chercher saint Effisio à Pula, le jour
de sa fête, pour le transporter à Cagliari, car le saint, si on
l'oubliait, se mettrait en route tout seul. La religion est la
principale occasion de rendez-vous publics. Une chapelle
ruinée au bord de la route, inaperçue par le voyageur
distrait, deviendra, à la fête du patron, un lieu de rassem-
blement et de plaisir pour les villageois du voisinage. Ce
sont là des émotions naïves que nous ne connaissons plus,
et dont j'ai pu me faire une idée à la fête du modeste village élevé sur les ruines de l'opulente Sulcis. Saint Antio-
chus, martyr sous Dioclétien, en est aujourd'hui le patron.
Dans la crainte des Barbaresques, les reliques vénérées de
ce saint furent jadis transportées à Iglesias; mais, chaque
année, elles sont rapportées en grande pompe à Saint-
Antioche, et la population tout entière, hommes, femmes
et enfants, à pied, à cheval, en charrette, se presse sur la
route pour saluer le saint à son passage. Cette fois, la fête
fut plus brillante que jamais; pendant tout le mois d'avril,
on avait sollicité pieusement quelques journées de pluie;
après être longtemps resté sourd aux prières, le saint
daigna se laisser fléchir. La population, dans sa reconnais-

sance, se porta d'enthousiasme à la rencontre de son patron, qui arriva dans un carrosse attelé des deux plus
beaux bœufs de la plaine, dont on avait orné les cornes
de magnifiques oranges. Une brillante cavalcade lui servait de cortége, un orchestre composé de trente joueurs
de *launedda* le précédait. De nombreuses carrioles tirées
par des bœufs, recouvertes d'étoffes éclatantes, et parées
de branches de myrte et de lentisque, suivaient par derrière avec des familles venues d'Iglesias ou des villages
voisins. Ces paysans, pieds nus, portaient à la main des
cierges allumés ; d'autres, voltigeant autour du carrosse,
tiraient des salves de coups de fusil. La joie la plus expan-
sive et la plus sincère animait la pieuse solennité. Chacun
avait revêtu ses plus beaux habits, et comme si le ciel eût
voulu prêter son concours à la fête, le temps, qui avait
été gris et pluvieux les jours précédents, était magnifique
ce jour-là. Pendant les trois jours que dura cette fête, on
n'eût pas reconnu le village de Saint-Antioche. Dans toutes
les rues, on avait dressé des boutiques où s'étalaient des
pièces d'étoffes qu'on ne voit plus en Europe depuis cinquante ans. C'étaient des damas, des lampas, des brocards
qui sortaient je ne sais d'où, et qui, bien qu'un peu fanés,
étaient encore d'une grande richesse. A côté des splendides
étoffes, on vendait de communes rouenneries, des toiles
imprimées, et toute la misérable pacotille que nous expor-
tons en pays étranger. On était venu à cette foire de dix
lieues à la ronde ; chaque maison, encombrée de visiteurs,
se mettait en frais pour les recevoir dignement. Il n'y
avait pas jusqu'aux pauvres gens vivant sous terre au

sommet de la colline, habitants des tombeaux dont ils ont dépossédé leurs ancêtres, qui ce jour-là n'égayassent leur souterrain d'un tronçon de chère lie et d'un plat de macaroni.

N'est-il pas à regretter que les pays où cette foi naïve a maintenu une sorte de gouvernement théocratique soient précisément ceux qui fassent tache en Europe aujourd'hui? Pourquoi dans ces contrées la terre est-elle en friche, le commerce languissant, les voies de communication détruites, le peuple en haillons, son existence politique compromise? La foi, qui conserve aux peuples leur poésie et leur gaieté, exclut-elle donc les bénéfices incontestables de la civilisation?

Une autre vertu des anciens temps que la Sardaigne a conservée sans altération, c'est l'hospitalité. Les Sardes sont pour la plupart de nature bienveillante; leur abord est plein de cordialité, leurs offres sincères. Ils sortent de leur indolence habituelle dès qu'un hôte leur arrive, et rien ne leur coûte pour faire les honneurs de leur maison. Plusieurs d'entre eux poussent même le sentiment de l'hospitalité jusqu'à l'héroïsme : ils sacrifieraient leur vie pour sauver celle de l'homme qui est venu chercher un asile sous leur toit protecteur. Autant ils se montrent fermes dans le dévouement, autant ils sont implacables dans la haine. Les a-t-on offensés? ils ne l'oublient jamais, et poursuivent leur vengeance avec une ténacité qu'aucune considération ne saurait fléchir. Ces inimitiés se transmettent de génération en génération. La veuve d'un homme assassiné conserve la chemise ensanglantée de son mari et la déploie de temps en temps devant ses enfants, pour entretenir leur haine contre ceux qui ont *mangé leur père.* Le fils qui manquerait à tirer vengeance d'un pareil meurtre, qui n'accepterait pas cet héritage de haine, serait méprisé dans le pays, flétri du nom de *pigeon.* Ce n'est pas par un franc défi qu'il peut se venger : le duel est inconnu en Sardaigne. Il faut qu'à son tour il devienne assassin. Dès l'enfance, sa mère l'a instruit à tirer ce long fusil d'étroit calibre qui reçoit une balle dont la grosseur n'excède pas celle d'un pois ordinaire. Habitué à frapper à coup sûr une petite pièce de monnaie placée à quarante pas, il se tapit dans les buissons pendant des jours entiers, épiant le passage du meurtrier de son père. Quand sa vengeance est accomplie, il s'enfuit dans les montagnes, et va se joindre à quelque troupe de bandits.

Ce point d'honneur est le trait distinctif du caractère sarde. On peut en déplorer les suites funestes, mais il est difficile de refuser quelque sympathie à cette nature mâle et vigoureuse, qui offre à coup sûr plus de ressources pour le bien qu'un sang tiède et appauvri. Les passions farouches d'un tel peuple cachent la loyauté et l'énergie : c'est une rouille sous laquelle on découvre un acier bien trempé. On doit mettre d'ailleurs quelque différence entre les *vendette* de la Sardaigne et les assassinats des rues de Naples. Les *vendette* ont leurs embuscades et leurs surprises, mais elles débutent presque toujours par une franche déclaration de guerre ; l'escopette frappe dans l'ombre comme le stylet ; elle ne frappe d'ordinaire qu'un homme mis sur ses gardes par une offense ou commise ou reçue.

C'est une vengeance qui n'adopte pas de champ clos, qui ne veut pas de témoins, à laquelle toute heure et tout moyen conviennent; c'est une sombre et impitoyable vengeance qui se plaît à une férocité dont les détails font souvent frémir ; ce n'est pas un meurtre de lazzarone. Si l'on raconte qu'un homme, en Sardaigne, se tint pendant sept ans sur un arbre, plusieurs heures par jour, pour attendre son ennemi, on a vu aussi ces haines opiniâtres emprunter à l'antique chevalerie ses plus nobles inspirations.

Pendant le séjour de la cour en Sardaigne, quand de nombreuses bandes de brigands désolaient la Gallura, un des plus fameux bandits de l'île, Pierre Mamia, apprend que son ennemi juré, Pompita, est tombé entre les mains des troupes royales. Il rassemble ses partisans, et délivre Pompita : « Tu es mon ennemi, lui dit-il, mais c'est de ma main que tu dois recevoir la mort. Voici des armes, de la poudre et du plomb; je te donne trois jours pour retrouver les tiens. Au bout de ce temps, la trêve est rompue ; tiens-toi pour averti et prends garde à toi! » En 1806, un autre chef de bande, Cicolo, veut tenir tête aux carabiniers envoyés contre lui. Il est battu et poursuivi. Dans sa fuite, il se livre à deux bergers qui le conduisent dans les montagnes et lui indiquent une retraite inaccessible et inconnue. Quelque temps après, ces deux bergers sont arrêtés, et, plutôt que de trahir leur hôte, ils reçoivent la mort sur l'échafaud. Certes, ce fanatisme a sa noblesse et n'appartient point à une race abâtardie. Du reste, les vendette sont bien moins fréquentes aujourd'hui qu'il y a vingt ans, et les troupes de bandits qu'elles alimentaient ne se rencontrent plus guère que sur la côte orientale de l'île, dans la province de l'Ogliastra et les environs de Terra-Nova. Celles-là ne dédaignent pas toujours de voler les bestiaux et de détrousser les voyageurs. Les montagnes de Dorgali, Galtelli, Posada, et le Monte-Santo, leur offrent des refuges où les troupes n'osent les poursuivre.

Entre tous ces fameux bandits des âges héroïques de la Sardaigne, la chronique a conservé les noms de don Pietro et d'Ambrosio de Tempio, qui acquirent dans le siècle dernier une sorte de popularité par des traits d'une incroyable audace.

Don Pietro possédait des biens considérables, et un troupeau qui se montait à plus de dix mille têtes de bétail ; mais, ayant tué un homme de Chiaramonte et son fils pour se venger d'une injure qu'il avait reçue, il se fit bandit, et s'établit avec les plus déterminés de ses vassaux dans les gorges du mont Sassù. Plein d'intelligence, et ne manquant pas d'un certain honneur qu'il entendait à sa façon, il interdisait à ses affidés des larcins qui les eussent rendus odieux aux paysans. Il devint bientôt la terreur des troupes envoyées contre lui. Blessé à la main gauche, il s'habitua à poser le canon de son fusil sur l'avant-bras, et, de la sorte, il se rendit si habile, qu'il ne manquait jamais un œuf jeté en l'air devant lui. Il accordait audience à ses amis ; mais il eût été peu prudent de se présenter sans un sauf-conduit, car il y avait toujours quelques bandits bien armés et d'énormes mâtins placés en sentinelle pour prévenir les surprises. A la fin, la trahison le livra à ses ennemis. Il fut massacré avec tous ses compagnons, pendant qu'ils étaient plongés dans un profond sommeil, produit par de l'opium qu'on avait mêlé à leur vin.

Ambrosio de Tempio avait tué tant d'hommes et tenu s longtemps contre tous les efforts des autorités, que bien des gens le croyaient sous la protection particulière d'un saint. Il disparut cependant un jour, étant probablement mort dans quelque caverne des suites de ses blessures, ou par quelque autre accident. Il y a encore dans le canton où l'on a conservé son souvenir plus d'un paysan qui le croit vivant et s'attend à le voir reparaître. Le plus bel éloge qu'on puisse faire d'un fusil en Sardaigne, c'est de le comparer à la redoutable *canna* d'Ambrosio.

Tous ceux qu'un délit plus ou moins excusable expose aux rigueurs de la loi ne sont pas assez heureux pour aller mener dans les montagnes cette poétique vie de bandit. Les coupables que la justice peut atteindre sont condamnés aux galères quand ils évitent la peine capitale. Au reste, on est loin d'attacher dans l'île aucune idée d'ignominie au châtiment des travaux forcés, quand celui qui le subit n'a commis qu'un de ces actes de violence excusés, ou, pour mieux dire, commandés impérieusement par les mœurs du pays : ce qui l'eût déshonoré aux yeux de tous, c'eût été de ne pas riposter à un premier coup, de ne pas laver dans le sang une insulte. Les galériens sont en général employés à l'exploitation des salines quelquefois, par une sorte de commutation de peine, on les attache à des spéculations particulières. Il y a quelques années, un homme généreux et entreprenant, le général Incane, en inspection militaire vers l'extrémité orientale de l'île, s'affligea de ne rencontrer qu'une population rare, abrutie et misérable dans un canton fertile et favorablement situé. Il conçut le projet d'y fonder un village. A son retour à Cagliari, il obtint du gouvernement une concession de terres, et en même temps une concession de galériens. Ce furent les commencements de Rome et de Carbonara. Une modeste église, que le général fit élever à ses frais, devint un centre de population auquel vinrent se rallier les pâtres de la montagne et les sauvages de la côte. Aujourd'hui, la plaine de Carbonara produit du blé, du vin, nourrit de nombreux troupeaux, et le bienfaiteur de cette nouvelle commune commence à recueillir les fruits de son heureuse inspiration.

Un guide, nommé Francesco Coccù, qui nous conduisit au cap Ferrato, était précisément un des premiers colons de Carbonara, condamné à dix ans de galères pour avoir tué un homme sans préméditation. Pauvre Coccù! C'était un jour de fête, un de ces beaux jours de fête méridionale où, sous un chaud soleil, sous la voûte bleue et pure, les danses se mêlent au son de la *launedda :* Coccù s'était rendu au *ballo tondo* de Pirri, et là, sans y penser, il avait dans la ronde entrelacé ses doigts à ceux de sa voisine (ce qui n'est permis, à vrai dire, qu'à un mari ou à un fiancé, mais Coccù n'y prenait pas garde). Il était donc tout entier aux plaisirs du *ballo tondo,* se démenant, s'agitant, et oubliant ses doigts, quand un jeune homme, qui tenait l'autre main de sa jolie voisine (celui-là était son fiancé), lui cria d'une voix altérée par la colère : « Prends garde à ce que tu fais, Coccù, ou tu me le payeras! » Coccù continuait à danser; mais voyant celui qui venait de lui donner cet avis porter la main à son couteau et se précipiter vers lui, il fut plus prompt à dégaîner, et le prévint en le jetant mort sur la place. Deux existences perdues en un instant !

L'amour est l'occasion la plus fréquente de ces tristes tragédies. Les Sardes sont en général très-jaloux. Rarement, quand ils reçoivent des étrangers, les femmes sont admises à prendre part aux repas. Cependant la meilleure harmonie règne communément dans le ménage. Les cérémonies qui consacrent les fiançailles et les noces prouvent que le Sarde n'a pas encore dépouillé le mariage de toute poésie. Les jours de fête, dans les lieux de réunion, où plus d'un jeune garçon, soyez-en sûr, sent battre discrètement son cœur à l'aspect des belles jeunes filles, vous verrez quelque vieux pâtre cherchant dans cette foule joyeuse une fiancée pour son fils, et répétant tout bas la gracieuse formule usitée pour la demande en mariage : « Vous possédez, compère, une génisse blanche et d'une beauté parfaite. C'est elle que je viens chercher, car elle ferait la gloire de mon troupeau et la consolation de mes vieux ans. » Si flatté qu'il soit de cette proposition, le père de la jeune fille, pour se conformer aux lois de la bienséance, ne paraîtra pas saisir l'objet de la demande. Il se lèvera, et amenant successivement chacune de ses filles : « Est-ce là ce que vous cherchez? » dira-t-il; et il aura soin de n'introduire que la dernière, celle dont son hôte est venu demander la main.

Dès que la proposition de mariage est agréée, des cadeaux sont échangés comme gages d'un consentement mutuel. Les bans sont ensuite publiés pendant trois semaines, et huit jours avant le mariage, qui doit être célébré dans la paroisse de la jeune fille, le trousseau de la mariée est transporté avec pompe dans la maison qu'elle doit habiter. C'est là une cérémonie à la fois joyeuse et attendrissante, dont le spectacle me fut offert sur le chemin qui conduit du village de Selargius à celui de Settimo. Nous venions de quitter Selargius, quand nous aperçûmes de loin une longue file d'hommes et de femmes, quelques-uns à pied, mais le plus grand nombre à cheval; à la suite venaient de nombreux chariots traînés par des bœufs. Les sons nasillards de la *launedda* arrivaient déjà jusqu'à nous avec le grincement des essieux et les cris d'une foule animée. Une jeune fille de Settimo devait s'unir dans huit jours à un jeune paysan de Selargius. Le fiancé, accompagné de ses amis, les paranymphes antiques, était allé recevoir des parents de sa future épouse le trousseau et l'ameublement qui composaient une partie de la dot; il les transportait, avec le cérémonial usité, dans la maison nuptiale.

Par une coïncidence singulière, il n'y avait pas deux ans qu'en Turquie j'avais vu transporter ainsi, sur la grande route qui conduit de Thérapia à Stamboul, le magnifique trousseau de la sultane Atié. Près du Bosphore, le cortége se composait de voitures aux panneaux dorés, traînées par huit chevaux : au fond de ces voitures, on apercevait les odalisques du sérail enveloppées dans leur *feredji,* et le visage couvert du *yacmack ;* des eunuques blancs et noirs veillaient à toutes les portières. Après ces voitures, de nombreux chameaux, au pas lent et mesuré, portaient les aiguières et les plats d'or et d'argent, ou les meubles incrustés de nacre et d'ivoire ; puis venaient le sadrazan et les autres ministres, suivis d'*arrabas* richement décorés auxquels étaient attelés de superbes taureaux d'une blancheur éclatante ; des escadrons de cavalerie équipée à l'européenne contenaient avec peine le peuple émerveillé. Ici, entre Settimo et Selargius, la cérémonie était la même : il n'y avait de changé que l'échelle de la fête : les riches *arrabas* étaient remplacés par une douzaine de chariots sur lesquels on avait entassé plusieurs matelas tout neufs, des bois de lit, des chaises ornées de branches de lentisque et d'arbousier. Des tables et des bancs, de grands bahuts de chêne renfermant les robes de la fiancée, suivaient sur d'autres chariots ; une troupe de jeunes garçons et de femmes, parés comme aux plus grands jours, précédaient ces chars rustiques, portant sur leurs têtes des corbeilles pleines de verres et de porcelaines. Un nombreux cortége de paysans à cheval, devant lequel marchaient deux joueurs de flûte, entourait le jeune époux, qui se faisait remarquer entre tous par sa bonne mine et la richesse de ses vêtements. Il fallut plus d'un quart d'heure pour que cette bruyante procession défilât devant nous.

Vient enfin pour les fiancés le grand jour de la bénédiction nuptiale. Avant de se séparer de son père, la jeune femme, en sortant de l'église, mange avec son époux, pour la première fois, un potage qui leur est servi dans la même

écuelle. Un brillant cortége les accompagne ensuite jusqu'à
leur nouvelle demeure, décorée, comme au temps de Ju-
vénal, de guirlandes de fleurs et de branches de myrte.
Les matrones, qui attendent les époux au seuil de la
maison, jettent sur eux, dès qu'ils sont à portée, des poi-
gnées de sel et de froment; la journée se termine par un
copieux festin.

Tel est ce peuple que la civilisation s'apprête à envahir.
Ce ne fut qu'après notre retour en France que nous pûmes
apprécier combien peu la Sardaigne est connue. Même
parmi les hommes occupés de géographie générale et de
travaux statistiques, nous en trouvâmes peu qui ne fussent
obligés de confesser à cet endroit une lacune considérable
dans leurs études. La Sardaigne et ses ressources, son
peuple demi-romain et demi-féodal, ses institutions go-
thiques, ses coutumes, qui remontent, par delà les siècles,
aux temps du paganisme ou de l'invasion arabe, cette civilisation d'un autre âge miraculeusement conservée jusqu'à
nos jours, comme Herculanum sous sa croûte de lave, tout
cela eût mérité sans doute les regards des observateurs
sérieux. Au surplus, je crois voir approcher le terme de
cette indifférence. Ce que n'ont pu faire les études con-
sciencieuses de M. le général de la Marmora, les paquebots
de Gênes le feront plus sûrement, je pense. Qu'on se hâte
donc, car la Sardaigne poétique, la Sardaigne telle que
nous l'avons encore vue, merveilleux trésor numismatique,
seul souvenir existant en Europe des peuples italiens au
moyen âge, cette Sardaigne que vous avez négligée, touristes mal inspirés, vous ne la retrouverez plus dans sa

curieuse intégrité. Chaque instant lui enlève quelque lambeau de sa vieille tunique : c'est un peuple qui se transforme, et ce qui est encore vrai au moment où je trace cette esquisse ne le sera peut-être plus quand vous arriverez à Cagliari ou à Porto-Torrès.

CHAPITRE IV

INFLUENCE DES DIVERSES DOMINATIONS QUI SE SONT SUCCÉDÉ EN SARDAIGNE.

Il y a presque toujours pour les nations comme pour les individus un fait prédominant, une circonstance décisive qui influe sur leur existence entière. Pour la Sardaigne, cet arrêt de la destinée, écrit à chaque page de ses annales, est bien triste, et il m'en coûte de le consigner ici. Condamnée par sa position, par son exiguïté, par un climat perfide qui paralyse ses ressources, à vivre sous la dépendance d'une puissance supérieure à laquelle il lui est impossible de s'incorporer complétement, elle semble destinée à être toujours sacrifiée. Cette loi fatale, je le répète, peut être vérifiée à chaque âge de son existence historique.

Lorsqu'on cherche à pénétrer les nuages qui nous dérobent la haute antiquité, on croit reconnaître que la Sardaigne a commencé par être un champ de bataille où se heurtèrent les races les plus remuantes des temps primitifs. Les traditions conservées par les historiens grecs et latins, les monuments trouvés dans l'île et reconnus par la science moderne, constatent le passage des Pélasges, des Hellènes, des Grecs asiatiques, des Phéniciens, des Libyens, des Étrusques, des Ibères. Toutes ces bandes d'aventuriers sont balayées par un peuple doué d'une énergie supérieure. L'an 528 avant l'ère chrétienne, les Carthaginois s'emparent de la Sardaigne, sans autre but que d'en faire un point de relâche. Leur politique égoïste n'imagine rien de mieux, pour conserver cette conquête, que de la rendre inhabitable. Ils font détruire les arbres fruitiers, défendent sous peine de mort de planter à l'avenir, et sacrifient même, assure-t-on, les étrangers qui abordent dans cette nouvelle Tauride. Les anciens habitants n'échappent à cette fureur jalouse qu'en se retranchant dans les montagnes de l'intérieur. Après une possession d'un peu moins de trois siècles, les Carthaginois sont à leur tour délogés par les Romains. Ceux-ci, traitant avec une générosité éblouissante les populations du littoral, refoulant avec une énergie impitoyable les peuplades indomptées du centre, opposant sans cesse les alliés aux rebelles, commencent cet antagonisme d'intérêts qui a été la plaie toujours saignante de la Sardaigne. Le prestige de la civilisation triomphe enfin des instincts sauvages. Sous l'empire, l'île pacifiée atteint un haut degré de prospérité : sept villes riches et populeuses obtiennent les prérogatives attachées au titre de cités romaines. Associée ainsi aux grandeurs du peuple-roi, la Sardaigne doit plus tard partager la honte et les douleurs de la chute. Sans cesse envahie et disputée pendant la longue agonie des empires d'Orient et d'Occident, par les Vandales, par les Goths, par les Byzantins, par les mahométans, elle n'est plus, du cinquième au onzième siècle, qu'un théâtre de dévastation et de désespoir.

En 1004, le pape Jean XVIII, abusé sans doute par des actes apocryphes, prétendit que la Sardaigne était comprise dans la donation faite au saint-siége par Charlemagne, et, faisant aux chevaliers chrétiens un appel qui semble le prélude des croisades, il promit la possession de l'île à quiconque la délivrerait du joug africain. Les Pisans et les Génois répondirent à cet appel, entraînés par leur instinct mercantile, il est permis de le croire, plutôt que par un sentiment chrétien et chevaleresque. Il fut convenu entre eux que les premiers garderaient le territoire, les autres le butin. Cet arrangement fatal devait prolonger l'anarchie et les malheurs de l'île longtemps après l'expulsion des mahométans. Ce ne fut pas sans combats que les Pisans mirent leurs associés hors de cause. Restés maîtres du terrain, ils divisèrent leur conquête en quatre grands fiefs ou *judicatures,* sous les noms de Cagliari, de Logudoro, d'Arborée et de la Gallura. L'Ogliastra forma en outre une cinquième principauté, sous un régime particulier. Les vainqueurs se réservèrent le droit de suzeraineté sur les fiefs, et la domination immédiate sur quelques autres lieux, notamment sur la ville de Cagliari. Le but de cette combinaison était de créer dans l'île des intérêts rivaux, afin de la retenir plus facilement sous le joug. On crut même enchaîner les grands feudataires en mettant obstacle à l'hérédité des fiefs. De ce luxe de précautions il ne résulta qu'une féodalité bâtarde et mal assise qui, au lieu de protéger le pays, lui communiqua sa propre agitation. En prenant parti, selon leurs intérêts, dans les éternelles querelles de Gênes et de Pise, les *juges* parvinrent à se soustraire à une suzeraineté incertaine. Ils se constituèrent héréditairement, prirent le titre de rois, et s'épuisèrent à guerroyer entre eux, comme pour faire preuve de leur souveraineté absolue.

Ces misères féodales duraient depuis plus de trois siècles, quand, en 1323, les Aragonais, appelés par Hugues Serra, juge d'Arborée, vinrent débarquer dans le golfe de Palmas, sous la conduite de don Alphonse, fils du roi Jacques. Le Pape, irrité contre la république de Pise, qui tenait ses droits du saint-siége, les avait transférés à la couronne d'Aragon. Malgré l'énergie de leur défense, les Pisans furent vaincus. Peut-être quittèrent-ils sans regret une possession qui leur était devenue onéreuse.

Les rois d'Aragon ne firent pas aisément accepter aux turbulents feudataires la suzeraineté dont ils héritaient. Les juges d'Arborée surtout, leurs anciens alliés, se montrèrent fort ardents à leur susciter des embarras; mais les conquérants, moins préoccupés de féconder le sol que d'en rester maîtres, appliquèrent à leur tour cette maxime dont on a fait honneur à Tibère, et qui est aussi vieille, hélas! que la politique elle-même; ils divisèrent pour régner. Ce système féodal, que leurs prédécesseurs avaient établi sur une large base, ils le morcelèrent pour l'affaiblir. L'île fut distribuée par eux en deux provinces, dites le *Cap supérieur* et le *Cap inférieur,* afin d'effacer jusqu'à la trace des anciens judicats. Les juges d'Arborée devinrent marquis d'Oristano ; les seigneurs pisans et génois reçurent de la couronne d'Aragon de nouvelles investitures ; enfin la création d'un grand nombre d'autres fiefs contrebalança l'influence des anciens feudataires. Il ne suffit pas aux Aragonais d'opposer le cap septentrional au cap méridional, les petits seigneurs aux grands vassaux ; ils créèrent une bourgeoisie pour en faire le contre-poids de la noblesse. En 1354, diverses révoltes ayant appelé dans l'île don Pèdre le Cérémonieux, ce prince convoqua à Cagliari la première assemblée nationale, où les députés des villes furent admis sous la dénomination d'*ordre royal*. Ainsi, comme les rois de France, comme les empereurs d'Allemagne, les rois d'Aragon s'appuyaient sur les habitants des villes attachées à la royauté, et leur sacrifiaient les habitants des campagnes féodales. Prodigues d'exemptions et de priviléges, ils achetaient l'alliance des bourgeois à force de concessions qui grevaient lourdement l'avenir. Cette déplorable politique eut un tel succès, dit M. de la Marmora, que « sous la domination espagnole un écrivain appartenant à un cap regardait comme une obligation de ne parler, dans son ouvrage, des citoyens de l'autre cap qu'en termes de mépris ». Cette rivalité n'est pas complétement éteinte de nos jours. Les Sardes des deux caps éprouvent encore les uns pour les autres la vague antipathie qui sépare les Catalans et les Andalous.

Entre tous ces juges qui pesèrent sur la Sardaigne pendant le moyen âge, il faut distinguer une femme pleine d'énergie, Éléonore d'Arborée, qui fit aux Aragonais une guerre active, et légua à ses sujets une charte adoptée dans toute l'île, en 1421, par l'ordre du roi don Alphonse. Ce fut sous le règne de ce dernier prince que Pierre de Tiniers, de la maison de Narbonne, fit aux rois d'Aragon l'entière cession du judicat d'Arborée. La domination aragonaise fut alors généralement reconnue dans l'île; mais déjà tout vestige de prospérité avait disparu sous le piétinement des hommes d'armes.

Au commencement du quinzième siècle, l'alliance de l'Aragon et de la Castille ayant constitué la monarchie espagnole, la Sardaigne se trouva incorporée à cette dernière puissance. Elle fut livrée alors à l'insouciante administration d'un vice-roi, et partagea cette langueur commune à tous les États du vaste empire dont elle faisait partie. Les troubles intérieurs s'étaient apaisés, la guerre étrangère n'approchait plus de ses bords, mais le sol appauvri restait en friche; des institutions, des idées nouvelles, changeaient la face du monde sans qu'elle en soupçonnât rien. L'Espagne se dressait entre elle et le soleil. En 1708, la guerre de la Succession fit passer la Sardaigne sous la domination de la maison d'Autriche; quelques années plus tard, les Bourbons d'Espagne la ressaisirent par un audacieux coup de main de leur ministre Alberoni. Ils durent bientôt la restituer, pour se conformer aux injonctions de la conférence de Londres, qui la destinait au duc de Savoie en échange de la Sicile, acquise par ce prince à la paix d'Utrecht.

En 1720, Victor-Amédée reçut la Sardaigne des mains de l'Espagne, telle qu'elle avait été transmise à cette puis-

sance par les rois d'Aragon. C'était une province du quatorzième siècle qu'on ajoutait à ses États : les institutions,
les coutumes, les croyances, y dataient encore de la retraite des Pisans. En se soumettant aux prescriptions du
traité de Londres, le duc de Savoie n'accepta qu'avec répugnance la compensation qui lui était offerte en échange
de la Sicile : il faisait peu de cas d'un excellent poste maritime, et eût préféré s'agrandir du côté du Milanais. Résigné néanmoins à prendre possession de la Sardaigne, il
trouva bon d'y installer un vice-roi, comme avait fait la
cour de Madrid, et confirma négligemment les lois et l'ad
ministration qu'il trouva établies. De leur côté, les insulaires passèrent sans émotion sous un nouveau sceptre, et
s'aperçurent à peine d'un événement qui semblait n'avoir
amené qu'un changement de vice-roi.

Il y avait bien cependant quelque portée et quelque avenir
dans cet événement. La Sardaigne, sous la domination de
l'Espagne, n'était qu'une province : elle devenait un royaume
par le traité de Londres. Son rôle politique grandissait à cet
échange, car la Savoie en devait faire plus de compte que la
vaste monarchie espagnole. D'ailleurs, le titre de rois de
Sardaigne, que les descendants de Bérold de Saxe et de
Witikind le Grand recevaient avec l'investiture de cette île,
prouvait qu'on cessait de regarder l'ancienne province
aragonaise comme une de ces annexes vagues dont la
diplomatie dispose à son gré pour régler sa balance : en attachant à la possession de la Sardaigne la dignité royale, on
faisait du vieux fief un domaine inaliénable. C'était un majorat
que l'Europe constituait en faveur de la maison de Savoie.

A l'indolent Victor-Amédée succéda, en 1730, Charles-Emmanuel. Celui-ci eut le rare bonheur d'avoir pour premier ministre un homme vraiment supérieur, le comte Bogino, et le bonheur non moins rare d'accorder à un tel conseiller une confiance absolue. Éclairé sur l'importance de l'acquisition faite par sa famille, le nouveau roi s'en occupa avec une prédilection marquée.

Les nombreux priviléges accordés par les rois d'Aragon avaient créé de grandes inégalités dans la répartition des charges, et cet état de choses réclamait assurément une réforme; mais il avait reçu la sanction du temps, il était accepté sans murmure, et tant de choses étaient à faire en Sardaigne, que l'activité bienfaisante du souverain pouvait trouver à s'exercer d'une manière efficace sans entrer prématurément dans la voie orageuse des réformes politiques. Ce qui importait avant tout, c'était d'encourager l'agriculture, de rétablir l'ordre dans l'île, et d'attacher les Sardes à la maison de Savoie. Un ensemble de mesures parfaitement concertées préparèrent ce triple résultat. L'administration, active et vigoureuse, délivra le royaume des troupes de bandits qui l'infestaient; la poste aux lettres fut établie; des archives fondées pour servir de dépôt à tous les actes et contrats des particuliers donnèrent aux transactions une régularité et une sanction qui leur manquaient. Sous le nom de *monts de secours,* on institua une banque agricole dont j'exposerai plus bas l'ingénieux mécanisme.

Chaque année de ce règne réparateur fut signalée par une institution utile ou un bienfait. En 1744, une jeune noblesse, avide de se signaler, accueillit avec enthousiasme la levée d'un régiment sarde. De toutes les inspirations du souverain, ce fut la plus efficace, parce qu'elle intéressait la vanité nationale.

Il est à remarquer que Charles-Emmanuel, désireux de conquérir à sa dynastie l'affection des Sardes, s'efforça toujours de ménager ce sentiment ombrageux qui leur faisait voir d'un œil inquiet l'introduction des étrangers dans l'île. Il eut soin de réserver aux insulaires une juste part dans la distribution des emplois, et ne négligea rien pour calmer une animosité qui devait être plus tard la cause et l'origine des troubles les plus graves.

Quand ce prince mourut, en 1775, la population de l'île s'élevait à quatre cent vingt-six mille âmes; quatre ans après, elle était tombée à trois cent quatre-vingt-douze mille. C'est qu'en effet la mort du roi et la retraite de son ministre, le comte Bogino, suspendirent bientôt le cours des améliorations. Ce qui froissa le plus les Sardes dans l'administration qui succéda au gouvernement sage et bienveillant de Charles-Emmanuel, ce fut l'invasion des Piémontais dans l'île, où ils vinrent occuper la plupart des fonctions lucratives. Une gestion imprudente autant qu'inhabile remplaça la sage économie du dernier roi. La prodigalité du gouvernement fut telle que, dans l'impuissance d'arrêter l'accroissement du déficit au moyen des sommes produites par la vente des biens des Jésuites, par la création d'un papier-monnaie, et autres ressources également précaires, Victor-Amédée III entama, dit-on, des négociations avec l'impératrice de Russie pour la cession de la

13

Sardaigne ; mais ce plan fut déjoué par la vigilance des cabinets français et espagnol.

Tel était l'état des choses quand la Révolution française éclata. En 1792, la République déclara la guerre au roi de Sardaigne. Nos généraux venaient d'achever la conquête du comté de Nice et de la Savoie, et Victor-Amédée soutenait avec peine une guerre malheureuse pour sauver le Piémont, lorsqu'il fut instruit que la Sardaigne était menacée. Impuissant à la secourir, il dut laisser aux Sardes le soin de leur propre défense. Les forts n'étaient point armés ; il n'y avait dans l'île que trois bataillons de troupes régulières et une compagnie d'artillerie, distribuée dans les places fortes. Abandonnée à elle-même, la Sardaigne crut son honneur engagé à repousser l'ennemi : l'élan national remplaça avantageusement la direction plus méthodique que l'autorité aurait pu apporter aux préparatifs de défense. Les états généraux, assemblés spontanément, votèrent la levée de quatre mille volontaires d'infanterie et de six mille cavaliers. Des prières et des processions publiques exaltèrent la population, à laquelle on persuada qu'elle allait combattre pour sa religion et sa nationalité.

Le 21 décembre 1792, la flotte française, commandée par l'amiral Truguet, parut à l'entrée de la baie de Cagliari. Repoussée du golfe par un violent coup de vent, elle se réfugia dans la baie de Palmas. Ce point était le rendez-vous de l'armée navale et de l'armée de terre. L'armée navale y étant arrivée la première, l'amiral fit occuper les îles de Saint-Pierre et de Saint-Antioche. Nos

marins, accueillis avec joie par la petite population de
Saint-Pierre, toute distincte du peuple sarde et entièrement étrangère à ses préjugés aussi bien qu'à son genre
d'enthousiasme, plantèrent dans ces îles l'arbre de la
liberté. De là ils lancèrent dans l'île principale des
adresses et des proclamations de ce style que les clubs
avaient mis à la mode ; mais, en présence d'une population étrangère à toutes les idées qui agitaient alors l'Europe, la propagande révolutionnaire resta sans effet.

Le 23 janvier, l'escadre qui s'était ainsi annoncée
mouilla en vue de Cagliari, hors de la portée du canon
des forts. L'amiral détacha aussitôt vers la darse un canot
parlementaire chargé d'offrir au peuple paix, liberté et
fraternité (ce sont les termes de son rapport). Ses intentions furent si mal comprises ou si peu appréciées, que
les volontaires placés sur le môle accueillirent cette
embarcation par une décharge de mousqueterie qui tua
plusieurs hommes. Après une pareille réception, il fallait
renoncer à l'espoir de convertir les Sardes : il ne restait
plus qu'à les châtier. La flotte républicaine s'embossa
devant Cagliari, et entama un bombardement qui dura
vingt-quatre heures. Les batteries de la ville répondirent
vigoureusement. L'amiral, voyant le peu de dommage
causé par le feu mal dirigé de son artillerie, résolut d'attendre l'arrivée du convoi chargé de quatre mille cinq
cents volontaires nationaux qui étaient partis de Ville-
franche au commencement de janvier. Un mois après, ce
convoi rejoignit l'escadre. Un débarquement fut résolu.
L'angle sud-est des fortifications, étant le côté faible de la

place, indiquait naturellement le point d'attaque. De concert avec le commandant des troupes de terre, l'amiral
Truguet pouvait disposer d'environ six mille hommes. Il
jugea qu'il était facile de s'emparer, avec une pareille
force, du mont Saint-Élie et des collines de Bonaria : des
canons et des mortiers établis sur ces hauteurs auraient
bientôt éteint le feu des bastions et celui des batteries de
la marine. On aurait eu en outre l'avantage de commander
de cette position les villages voisins, desquels on eût exigé
toutes les provisions nécessaires à l'armée. C'était à peu
près ainsi qu'avaient procédé les Espagnols en 1717,
quand ils se logèrent près de l'église de San-Lucifero,
assise au pied de la colline de Bonaria. Pour enlever le
mont Saint-Élie, on devait débarquer sur la plage de la
baie de Quartù quatre mille quatre cents hommes, tirés
des régiments de ligne et des corps de volontaires, et,
tandis que cette troupe aurait marché à l'est, un autre
détachement devait faire une descente vers l'ouest, sous
la protection d'un vaisseau chargé de détruire un petit
fort incapable d'une longue résistance. Un autre vaisseau
foudroierait une caserne établie au nord, et balayerait le
chemin de communication de la ville avec les hauteurs.

Le temps paraissant favorable, l'amiral prit position
dans la baie de Quartù, à l'est du cap Saint-Élie. Trois
frégates furent placées extrêmement près de la côte, pour
la dégager et soutenir le débarquement. En effet, la cavalerie sarde qui s'y rassembla fut aussitôt mise en déroute
par l'artillerie républicaine. Le contre-amiral Latouche-
Tréville venait de rallier l'amiral Truguet avec le vaisseau

l'Entreprenant. Une circonstance heureuse réunissait ainsi, au moment d'agir, les deux officiers généraux les plus distingués que possédât la marine française à cette époque. Le 14 février, les troupes débarquèrent sans éprouver de résistance sur la plage de Quartù, et s'y retranchèrent en attendant qu'on eût complété les préparatifs du siége. Seize pièces d'artillerie étaient rangées devant le camp : les frégates, embossées à portée de mitraille, menaçaient la côte. La position paraissait donc formidable ; mais la saison dans laquelle on se trouvait exigeait qu'on précipitât l'entreprise. Il eût été imprudent de laisser une partie de l'escadre exposée aux chances d'un coup de vent dans la baie ouverte où elle s'était aventurée.

Dès les premières lueurs du jour choisi pour l'attaque générale, le feu commença de toutes parts. L'armée débarquée se mit en marche à huit heures du matin, au bruit d'une imposante canonnade. Elle suivit la plage, escortée des chaloupes de l'escadre, qui se tenaient prêtes à la soutenir, et s'arrêta au pied du mont Saint-Élie. Les abords de ce morne sont très-difficiles : c'est une table calcaire aux flancs abrupts dont le sommet n'est accessible que par une pente rapide et ravinée. On pensait dans l'escadre que l'assaut serait donné à la position avant la fin du jour ; malheureusement il fut différé par les officiers de terre, sans que l'amiral pût obtenir l'explication de ce retard. A la nuit, une vive fusillade s'engagea. Après quelques heures de la plus vive anxiété, l'escadre apprit que les assaillants étaient en déroute, et que, poursuivis jusqu'au rivage, ils demandaient à grands cris à se rembarquer. Le ciel était devenu menaçant, le vent du sud-est commençait à gronder. Cependant l'amiral ne pouvait abandonner l'armée confiée à sa protection; il se voyait forcé d'attendre sur une rade sans abri, où le fond est d'une mauvaise tenue, un vent qui dans cette saison est toujours d'une violence effrayante. Déjà la mer était trop forte pour qu'il fût possible d'opérer le rembarquement des troupes : tout ce que pouvait faire l'amiral, c'était de diriger sur le camp des vivres et des munitions; mais nos soldats démoralisés ne voulaient plus combattre ; ils menaçaient de tirer sur les chaloupes qui leur apportaient de nouveaux moyens de défense, et ne demandaient qu'à se rembarquer. On sait quelle était l'indiscipline de ces premières troupes républicaines. Rassemblés à la hâte, sans cesse émus par les bruits de trahison qui circulaient dans leurs rangs, ces bataillons pleins d'ardeur étaient souvent paralysés par une vague défiance, et ils se débandaient tout à coup sous l'impression des plus étranges terreurs.

Les vents et la mer ne cessant d'augmenter, l'escadre se trouva elle-même dans le plus grand péril. Les frégates mouillées très-près de la côte avaient été obligées de couper leur mâture; presque toutes les chaloupes étaient perdues; les équipages de deux navires de transport, jetés à la côte, furent fusillés par les paysans sans que les troupes fissent aucun effort pour les secourir. Un dernier coup de vent venait de décider aussi la perte du *Léopard,* vaisseau de quatre-vingts canons, qui, pendant l'action, s'était échoué dans la baie de Cagliari en voulant serrer l'ennemi de trop près. Lorsqu'enfin le temps permit aux vaisseaux mouillés dans la rade de Cagliari d'appareiller pour venir aider l'escadre compromise dans la baie de Quartù, il devint possible d'opérer le rembarquement. L'amiral n'eut pas même la consolation de conserver à la France les îles de Saint-Pierre et de Saint-Antioche, où il avait arboré le drapeau tricolore : la faible garnison qu'il y laissa ne put s'y maintenir que pendant trois mois. Les républicains n'avaient pas été plus heureux au nord de la Sardaigne que devant Cagliari. Dans une attaque à laquelle prit part le jeune Napoléon Bonaparte, nos troupes furent contraintes de se retirer en abandonnant une partie de leur artillerie.

Ainsi se termina cette malheureuse expédition. Les dispositions prises par l'amiral Truguet étaient, on ne peut le nier, habiles et vigoureuses. Une terreur panique, facile à comprendre dans une attaque de nuit exécutée avec des troupes dont une partie marchait au feu pour la première fois, frustra seule nos généraux d'un succès qu'ils avaient mérité. Une chose inexplicable, c'est le peu d'effet de la première canonnade dirigée contre la ville ; mais on était loin, en 1793, d'avoir atteint dans le tir du canon cette précision qui permit à trois frégates de réduire en quelques heures les batteries formidables de Saint-Jean d'Ulloa. Avec une artillerie aussi sûre et d'un effet aussi terrible, il est probable qu'on aurait pu se dispenser d'opérer un débarquement. Bâtie en amphithéâtre, mal défendue par des bastions peu redoutables, Cagliari n'eut pas été en mesure de résister à la canonnade qu'elle essuya pendant vingt-quatre heures avec tant d'impunité.

Les Sardes, livrés à leurs propres forces, s'étaient bravement défendus : la maison de Savoie leur devait la conservation de la Sardaigne. La retraite des Français porta jusqu'à
l'ivresse l'orgueil national ; mais la lutte laissa après elle
une sorte d'excitation fiévreuse qui ne pouvait se calmer
instantanément. Les sentiments qu'on venait d'exalter pour
les opposer à l'invasion se manifestèrent avec énergie au
sein des états généraux que le roi avait solennellement
consultés, comme pour témoigner sa gratitude à une population héroïque. Envoyés vers Victor-Amédée pour émettre
un avis sur les réformes désirables, les députés des états
réclamèrent particulièrement la nomination des nationaux
aux emplois publics, l'établissement d'un conseil auprès
du vice-roi et celui d'une commission sarde résidant à
Turin. Ces prétentions étaient modérées ; vu les circonstances, elles n'offraient rien que de loyal et de légitime ;
mais le cabinet de Turin, qui avait cédé à un généreux
entraînement dans l'ivresse d'un succès inespéré, s'était
déjà ravisé quand les représentants débarquèrent à Livourne. Par un aveuglement inconcevable, on traita sans
égards, sans ménagements, une population encore enivrée
de sa victoire. Des démonstrations de force inutiles, un
défi maladroit jeté à l'opinion publique, déterminèrent
l'explosion, et un jour le peuple provoqué réalisa de lui-
même plus qu'il n'avait réclamé. Il expulsa le vice-roi et
les employés piémontais, dont la tutelle blessait la suscep-
tibilité nationale : quelques évêques seulement furent
exceptés de la proscription.

Au fond, cette rébellion n'affectait pas un caractère alarmant pour la maison régnante. Les états généraux s'étaient empressés de se justifier auprès de la cour, et un nouveau vice-roi avait été reçu avec un remarquable enthousiasme. Quelques atteintes portées aux prérogatives des états ranimèrent le feu mal éteint ; cette fois l'insurrection fut sanglante. Le commandant de la force armée et l'intendant général périrent victimes de l'exaspération populaire. Effrayés de ces excès qu'ils étaient impuissants à réprimer, les états généraux ne songèrent plus qu'à faire cesser une anarchie dont les conséquences étaient incalculables. Ils envoyèrent à Rome l'archevêque de Cagliari, pour invoquer la médiation du Saint-Père auprès de leur souverain. Le peuple sarde avait atteint son but par l'expulsion des étrangers ; il se sentait maintenant aussi honteux de ses emportements qu'embarrassé de son triomphe. Il n'existait aucun levain révolutionnaire en Sardaigne : la liberté irréligieuse de la République française n'inspirait qu'horreur et mépris à des âmes entièrement dominées par le clergé. La foule n'imaginait pas même qu'elle pût améliorer sa condition matérielle. Une circonstance fortuite faillit la mettre sur la voie.

La Sardaigne, comme je l'ai déjà dit, est divisée en deux caps depuis la domination aragonaise : le cap supérieur, dont le chef-lieu est Sassari, et le cap inférieur, qui a pour ville principale Cagliari, la capitale de l'île. L'antagonisme que la politique des conquérants aragonais parvint à établir ainsi entre la Sardaigne méridionale et la Sardaigne septentrionale a créé entre les habitants des deux caps une sorte d'antipathie qui tend heureusement à s'affaiblir chaque jour, mais qui était encore flagrante il y a un demi-siècle. D'ailleurs, la physionomie de ces deux parties de l'île offre quelque chose de tranché qui les distingue, comme si deux races et deux climats s'étaient partagé la Sardaigne. Dans le cap de Sassari, la végétation semble plus active : la campagne, plus riante, est moins brûlée par le soleil; les habitants, moins bruns que ceux du cap de Cagliari, sont généralement plus grands, plus vifs, plus intelligents, mais en même temps plus vindicatifs et plus turbulents que ces derniers. C'est au nord-est, dans la Gallura, que se sont toujours rencontrés les plus audacieux bandits. En comparant le *Campidano* jaune et desséché de Cagliari avec les campagnes verdoyantes de Sassari, et les pâtres de Tempio, au teint vif et clair, avec les paysans cuivrés et trapus du cap inférieur, on ne peut s'empêcher de reconnaître que dans cette île, libyenne jusqu'à mi-corps, le cap septentrional appartient davantage à l'Europe, le cap méridional à l'Afrique.

Sassari, dont la population est d'environ vingt-deux mille âmes, située à un peu plus de neuf milles de Porto-Torrès, dont elle accueillit les habitants quand les incursions des Sarrasins et des Lombards les obligèrent à abandonner le rivage de la mer et à se retirer dans l'intérieur; Sassari, ancienne république, héritière du siége archiépiscopal et de la primatie de San-Gavino, est restée comme au quinzième siècle la rivale jalouse de la métropole. Or, pendant que l'insurrection triomphait dans le sud de la Sardaigne, un bruit avidement recueilli courut à Sassari. On y racontait que la capitale insurgée venait d'inviter le gouvernement français à envoyer une escadre pour s'emparer de l'île, dont on était prêt à lui faciliter la conquête. A cette nouvelle, Sassari déclare la ville et le cap supérieur dégagés de la dépendance du vice-roi, et proclame ouvertement l'intention d'ériger une cour souveraine munie d'une juridiction absolue sur les districts septentrionaux. Les feudataires du cap supérieur se mettent à la tête de ce mouvement; mais, dans leur impatience de rassembler les moyens de soutenir une lutte probable, ils augmentent brusquement les taxes et exaspèrent, à force de vexations, le peuple sur lequel ils devraient s'appuyer.

Le cap de Sassari renferme plusieurs villages opulents, habités par des pâtres enrichis du produit de leurs troupeaux; ces villages étaient, pour la plupart, des fiefs étrangers aux priviléges des communes, quoique fort importants par leurs revenus et leur population. Poussés à bout par les exigences de la noblesse, excités d'ailleurs par la nouvelle de l'insurrection victorieuse de Cagliari, les villageois se soulèvent et prennent les armes. Cette fois l'insurrection a un but : c'est la cause des campagnes contre les villes, des paysans contre les seigneurs, qu'elle se prépare à soutenir. Sassari est prise; quarante villages se liguent par un acte public, dans lequel ils déclarent qu'ils sont résolus à ne plus reconnaître aucun feudataire, mais qu'ils consentent à traiter du rachat des droits féodaux à des conditions équitables.

Une grande partie de la bourgeoisie et même de la petite noblesse, sollicitée par les intrigues de deux agents français qui se trouvaient à Gênes en ce moment, cédait déjà à l'entraînement des idées révolutionnaires. L'agitation, en se propageant, allait prendre un caractère de libéralisme inquiétant pour la maison de Savoie, quand l'annonce d'un armistice conclu entre l'armée de la République et celle du roi de Sardaigne parvint dans l'île. La mission de l'archevêque de Cagliari à Rome avait aussi été couronnée d'un plein succès : le cabinet de Turin, éclairé par ses imprudences, accédait aux demandes des états. Après ces événements, il restait peu de prétextes à la rébellion. La foule ameutée se dispersa; les chefs du mouvement se réfugièrent en France ou en Italie, et cette tentative prématurée n'eut pas d'autre suite.

Sur ces entrefaites, Victor-Amédée III mourut. A peine installé, son successeur, Charles-Emmanuel IV, se vit réduit à déserter ses États du continent, envahis par la République française. La Sardaigne lui était laissée comme par grâce, sur la promesse d'y maintenir une stricte neutralité. De Livourne, où les députés sardes vinrent lui renouveler l'assurance de leur entier dévouement, il s'embarqua à bord d'une frégate anglaise, et arriva à Cagliari le 3 mars 1799. Il y fut accueilli avec un enthousiasme impossible à décrire. Le roi de Sardaigne oublia bientôt les promesses de neutralité que la nécessité lui avait arrachées; sa partialité en faveur de l'Angleterre était d'ailleurs plus que justifiée par le rôle que jouait cette puissance dans la Méditerranée. Les flottes anglaises étaient toujours prêtes à recueillir, à protéger les débris de toutes les majestés frappées par la foudre républicaine. Il est vrai qu'en retour de ce protectorat, l'Angleterre trouva

dans les ports de la Sardaigne et de la Sicile des points
d'appui et de ravitaillement pour ses croisières, qui, de
Syracuse, de Palerme, des îles de la Madeleine, de
Cagliari, ne cessèrent d'observer à la fois toute l'étendue
de la Méditerranée.

Charles-Emmanuel conservait la légitime ambition de
reconquérir ses États de terre ferme; il se laissa attirer
sur le continent par des espérances que la victoire de
Marengo ne tarda pas à renverser. Accablé par ce revers,
frappé plus douloureusement encore par la mort de sa
femme, sœur de Louis XVIII, il se décida à abdiquer en
faveur de son frère, le duc d'Aoste, qui se fit reconnaître
sous le nom de Victor-Emmanuel. Soit dédain, soit insouciance, ce nouveau monarque partagea entre ses deux
frères l'administration de la Sardaigne. Pour lui, il ne
voulut rentrer dans l'île qu'en 1806, après que l'Italie
tout entière eut été conquise par nos armes. Pendant son
absence, des rigueurs peut-être nécessaires avaient forcé
un grand nombre de Sardes à s'expatrier. Réfugiés pour la
plupart en Corse ou dans les départements du midi de la
France, ils pressaient le gouvernement impérial d'opérer
un débarquement dans le nord de la Sardaigne pour enlever Sassari et Alghero, et marcher de là sur Cagliari, en
ralliant sur la route tous les mécontents, dont ils promet-
taient le concours. La religion, les coutumes, devaient
être respectées; le système féodal serait seul aboli, après
que l'île, occupée par une garnison française, aurait été
divisée en quatre départements. L'arrivée du roi en Sardaigne fit évanouir tous ces plans d'invasion, car le peuple

sarde, incorrigible dans ses espérances et son enthousiasme, trouva, pour accueillir ce prince, de nouveaux
transports de joie et d'allégresse. Bientôt cependant il put
s'apercevoir que le roi n'était pas venu seul, que les Piémontais recommençaient à accaparer les fonctions publiques, et qu'enfin c'était un fardeau bien lourd pour les
finances d'une île pauvre et sans commerce qu'une cour
peu économe malgré sa détresse. Le roi, qui avait le goût
des armes, prétendait entretenir une armée régulière. Dès
son arrivée, il ordonna la formation de six régiments de
cavalerie et de quinze régiments provinciaux d'infanterie.
Les dépenses faites à cette occasion nécessitèrent une
augmentation d'impôts. En accordant au prince le mérite
des bonnes intentions, on reconnut qu'il manquait d'énergie et de vigilance ; on le rendit responsable des embarras
financiers qui neutralisaient tous les plans de réforme.

En 1814, les vicissitudes de la guerre permirent enfin à
Victor-Emmanuel de rentrer dans le Piémont. La plupart
des Piémontais, en se retirant à sa suite, laissèrent un
grand nombre d'emplois à la disposition des officiers
nationaux. Le duc de Genevois, frère du roi, appelé à la
vice-royauté de la Sardaigne, apporta un zèle affectueux
dans l'exercice de la puissance souveraine. Lorsqu'en
1821 l'abdication de Victor-Emmanuel eut conduit le duc lui-
même au trône, sous le nom de Charles-Félix, le peuple
sarde éprouva plus directement encore les effets de sa sollicitude. La plus importante des améliorations dont on lui
fut redevable est l'établissement de la grande route centrale qui mit en communication journalière les deux caps,

jusqu'alors étrangers l'un à l'autre, et maintenus par cela même dans un état de rivalité haineuse.

A la mort de Charles-Félix, en 1831, la couronne passa à la branche de Savoie-Carignan dans la personne du roi Charles-Albert. « Le règne de ce prince, écrivions-nous en 1842, a été signalé par la réforme la plus importante qui eût été tentée depuis l'avénement de la maison de Savoie : l'abolition de la féodalité. Cette réforme, ou, pour mieux dire, cette révolution fondamentale, a facilité beaucoup d'améliorations de détail. Le droit d'asile, accordé autrefois aux églises, a été révoqué ; les bandits n'ont plus de refuges que dans les montagnes du centre ; l'usage des armes à feu a été prohibé, bien que les montagnards et tous ceux qui ont quelque ennemi à craindre n'en aient pas moins gardé leurs redoutables carabines. De toutes les institutions vieillies, la représentation nationale confiée aux trois ordres, la dîme ecclésiastique et les corporations sont les seules qui subsistent. Le roi Charles-Albert connaît toute l'importance de la Sardaigne ; ses visites dans l'île ont été fréquentes, sa sympathie pour cette partie de ses États est hors de doute. Eh bien, même sous un prince éclairé et bienveillant, la Sardaigne n'échappe pas à la loi fatale qui la condamne à être sacrifiée. C'est que la position des princes de la maison de Savoie exige une grande circonspection. Les États réunis sous leur couronne ont des intérêts rivaux, opposés, prompts à s'alarmer, et d'une âpreté inquiète qui ne transige point. Gênes et le Piémont ont une importance prédominante, tandis que la Sardaigne n'a pas même place dans les conseils de la couronne. Le Piémont, c'est l'armée ; Gênes, c'est le commerce : l'un donne la force, l'autre la richesse. Le Piémont a deux millions six cent mille habitants ; la Sardaigne, avec ses cinq cent quinze mille âmes, est moins peuplée que la pauvre Savoie. Les revenus des divers États sardes dépassent soixante millions ; celui de la province maritime n'atteint pas trois millions et demi. Ces chiffres en disent assez. Il est évident que les princes qui se parent du titre de rois de Sardaigne sont, avant tout et forcément, les rois du Piémont. La Sardaigne n'est qu'une colonie, qu'une province d'outre-mer qui ne doit en rien gêner la métropole, et les inspirations de la bienveillance royale en faveur de cette possession secondaire ne sauraient être écoutées que lorsqu'elles n'alarment aucun des États continentaux. En sera-t-il toujours ainsi ? La régénération, la prospérité de la Sardaigne sont-elles inconciliables avec les intérêts jaloux des autres provinces ? Avant d'essayer de répondre à cette question, il faut mesurer l'importance des dernières réformes ; il faut constater l'état politique du pays, et, pour ainsi dire, interroger le présent sur les secrets de l'avenir. »

L'énigme est devenue plus complexe que je le supposais il y a quarante ans : ce n'est pas aujourd'hui avec le Piémont seul que la Sardaigne est appelée à compter ; c'est avec la péninsule tout entière. L'Italie est-elle une bonne mère ? Fait-elle preuve d'une tendresse égale et d'une impartiale sollicitude pour tous ses enfants ? Montre-t-elle pour l'île déshéritée des sentiments meilleurs que ceux de la monarchie piémontaise ? Que les Sardes — *Sardi mas-*

trucati — se chargent de répondre. Je ne suis plus d'âge à recommencer une campagne hydrographique, et peut-être, après tout, ne nous plairait-il pas qu'un Italien prît sur lui d'exposer à cette heure les griefs et les doléances de la Corse ; observons donc ici le précepte de l'Évangile : Ne faisons point à autrui ce que nous ne voudrions pas qu'on nous fît à nous-mêmes.

CHAPITRE V

CONSTITUTION POLITIQUE ET SOCIALE DE LA SARDAIGNE.

J'ai déjà exposé comment plus de trois siècles s'étaient écoulés sans amener aucun changement considérable dans le régime social de la Sardaigne. A part quelques mouvements sans portée, les institutions et les coutumes introduites par la domination aragonaise avaient été aussi religieusement respectées par l'ignorance des habitants que par l'indifférence des souverains. La féodalité existait encore dans l'île, telle qu'elle y avait été réglée par la dernière conquête, avec la juridiction baronniale, civile et criminelle, les corvées pour le labourage gratuit et le transport des grains, avec un grand nombre de prestations en nature ou en numéraire qui survivaient à l'aliénation des terres. Cette féodalité (il ne faut pas exagérer la valeur du mot) ne consacrait point le servage proprement dit du paysan ; mais par un fermage mal réglé, onéreux, humiliant dans ses conditions, elle le plaçait dans une dépendance absolue du feudataire, et exerçait par cela même la plus funeste influence sur les progrès de l'agriculture. Le paysan sarde n'était point attaché à la glèbe : il naissait libre et pouvait à son gré changer de résidence ; cependant par son séjour sur des terres féodales, il se trouvait soumis, dès l'âge de dix-huit ans, à divers droits seigneuriaux, qui variaient suivant les localités et la teneur des investitures. Récemment encore, il y avait dans l'île trois cent soixante-seize fiefs, avec les titres de principautés, duchés, marquisats, comtés et baronnies. Cent quatre-vingt-huit appartenaient au roi de Sardaigne et aux seigneurs sardes ; un égal nombre était en posses- sion de cinq ou six seigneurs espagnols. Le marquis de Quirra en possédait soixante-seize, le marquis de Villasor trente-trois, et le duc de Mandas cinquante-cinq.

Les possesseurs de ces fiefs exerçaient sur leurs vassaux une juridiction de fait. Un droit assez modique, payé en blé ou en orge, servait à l'entretien de la prison baronniale et du geôlier. Les seigneurs espagnols habitant tous la Péninsule, à l'exception du duc de Soto-Mayor, se faisaient représenter dans l'île par deux agents dont, l'un, nommé *podataire,* était chargé de l'administration du fief ; l'autre, le *regidor,* de celle de la justice. La terreur causée par le climat éloignait également de leurs domaines la plupart des seigneurs sardes. Ceux d'entre eux qui ne résidaient pas dans les États du continent cherchaient, pendant la plus grande partie de l'année, un refuge contre la terrible

intempérie dans les villes épargnées par le fléau ; ils
vivaient renfermés, quand les travaux du labourage, des
moissons ou des vendanges eussent réclamé leur présence
sur leurs terres.

Une très-faible partie du sol était la propriété de ceux
qui le cultivaient. Par le maintien du système féodal, les
feudataires avaient conservé, sur la plupart des terrains
dont la jouissance appartenait aux particuliers et aux
communes, un droit de redevance qui leur en assurait la
propriété directe : d'autres terres étaient allouées à des
particuliers par les communes sous des conditions à peu
près semblables ; enfin les domaines dont les seigneurs
n'avaient point aliéné l'usufruit étaient, comme en Espagne,
administrés par des agents subalternes, sur lesquels les
barons se reposaient du soin de mettre en culture de
vastes terrains qu'ils ne connaissaient bien souvent que
par les revenus qu'ils en retiraient. Quelques-uns de ces
grands propriétaires daignaient, il est vrai, visiter leurs
domaines pendant les mois d'avril ou de mai ; mais ces
courtes apparitions étaient bien insuffisantes pour vaincre
l'inertie des paysans, opposés par instinct aux améliorations ; car un des traits caractéristiques du paysan sarde
est d'avoir en horreur tout ce qui tend à troubler ses habitudes routinières. Une satisfaction intime, un naïf orgueil
qui sont en lui repoussent l'idée de tout perfectionnement.

Un changement dans l'état de la propriété était d'autant
plus désirable, que le fardeau commençait à peser aux
privilégiés aussi bien qu'aux paysans. Les hauts barons,
qui apparaissaient à peine une fois l'an sur leurs terres,

étaient naturellement fort indifférents à l'exercice de leurs droits féodaux. L'administration de la justice leur semblait onéreuse, et, quand ils le pouvaient, ils préféraient l'impunité d'un délit qui les touchait peu aux charges de la répression. Aussi la justice baronniale laissait-elle beaucoup à désirer. Quant aux prestations de tout genre attachées au droit de suzeraineté, elles ne composaient aux feudataires qu'un revenu modique et incertain. Il y avait donc avantage pour tous à compenser les redevances féodales par une indemnité une fois payée.

Pour comprendre qu'une telle réforme ait pu être si longtemps différée, il faut se rappeler la fermentation qui travailla l'Europe pendant quinze ans, à la suite de notre grande crise révolutionnaire. Les souverains légitimes, menacés par un radicalisme impatient, vaguement inquiets de l'avenir, ne trouvant point d'appui dans l'opinion publique, se cramponnaient instinctivement aux ruines du passé. La révolution de 1830, et ce fut sa plus grande gloire, vint enfin justifier la liberté du reproche d'anarchie ; la plupart des gouvernements absolus comprirent, par notre exemple, qu'il vaut mieux diriger le progrès que s'épuiser en efforts pour arrêter son cours irrésistible.

En 1836, rassuré sur l'état politique de l'Europe, et voyant la tranquillité rétablie dans le Piémont comme dans le reste de l'Italie, le roi Charles-Albert jugea l'heure propice pour entreprendre la réforme du système féodal. Un premier décret ordonna la réunion à la juridiction royale de toute juridiction féodale ; un second abolit les corvées et le transport des grains. D'autres décrets, se succédant rapidement, prescrivirent aux seigneurs de déclarer leur revenu annuel pour chaque commune, créèrent une commission pour le rachat des divers droits féodaux, et instituèrent enfin un conseil d'appel, siégeant à Turin, pour décider en dernier ressort sur l'estimation des prestations féodales, dont les décrets royaux ordonnaient l'abolition moyennant un juste dédommagement.

La compensation établie en faveur des seigneurs sardes fut une indemnité immédiate soit en biens-fonds, soit en numéraire ou une inscription de rente sur l'État. A cet effet, un décret établit une nouvelle rente de 250,000 livres sardes, et une allocation annuelle fut consacrée à l'amortissement de cette dette. La plupart des feudataires se trouvèrent ainsi en possession d'un revenu liquide et assuré, à la place d'un revenu incertain. Les communes, au contraire, passèrent brusquement des mains de leurs seigneurs aux mains du fisc : au lieu de payer l'impôt en nature, il fallut le payer en numéraire, dans un pays privé de débouchés et de capitaux. L'indulgence introduite, à la longue, dans la perception d'un droit qui cherchait à se faire excuser, fit place aux exigences inflexibles de la cote foncière, et le mécontentement public, en accusant d'exagération l'estimation des redevances féodales, taxa de partialité en faveur des seigneurs le conseil d'appel siégeant à Turin. La réforme qui devait consacrer l'émancipation du paysan sarde et l'affranchissement de la terre qu'il cultivait, fut donc pour beaucoup de communes un embarras avant de devenir un bienfait.

Il y eut aussi des fiefs, tel que celui du marquis d'Arcaïs, qui furent rachetés et répartis entre les particuliers et les communes. Le roi avait l'espoir, en rendant l'État acquéreur d'une partie des terres que l'insouciance des seigneurs laissait en friche, de mettre bientôt en valeur un sol fertile qui n'attendait que la culture pour produire. Afin de hâter ce résultat, il fit appel à l'industrie un peu aventureuse des compagnies, auxquelles on offrit d'immenses terrains à défricher avec les chances des plus grands bénéfices. Toutefois, le cabinet de Turin, mis en méfiance par les événements de Naples, ne voulut traiter avec ces compagnies que par l'intermédiaire des sujets sardes, afin d'éviter des difficultés semblables à celles qu'éleva, en 1840, le gouvernement anglais dans l'affaire des soufres de la Sicile. Effrayées par cette clause, les compagnies ne se présentèrent que timidement et en petit nombre : celles qui entreprirent enfin des défrichements ou des desséchements de marais trouvèrent dans un climat mortel aux étrangers un obstacle qu'elles n'avaient pas prévu. Les capitaux s'éloignèrent, le découragement éclata, et je doute qu'on puisse citer beaucoup d'entreprises de ce genre qui aient eu un heureux succès, si ce n'est peut-être la tentative faite récemment par une société française pour l'exploitation des forêts de chênes de Scano et de San-Leonardo. Quelques milliers d'arbres abattus dans ces forêts et transportés à Toulon ont été reconnus éminemment propres aux constructions navales.

En résumé, disais-je en 1842, les réformes entreprises par le roi de Sardaigne ont été exécutées avec un grand esprit de suite et une vigueur qui font honneur au caractère de ce prince, mais elles n'ont point encore porté les fruits qu'on a droit d'en attendre ; elles ont même répandu un certain esprit de mécontentement dans le pays, mécontentement injuste et déraisonnable. Les innovations ont été décriées comme illusoires par les uns, comme périlleuses et inopportunes par les autres. Ceux qui attaquaient hier l'ancien ordre de choses le regrettent aujourd'hui, en lui attribuant des mérites inaperçus jusqu'à présent. Pareilles difficultés sont toujours à prévoir, quand on s'avance dans la voie des réformes : c'est la forêt sombre où pénétra Renaud ; dès qu'on lève la hache sur ces arbres séculaires qui épuisent le sol, mille fantômes surgissent pour les défendre. Heureux celui dont le cœur ne faiblit point en ce moment d'épreuve !

En résignant ses droits féodaux, la noblesse n'a rien perdu de ses prérogatives sociales. Une démarcation nettement tranchée la sépare encore du reste de la population. La caste nobiliaire se subdivise en trois catégories bien distinctes : les seigneurs ou feudataires héritiers des barons qui reçurent autrefois avec l'investiture féodale ce droit de juridiction qui vient d'être abrogé ; les personnes titrées sans fiefs ni juridiction, c'est-à-dire les chevaliers ou nobles auxquels est accordé le titre de *don*, classe nombreuse après laquelle vient la petite noblesse, les chevaliers d'épée, qui ne peuvent prendre le titre de *don*, et ne doivent placer la qualification de chevalier qu'après leur nom propre. Ces différentes classes de nobles comprennent environ seize cents familles, ou à peu près

six mille âmes. Plusieurs priviléges leur sont communs.
Un des plus précieux est celui qui les affranchit de toute
autre juridiction que celle du vice-roi et de l'*Audience
royale.* Si un noble est cité en justice, la loi lui accorde,
pour répondre à cette citation, un délai de vingt-six
jours; dans les causes criminelles, il ne peut être traduit
que devant ses pairs. Sept juges appartenant à la noblesse
composent le tribunal devant lequel il est appelé à com-
paraître, et, s'il est condamné à la peine capitale, il a encore
le privilége, à moins qu'il ne soit convaincu du crime de
haute trahison, d'avoir la tête tranchée, au lieu d'être
pendu comme le serait un vilain. Les nobles ont aussi le
droit d'être toujours armés; seuls ils sont admis aux fêtes
du vice-roi, seuls ils peuvent ôter leurs masques dans les
bals publics du carnaval, car il n'est permis à un roturier
de se découvrir le visage dans ces réunions qu'à la conditions de porter au bras un petit ruban appelé *maschera di
ballo,* qui le fasse reconnaître. Ce stigmate ne rappelle-t-il
pas le morceau de drap noir que tout raya payant le
karatch doit, en Turquie, porter à sa coiffure? J'ai hâte
d'ajouter que la haute noblesse, en général, est trop éclairée aujourd'hui, trop véritablement distinguée, pour prêter
de l'importance à ces impertinentes distinctions.

Au surplus, le privilége doit être moins blessant en Sardaigne que partout ailleurs, car, loin d'être l'attribut caractéristique d'une minorité, il se retrouve partout. Il est des
priviléges individuels; il en est d'attachés à une classe
tout entière; il en est qui appartiennent à certaines fonctions, à certaines corporations, à certaines villes, à cer-

tains cantons. Chacune des dix villes de la Sardaigne a ses immunités particulières. La ville de Cagliari, entre autres, a le droit de se fournir gratuitement de bois de charpente ou de bois à brûler dans les domaines de la couronne; le sel nécessaire à chaque famille doit être aussi apporté, aux frais de l'État, à la porte de chaque maison. Un autre privilége autorisait le conseil municipal de cette ville à prélever sur les récoltes des grands fiefs situés dans un rayon de quarante milles une quantité de grains déterminée pour la consommation du peuple; il est probable que ce droit a été converti ou abrogé depuis l'abolition des fiefs.

Quand le système féodal n'avait encore souffert aucune atteinte, le vice-roi qui gouvernait l'île exerçait pleinement la délégation du pouvoir royal. Les revenus même qui composaient ses émoluments avaient un parfum de féodalité et de pachalick. Ce n'était point pour cinquante ou soixante mille livres qu'un général représentait alors la royauté en Sardaigne. Le vice-roi, à cette époque, était le premier feudataire de l'île, levant sa liste civile sur tous les habitants, et percevant de toutes parts une foule de petites contributions et de redevances qui lui étaient payées annuellement en nature ou en argent. L'Espagne, ou même le Piémont, trop éloignés de la Sardaigne pour faire arriver régulièrement leurs ordres jusqu'à leur délégué, lui abandonnaient entièrement le gouvernement de l'île; mais la politique ombrageuse que la monarchie espagnole avait transmise avec la possession d'une nouvelle province à la maison de Savoie, cette politique imprévoyante et funeste, avait pris en même temps pour règle invariable de rem-

14

placer au bout de trois ans des gouverneurs tout-puissants. Une étiquette puérile voulait aussi que le nouveau vice-roi entrât en fonction sans communiquer avec son prédécesseur, qui devait quitter la ville aussitôt après l'installation du gouverneur qui lui succédait. Les exigences de l'étiquette cachaient toujours en Espagne quelques alarmes. Le pouvoir royal, fort indifférent aux suites de cette instabilité dans la direction des affaires, s'inquiétait peu que l'administration demeurât stérile, pourvu que son influence ne devînt jamais dangereuse. Telle est la pensée jalouse qui a toujours dirigé la politique espagnole. Ces soupçons constants, cette défiance qui se prend à tout, se retrouvent d'ailleurs dans la plupart des monarchies absolues. C'est la cause de leur décadence ; c'est le ver rongeur qui les mine et la juste expiation de leur pouvoir sans bornes.

Aujourd'hui que la Sardaigne, devenue une des six intendances des États sardes, n'est plus, grâce à l'invention de Fulton, qu'une province aussi rapprochée de Turin que Nice ou la Savoie, le vice-roi, bien qu'il ait conservé quelques prérogatives royales, telles que celle d'user du droit de grâce au moins deux fois l'an, le vice-roi n'est plus que le chef des administrations civile et judiciaire, le commandant des forces de terre et de mer, concentrant en ses mains les attributions de nos préfets et celles de nos commandants de divisions militaires, mais attendant par chaque paquebot les ordres suprêmes qui, tous les quinze jours, lui sont régulièrement expédiés de Turin.

La représentation nationale repose encore sur les bases établies par les rois d'Aragon. Les états généraux ou *sta-*

menti sont constitués par la réunion des trois ordres du royaume : l'ordre ecclésiastique, comprenant les hauts dignitaires de l'Église ; l'ordre militaire, qui admet les nobles et les chevaliers ; l'ordre royal, composé des députés des villes. Chaque chambre ou *stamento* tient sa séance à part ; il n'y a de rapprochements entre les ordres que le premier et le dernier jour de la session : pendant le cours des délibérations, ils ne communiquent que par l'intermédiaire de deux députés, dont l'un doit uniquement répéter les paroles de ceux qui l'envoient, et dont l'autre doit seulement répondre aux interpellations qui peuvent être faites. Ces précautions puériles trahissent la défiance dont j'ai déjà signalé les résultats funestes. Les états généraux de Sardaigne ne peuvent s'assembler que sur l'ordre formel du souverain ; néanmoins, la gravité des circonstances les a fait déroger à cette loi en 1793 : la dernière convocation officielle date de l'avénement de Charles-Félix.

Pendant que les provinces sardes du continent sont régies par un nouveau code mis à la hauteur d'un peuple qui a vécu quinze ans sous l'empire des lois françaises, la législation existante en Sardaigne n'est qu'une réunion indigeste des lois et règlements émanés des gouvernements successifs. La *carta de logu* ou *charte du lieu,* publiée en langue sarde en 1395, par Éléonore d'Arborée, forme encore aujourd'hui le fond de cette législation incomplète. Plusieurs lois particulières promulguées par les rois d'Espagne sous le nom de *pragmatiques,* des décrets émanés de l'autorité royale depuis l'avénement de la maison de Savoie, différentes ordonnances des vice-rois sanctionnées par le souverain, composent, avec la *carta de logu,* la compilation publiée sous le nom de *Code* en 1827.

Les deux caps qui partagent l'île en deux grandes divisions comprennent onze provinces, subdivisées en trente-deux districts. La justice s'administre dans les provinces par six tribunaux de préfecture, et dans chaque district par des juges ordinaires qui remplissent à peu près les fonctions de nos juges de paix. En outre, un tribunal siégeant à Sassari, sous le nom de *Reale Governazione,* a conservé quelques prérogatives qui le distinguent des simples cours provinciales ; il n'en est pas moins subordonné, comme tous les autres tribunaux sardes, à l'*Audience royale* de Cagliari. Cette cour supérieure, composée de dix-huit juges, est présidée par la seconde personne de l'île, le régent, qui prend rang après le vice-roi. Ce magistrat correspond directement avec les ministres et avec le conseil suprême qui siége à Turin, et qui prononce en dernier ressort dans les causes qui lui sont déférées. Les attributions de l'Audience lui donnent une grande importance. Elle est à la fois une cour d'appel, un conseil d'État et un parlement. Le vice-roi peut la consulter sur toutes les affaires, et il en est plusieurs sur lesquelles il est tenu de prendre son avis : elle a même conservé le droit d'enregistrer les ordonnances royales. Créée en 1661, sa réorganisation ne date que de cinq ans. Les réformes qu'elle a subies ne lui ont rien fait perdre de sa prépondérance : ses membres, s'ils ne possèdent déjà la noblesse, l'acquièrent avec le titre de juges, et occupent dans l'île un rang considérable.

La carrière militaire n'est ouverte qu'à la première classe de la noblesse. Le régiment des chasseurs-gardes, dont les officiers sont choisis dans ses rangs, se recrute exclusivement en Sardaigne. La force armée, placée sous les ordres d'un commandant en chef élu parmi les majors généraux étrangers à l'île, se compose de la réunion des troupes régulières et des milices. Les troupes régulières, en y comprenant trois cents artilleurs environ et quatre cents cavaliers, n'atteignent pas le chiffre de trois mille cinq cents hommes. Quant aux milices, dont l'institution remonte au quinzième siècle, elles peuvent rassembler près de dix mille hommes. Elles n'ont d'autres signes distinctifs qu'une cocarde, et sont composées de trois cinquièmes d'hommes à pied et de deux autres cinquièmes de gens à cheval.

L'administration des dix villes de Sardaigne, aussi bien que celle des trois cent soixante-huit communes, est confiée à des conseils municipaux, composés, dans les communes, de trois, cinq ou sept membres, suivant la population du village, de seize membres dans les villes secondaires, de vingt-quatre membres à Sassari, de trente-six à Cagliari. Ces corps municipaux se divisent en deux classes, dont la première appartient presque exclusivement à la noblesse, et la seconde à la haute bourgeoisie. Ce sont ces conseillers qui sont chargés de dresser les rôles de contributions. Un intendant général résidant à Cagliari en dirige la perception. Sur trois millions trois cent quatre-vingt-cinq mille francs, chiffre moyen auquel se sont élevés les revenus de l'île de 1827 à 1838, le tiers seulement appartient aux contributions directes. La branche la plus productive est la douane, qui rapporte près de quatorze cent mille francs. Le monopole du sel, sur lequel le gouvernement réalise un très-grand bénéfice, figure dans le budget des recettes pour une somme de quatre cent dix-neuf mille francs, le tiers du revenu total. Cinq cent trente-quatre mille francs sont votés, sous le nom de *donatifs* ordinaire et extraordinaire, par les trois ordres réunis, au commencement de chaque règne. Le reste des impôts est exigé en vertu de la prérogative royale.

Une autre contribution fort onéreuse, qu'il faut ajouter à toutes celles que le peuple supporte, c'est la dîme ecclésiastique, qui, affermée en général par le clergé, est perçue dans l'île avec une grande rigueur. Cette dîme, qui dépasse souvent de beaucoup le dixième des produits, atteint presque toutes les denrées de l'île et même le bétail; les revenus ecclésiastiques, dont elle forme la partie la plus considérable, s'élèvent à près du tiers du revenu total de l'État.

La religion catholique est la seule dont l'exercice soit toléré en Sardaigne, et le clergé y jouit de la plénitude de sa puissance. On compte dans l'île trois archevêchés et huit évêchés, quatre cent cinquante-huit chanoines et bénéficiers, et mille cent cinq personnes attachées aux ordres religieux, réparties dans quatre-vingt-neuf couvents. Les Jésuites, rétablis depuis peu d'années, ont déjà recouvré une partie des possessions qui leur avaient été enlevées. Ils occupent trois couvents et y sont au nombre de soixante religieux, dont seize seulement sont revêtus du sacerdoce. Les frères des écoles pies, ou frères scolopes, sont chargés depuis longtemps de l'éducation primaire et s'acquittent avec beaucoup de zèle de ces fonctions : dans les seules villes de Cagliari et de Sassari, ils réunissent plus de treize cents élèves; chacune de ces deux villes possède en outre une université et un collége de Jésuites. Les cours de l'université sont suivis par sept cents élèves environ, et ceux des Jésuites par près de six cents.

Bien qu'un décret royal, de date assez ancienne déjà, ait établi dans tous les centres de population des écoles élémentaires dont les professeurs payés par les communes doivent être de préférence choisis parmi les ecclésiastiques, peu de paysans savent lire. Les parents qui destinent leurs enfants à la carrière ecclésiastique ou au barreau, et qui sont cependant trop pauvres pour subvenir à leur entretien pendant la durée de leurs études, les envoient à Cagliari, où ils sont reçus dans des familles de la classe moyenne. Employés comme domestiques de confiance à faire les provisions de la maison chaque matin, et à porter le soir une lanterne devant leurs maîtres, à la sortie du théâtre, ces enfants reçoivent, en retour des petits services qu'ils rendent, le logement et la nourriture ; ils ont en même temps le loisir nécessaire pour étudier et pour fréquenter les écoles publiques. Le nom de *majoli* qu'ils portent leur vient d'un capuchon qui termine leur petit caban et ressemble beaucoup par sa forme à la trémie conique des moulins que manœuvre dans chaque ménage le patient *molente*. C'est, du reste, un costume qu'ils déposent dès qu'ils entrent à l'université. Ils cessent aussi à cette époque des fonctions dont s'accommoderait peu la dignité des études académiques, et se placent alors dans quelque maison particulière où ils remplissent la charge de précepteurs. Malgré ces humbles commencements, beaucoup de ces *majoli* ont obtenu un rang élevé dans l'Église ou dans la magistrature.

Quoique les sources de l'instruction soient suffisamment nombreuses en Sardaigne, il n'est pas surprenant qu'elles y aient rarement fécondé les esprits. Le peuple y a toujours vécu à l'écart et tristement replié sur lui-même. La langue qu'il parle est un idiome particulier dérivé du latin, mais étrangement altéré par l'invasion arabe[1]. Elle a peu de rapport avec les autres dialectes de même origine, et n'est point comprise hors de l'île. Le clergé, chargé de dispenser l'instruction, s'est toujours appliqué à écarter d'un peuple naïf et soumis la contagion des vœux et des idées qui ont vivifié les autres nations européennes. Les présidents de l'Audience royale, spécialement investis de la censure des pièces de théâtre, ont partagé celle des livres avec les archevêques de Cagliari; quant à ces prélats à qui la douane doit remettre tous les ouvrages de science ou de littérature pour en autoriser ou suspendre l'introduction, ils semblent, comme Omar, n'avoir connu que deux espèces de livres : les livres inutiles et les livres dangereux. Peu d'ouvrages ont trouvé grâce devant leurs yeux. Les bibliothèques de l'île font encore foi de la sévérité de cette

---

[1] Cette langue a deux dialectes : celui de Cagliari et celui de Logudoro. Plus qu'aucune autre, elle a conservé des expressions et des tournures latines. On a même composé des poésies dans lesquelles on n'a fait entrer que des mots communs à la langue usuelle des Sardes et au vocabulaire latin; exemple :

Deus qui cum potentia irresistibile,
Nos creas et conservas cum amore, etc.

censure, qui s'est transmise avec toutes ses défiances, avec toutes ses rigueurs, depuis l'époque où régnait la plus inflexible orthodoxie jusqu'à nos jours.

Malgré la surveillance du clergé, les Sardes, on peut le prédire, ne tarderont pas à sortir de leur isolement. Ce sera le commerce qui établira les points de contact entre eux et les autres nations civilisées. Jusqu'ici le commerce est resté presque insignifiant en Sardaigne. Les exportations et les importations y sont ordinairement égales, et si la balance penche, c'est du côté des étrangers, qui vendent parfois un peu plus qu'ils n'achètent. Pris dans son ensemble, le commerce d'entrée et de sortie détermine un roulement de 14 ou 15 millions. Les objets importés sont principalement des bois, des métaux, des cuirs, et des tissus de tout genre : ce dernier article entre pour 4 millions dans le chiffre des importations, et se décompose ainsi : cotons, fils et étoffes, 2,272,000 fr.; toiles, 454,000 fr.; draperies, 1,235,000 fr.; soierie, 401,000 fr. La Sardaigne exporte en retour du blé ou des pâtes préparées à l'italienne pour une valeur de plus de 3 millions; des vins, pour 1,169,000 fr.; du gibier et des fromages, pour plus d'un million; des poissons salés, de l'huile, du sel, et des peaux de bœuf ou de bêtes fauves.

On ne saurait croire, au surplus, par combien de préjugés le commerce est entravé au sein d'une population qui n'en est pas encore aux premiers rudiments de l'économie politique. Des négociants de Marseille ont eu récemment l'idée d'envoyer chercher des bœufs à Oristano, Porto-Conte et Cagliari, pour les transporter en Algérie. La

proximité du marché et le bas prix des bestiaux en Sardaigne devaient rendre cette spéculation très-avantageuse;
cependant les produits les plus considérables eussent été
sans doute pour les propriétaires des vastes prairies de
l'île, et même pour l'île entière, en raison de la circulation
de numéraire qu'aurait provoquée ce commerce. Ces
considérations touchèrent peu les habitants des villes,
effrayés avant tout d'une exportation qui pouvait contribuer à élever les prix sur leurs marchés. Le mécontentement général fut tel, que le gouvernement crut devoir
céder au sentiment public en entravant ce trafic lu-
cratif par des droits qui ont eu pour effet de diriger d'un
autre côté les spéculations de nos armateurs. Ces appréhensions ridicules ne se produisent pas pour la première
fois. En 1770, quand la flotte russe vint se ravitailler à
Cagliari, le vice-roi eut beaucoup de peine à obtenir des
paysans qu'ils voulussent bien échanger leurs bestiaux
contre de l'argent. Beaucoup de Sardes regardaient de
très-mauvais œil les barbares Moscovites qui venaient
leur enlever les morceaux de la bouche.

J'ai dit que, dans la plupart des cantons de l'île, la
culture du blé donne un produit de sept ou huit pour
un; dans quelques districts favorisés, tels que ceux de
Traxentu et de Nora, ce produit est presque triplé. Si les
procédés de l'agriculture étaient perfectionnés, si la terre
était plus profondément remuée, ce magnifique résultat
pourrait être obtenu sur presque toute la surface culti-
vable. Il faut que l'inertie de la population rurale soit bien
grande pour avoir neutralisé deux excellentes institutions

établies en faveur de l'agriculture, les *monts de secours* et le *barracellat*. Le *monte di soccorso,* institué sous le ministère du comte Bogino, est une banque agricole dont le mécanisme fait le plus grand honneur à l'ingénieuse charité de son fondateur, et que les nations les plus avancées pourraient s'approprier avec de grands avantages. Dans chaque ville ou village, un comité, sous le nom de *giunte locali,* réunit presque toutes les autorités locales, le chanoine prébendé, ou le curé le plus ancien, le baron ou son régisseur, le major de justice, un censeur, un secrétaire et un garde-magasin. Chacun de ces comités est subordonné à une *junte diocésaine,* composée de plusieurs conseillers et présidée par l'évêque : des censeurs diocésains, représentant ces comités supérieurs, communiquent avec une *junte générale,* établie à Cagliari et réunissant les plus grands dignitaires de l'île. Chacun de ces centres a pour mission de fournir aux cultivateurs, et particulièrement aux indigents, la quantité de grains nécessaire pour ensemencer leurs terres, ou un secours en argent destiné à subvenir soit à l'achat des bœufs et des instruments de labourage, soit aux dépenses de la moisson. A une époque déterminée de l'année, chaque laboureur déclare le nombre de ses bœufs, l'étendue de ses champs, expose ses besoins, et, lorsque sa déclaration a été vérifiée par cinq prud'hommes de l'endroit (*probi uomini*), il reçoit le grain ou l'argent qui lui sont alloués, en s'obligeant à les rendre après la moisson : l'intérêt exigé équivaut à un seizième pour les grains, à un et demi pour cent par année pour les secours en argent. Chaque junte réserve annuellement une certaine quantité de blé ou d'orge pour l'ensemencement d'un terrain qui lui est attribué; tous les habitants du village, à l'exception des bergers, sont tenus, sous peine d'amende, de concourir par une journée de travail gratuit à la culture de ce terrain commun. Il arrive souvent qu'après avoir soldé toutes ses dettes et porté au complet ses deux réserves en grains et en numéraire, l'administration d'un canton reste encore en possession d'une somme sans emploi prévu : elle peut alors, avec l'autorisation du vice-roi, l'appliquer à des dépenses d'utilité publique ou de bienfaisance, comme la réparation des chemins communaux, la construction d'une fontaine, le desséchement d'un marais, l'éducation d'un orphelin, ou la dotation d'une fille pauvre.

C'est encore une heureuse inspiration que celle du *barracellat,* et ce qui le prouve, c'est que, imaginé sous le gouvernement espagnol, modifié, étendu, aboli et rétabli à maintes reprises, il a survécu à toutes ces variations. On nomme ainsi une compagnie d'assurance armée, dont le but est non-seulement de préserver les campagnes des dégâts et des vols de toute espèce, mais aussi de fournir une indemnité aux propriétaires, dans le cas où les coupables n'auraient pu être arrêtés. Chaque particulier contribue selon ses facultés, et d'après sa déclaration, à l'entretien d'une compagnie de *barracelli,* dont le capitaine, nommé par le vice-roi, reste maître de composer sa troupe à son gré, moyennant l'approbation de l'autorité locale : il la choisit ordinairement parmi les petits propriétaires ou autres citoyens honnêtes et solvables du canton où elle fonctionne. Les *barracelli* n'ont pas de costume particulier : chaque compagnie est constituée pour une année, pendant laquelle on la tient responsable de tous les dégâts, de sorte qu'à l'expiration de son service, elle se trouve en bénéfice ou en perte, selon sa vigilance. Ainsi, au moyen d'une cotisation annuelle, tout propriétaire peut laisser mûrir ses récoltes et errer ses bestiaux, sans avoir à se préoccuper des déprédations et des accidents.

Le gouvernement sarde a compris que chaque avantage remporté sur l'*intempérie,* chaque victoire partielle obtenue sur ce fléau aurait une immense portée. En même temps qu'on augmenterait la valeur du sol, qu'on changerait en plaines fertiles de stériles marécages, on détruirait une cause sans cesse agissante d'antipathie et de répulsion entre les États d'outre-mer et ceux de terre ferme. L'écoulement des eaux stagnantes, l'exploitation des grandes plaines incultes, le reboisement des terrains dégarnis, auraient d'incalculables résultats. La Toscane a conquis sur la malaria les marais de Sienne ; les Romains avaient desséché les marais Pontins ; les Sardes ne peuvent-ils en faire autant dans leur île ? Le cabinet de Turin a bien encouragé quelques compagnies à se lancer dans ces entreprises de desséchement ; mais l'incertitude des profits pendant les premières années, la difficulté d'exciter les Sardes au travail, l'impossibilité d'y employer des étrangers, tout tend à prouver que, sans l'action vigoureuse et immédiate du gouvernement même, il ne sera rien tenté de sérieux dans cette voie. Qu'on se persuade bien qu'il suffit de la plus misérable cause pour engendrer ces miasmes délétères qui désolent un village, une vallée, une plaine tout entière. Un filet d'eau qu'on laisse croupir au fond d'un ravin, une mare qu'on néglige de combler, provoquent l'intempérie. Pourquoi la vallée de Maladrossia, vallée pierreuse, sans marais, sans autre cours d'eau qu'un ruisseau stagnant qui se traîne entre des joncs et des iris, pourquoi cette vallée est-elle si malsaine? Eh! mon Dieu, les mêmes causes amènent en France les mêmes effets, bien qu'avec une intensité moins grande. Il n'est donc aucune raison sérieuse de désespérer de l'assainissement de la Sardaigne. Les marais de Brouage, l'infecte Mitidja, la plaine de Bone, tous ces terrains noyés où l'écoulement manque aux eaux, tous ces cloaques bourbeux ont leurs fièvres comme la Sardaigne : tous pourraient en être affranchis.

Si l'on veut enfin compléter la régénération commencée heureusement par l'abolition du système féodal, il faut accueillir les inspirations d'une politique plus élevée, plus féconde encore; il faut songer à réaliser, en faveur des Sardes, les avantages que présente l'admirable position géographique de leur île. Les ports de la Méditerranée reprennent aujourd'hui toute leur importance. La Méditerranée a sur ses bords de vastes empires qui semblent près de se dissoudre. Qu'on ne prenne pas pour une vie nouvelle quelques contorsions galvaniques communiquées à des cadavres; tout annonce au contraire l'heure fatale où l'Europe chrétienne devra inévitablement se porter héritière des États musulmans, de Salonique à Andrinople, des bords de l'Euphrate et du Nil à Trébizonde. Si c'est la

guerre qui doit régler le partage entre les puissances col-
latérales, cette guerre sera avant tout maritime, et le sort
du monde pourrait bien se décider encore sur les flots qui
ont vu les grandes journées d'Actium et de Lépante. En
même temps, le commerce tend à rentrer dans les voies
abandonnées depuis quatre siècles. L'Afrique s'est ouverte
sous nos pas, et les marchandises de l'Inde franchissent
de nouveau les canaux sinueux de la mer Rouge. Méconnaître la portée de ces grands événements, de ces nouvelles
tendances commerciales, serait un déplorable aveuglement.
Il y a d'immenses bénéfices à espérer pour les ports qui
serviront d'entrepôts aux échanges de l'Europe et de l'Asie.
La mer qui baigne les rivages de la Sardaigne et presse
ses flancs de toutes parts peut devenir pour elle une ceinture d'or. Le commerce maritime se porte toujours de
préférence vers les lieux où, libre de choisir son moment
et d'éviter les risques si fréquents des spéculations inopportunes, il se trouve dégagé d'une partie de ses chances
aléatoires. Qu'un port franc soit ouvert en Sardaigne ; que
Cagliari ou Saint-Pierre puisse faire concurrence à Malte
ou à Livourne, et à l'instant une terre négligée et languis-
sante redevient une des échelles inévitables du commerce
méditerranéen. Loin de se refuser à ouvrir un port franc
sur un des points de l'île, le gouvernement sarde devrait
plutôt livrer l'île tout entière au libre commerce qui la
sollicite. Le jour où il aurait réalisé cette grande pensée,
où Cagliari, Palmas et Saint-Pierre, Oristano et Porto-
Conte, Terra-Nova et les baies de la Madeleine, pourraient
écouler vers l'Europe, comme d'un vaste entrepôt, les

produits du monde oriental; le jour où l'Allemagne et l'Angleterre, la France et l'Espagne, seraient admises à y réaliser leurs échanges, à y déposer le trop-plein de leur industrie, la Sardaigne verrait se presser incessamment dans ses ports de nombreuses flottilles, attirées par les facilités d'un commerce sans entraves. L'affluence du capital, vivifiant tous les genres d'exploitations rurales, contribuerait à l'assainissement du pays. Peut-être même qu'une innovation aussi féconde fournirait naturellement la solution du problème que le cabinet de Turin a vainement cherchée. Je ne puis croire que les chances imprévues d'un immense développement d'affaires ne permettent pas de concilier la prospérité de l'île avec les exigences du fisc et les intérêts jaloux des provinces continentales.

Les vœux que je forme sont un témoignage de la secrète sympathie qu'a laissée en moi la Sardaigne. Pour m'expliquer à moi-même l'intérêt que je prends aux destinées d'un pays où je n'ai fait que passer, et que je ne reverrai sans doute jamais, j'aime à me rappeler que j'y ai rencontré presque partout des visages bienveillants, des cœurs chaleureux et sincères.

Paris, 15 août 1843.

Tels sont les vœux que j'exprimais, au retour d'une campagne qui ne dura pas moins de deux ans, en faveur de cette île dont je n'avais pu constater sans surprise le complet abandon et les merveilleuses ressources.

Ces vœux, un prochain avenir semblait vouloir se charger de les réaliser. La rapide métamorphose que je prédisais en 1843 était-elle donc accomplie en 1865? « Si j'en dois croire, écrivais-je alors, les derniers renseignements que j'ai recueillis à ce sujet, mes espérances auraient été trop promptes.

« La Sardaigne d'aujourd'hui ne diffère que bien peu, m'assure-t-on, de la Sardaigne que j'ai visitée et décrite il y a déjà près d'un quart de siècle. Depuis 1857, il est vrai, l'île a cessé d'avoir sa législation particulière. Soumise au régime des autres États sardes, elle n'a rien conservé des institutions vieillies qui la marquaient d'un cachet à part. Mais si la constitution politique a été modifiée, les mœurs sont restées les mêmes.

« Lorsque je m'éloignais de la baie de Cagliari au mois d'août 1842, j'avais le pressentiment de n'y jamais revenir. Le hasard me rendit cependant, il y a dix ans environ, la vue de ces sommets coniques sur lesquels, après des ascensions quelquefois périlleuses, nous allions si bravement poser nos théodolites. C'était au mois de novembre 1855 : je ramenais en France l'escadre de la mer Noire veuve de son illustre chef. Les vents d'ouest nous avaient arrêtés à quelque distance du golfe de Tunis ; je vins chercher entre la Sardaigne et l'Italie, sous les hautes montagnes de la côte orientale, des vents plus favorables et un autre climat. Tous mes souvenirs se dressèrent à l'instant devant moi. Le temps avait respecté jusqu'aux amas de pierres que j'avais élevés sur le rivage, jusqu'aux taches de chaux dont j'avais barbouillé la falaise. Les joies de l'hydrographie

me revinrent au cœur. Notre vaillant amiral, emportant
de Kamiesh les trophées de Sébastopol et de Kinburn,
n'était pas assurément plus fier, n'était pas plus heureux
que je ne le fus le jour où, par une belle matinée
d'hiver, je rapportai de la tour de Cavoli le relèvement de la tour de Pula, et le troisième angle de ce
grand triangle, base de tout notre travail, dont le sommet
s'appuyait à la tour de Saint-Pancrace. Le charme des
campagnes hydrographiques, c'est qu'elles ne connaissent
pas de journées sans butin, de fatigues sans salaire. J'y
trouverais, j'en suis sûr, le même attrait aujourd'hui qu'autrefois; et pour peu qu'on voulût m'en presser, je repar-
tirais demain pour aller relier la baie d'Asinara au golfe
d'Oristano, la baie de Congianus à l'île de Cavoli. »

Il n'y avait peut-être point en 1865 une trop grande
présomption de ma part à m'exprimer ainsi : n'étais-je pas
à la veille de reprendre la mer, et ne fut-ce pas quatre longues années plus tard, au mois de juin de l'année 1869,
que j'eus l'indicible joie de conduire une escadre cuirassée
dans cette baie de Palmas dont j'avais le premier dessiné
en 1841 les contours? Je retrouvai là quelques-uns de mes
anciens guides : les *ragazzi* de 1841 avaient en 1869 les
cheveux blancs; tous, par bonheur, n'étaient pas encore
allés visiter le royaume des esprits. Les survivants m'auraient volontiers entraîné encore jusqu'au sommet des
monts! je n'étais déjà plus en mesure de les suivre :

Estoy cojo de un piè
Y no puedo mas andar

Maldita sea la piedra
Que me hizò tropezar!

Général Tacon, vous aviez pacifié la Havane, mais vous ne connaissiez pas cette chansonnette espagnole : il fallut qu'un roi qui l'avait recueillie dans l'exil se prît à la fredonner sous les lambris étonnés des Tuileries pour que le refrain de fâcheux augure demeurât à jamais inscrit dans votre mémoire. Gouverneur de Mayorque, vous me l'avez, à votre tour, répété : ne l'ai-je pas retenu fidèlement? Deux fois dans le court espace de moins d'un quart de siècle, la fortune de la France a rencontré la pierre où l'on trébuche : déposons nos sextants sur la plage et suspendons nos luths aux saules de la rive; le moment serait mal choisi pour rêver une nouvelle exploration de la Sardaigne.

LE

PROTECTORAT FRANÇAIS

A TAÏTI

CHAPITRE PREMIER

PRISE DE POSSESSION. — DÉPART DE LA REINE POMARÉ.
COMBAT DE MAHAHENA.

Le corps de la marine est en possession d'un précieux
privilége. Les orages de la politique passent au-dessus de
sa tête, et il est rare qu'on lui demande autre chose que
de bien servir le pays. En revanche, les missions extérieures ont souvent créé aux officiers qui montent nos
vaisseaux les responsabilités les plus sérieuses et les plus
étendues. Grosses complications en effet que ces complications d'outre-mer qui, par la distance où elles se produisent, échappent presque toujours à l'intervention opportune de la métropole! Les îles Falkland ont allumé au dix-
huitième siècle la guerre entre l'Angleterre et l'Espagne; en
1843, une petite île de l'Océanie a failli devenir le sujet d'un
conflit non moins grave. C'était le moment où la France, bru-

talement exclue du concert européen, avait senti s'éveiller
dans son sein une ambition nouvelle, et rêvait « expansion
transatlantique ». Ce besoin d'expansion arrivait malheureusement un peu tard. Durant le long blocus auquel nous
avait soumis notre infériorité maritime, toutes les positions
de quelque valeur, tous les territoires de quelque importance étaient tombés aux mains de nos rivaux. Nous finî-
mes cependant par découvrir dans les vastes solitudes de
l'océan Pacifique un groupe d'îles qui avait échappé à
l'envahissement presque universel. Les Marquises, reconnues pour la première fois en 1595 par Mendana, avaient
conservé leur indépendance et n'avaient encore servi que de
point de relâche à quelques navires baleiniers. Nous y
plantâmes hardiment notre drapeau, et personne en Europe
n'eut un instant l'idée d'en prendre ombrage ; mais quand
il fallut demander à la Chambre des députés les crédits
nécessaires pour affermir notre domination sur des rochers
habités par une race farouche, placés en dehors du grand
circuit commercial, l'opposition se montra peu favorable à
l'acquisition. Elle en contesta les avantages immédiats,
et parut ne vouloir tenir aucun compte de ceux que le
ministère lui faisait entrevoir dans un très-prochain avenir.
Le ministère prétendait en effet que l'isthme de Panama
ne tarderait pas à être percé. Les Marquises se trouveraient
alors sur la route de l'immense trafic qui s'établirait par
cette voie entre l'Europe, les États-Unis et la Chine.
L'opposition n'admettait pas qu'on pût percer les isthmes.
Les Romains eux-mêmes, disait-elle, avaient dû renoncer
à creuser un canal entre le golfe de Lépante et le golfe

de Corinthe. On allait établir un poste dans le désert; c'était chose plus facile que d'ouvrir un nouveau chemin aux caravanes. Impuissant à faire pénétrer sa conviction dans l'esprit de ses contradicteurs, le cabinet s'apprêtait à leur céder la place, quand on apprit tout à coup que l'île de Taïti venait de se ranger à son tour sous la tutelle de la France. La nouvelle arrivait par une voie privée; on n'en eut que quelques jours plus tard la confirmation officielle. Le ministre de la marine était à cette époque M. l'amiral Roussin, esprit éminent, fortifié par de constantes études, à qui l'on n'eût pu adresser sans injustice ce reproche si souvent fait à nos compatriotes « de ne pas savoir la géographie ». Fort étonné d'apprendre que nous étions devenus les protecteurs d'un peuple que les missionnaires méthodistes avaient, après de longs travaux, conquis à la foi chrétienne, l'amiral crut à une méprise. On avait dû, suivant lui, se laisser égarer par une similitude de nom et confondre les îles Viti avec la plus considérable des îles de la Société; mais un second courrier dissipa toute incertitude. C'était bien une des plus riches conquêtes du protestantisme, et non pas un des derniers repaires de l'anthropophagie, qui venait de reconnaître la nécessité de vivre désormais sous notre protectorat. La compétition des pasteurs avait coûté la liberté au troupeau. N'était-il pas à craindre que l'Angleterre ne se montrât offensée d'un pareil procédé? A notre grand étonnement, l'Angleterre se contenta de demander pour ses missionnaires des égards, pour ses anciens protégés une bienveillante indulgence. Si le gouvernement du protectorat ne portait nulle atteinte à l'œuvre de prosélytisme qui faisait l'édification de toutes les âmes saintes et que les sociétés bibliques s'accordaient à représenter comme le plus heureux résultat de leurs efforts, le cabinet de lord Aberdeen n'élevait aucune objection contre l'exercice du droit que nous nous étions arrogé. Le lion britannique nous faisait de bonne grâce notre part au soleil. Forts de cet assentiment et du nouvel argument dont ils pouvaient appuyer leur projet, les ministres reparurent le front haut à la Chambre. On ne voulait pas des Marquises : repous- serait-on avec le même dédain « la reine de l'Océanie » ? L'opposition cette fois ne trouva rien à répondre, et le cabinet raffermi se hâta de faire partir pour Nouka-Hiva le capitaine de vaisseau Bruat, muni du double titre de « gou- verneur des Marquises et de commissaire du roi aux îles de la Société ».

La condescendance empressée de l'Angleterre fit-elle regretter au gouvernement français de n'avoir pas profité d'aussi bonnes dispositions pour pousser plus loin ses avantages? Eut-il, dès ce moment, la pensée d'échanger la situation mal définie du protectorat pour une domination moins précaire? Le gouvernement britannique dut le sup- poser, lorsqu'il apprit quelques mois plus tard que l'ar- rivée du commandant Bruat aux Marquises avait été le signal du départ de l'amiral Du Petit-Thouars de Nouka- Hiva pour Taïti, et que, vers la fin du mois d'octobre 1843, le protectorat avait fait place à la prise absolue de posses- sion. De là vint surtout l'extrême irritation qui s'empara sur-le-champ des esprits de l'autre côté de la Manche. L'Angleterre s'imagina qu'on avait voulu la tromper, et, de toutes les offenses, c'est peut-être celle qu'elle pardonne le moins. Le soupçon cependant était injuste. Le cabinet français avait été loyal dans ses déclarations, non moins loyal dans les ordres qu'il avait donnés; mais les entreprises maritimes sont plus que d'autres sujettes aux malentendus, et la lenteur des communications allait faire de l'incident presque insignifiant dont on s'était flatté de restreindre la portée un des plus gros événements du règne.

Malgré sa fertilité, malgré la beauté de son climat et les précieux abris qu'offrent ses côtes, l'île de Taïti n'était pas, avec ses neuf ou dix mille âmes répandues sur une superficie de cent huit mille hectares, une possession tellement enviable qu'elle dût mettre en péril la bonne intelligence de deux grandes nations. Malheureusement les rapports peuvent s'aigrir avant même que les intérêts soient en jeu, et la jalousie politique est prompte à s'éveiller quand elle a pour aiguillon la passion religieuse. Les deux gouvernements devaient donc faire de stériles efforts pour pénétrer leurs agents des sentiments de cordialité qui les animaient. La conduite équivoque du capitaine Toup Nicholas, de la *Vindictive,* avait motivé la grave détermination dont se plaignait si amèrement lord Aberdeen. Le désaveu de l'amiral Du Petit-Thouars, accordé aux réclamations de l'Angleterre, remplissait d'indignation toutes les âmes françaises, et ne désarmait pas, dans le camp britannique, les rancunes du parti puissant qui taxait de faiblesse les héritiers dégénérés des Chatam et des Castlereagh. Une chose était donc à prévoir : pendant que les dépêches d'apaisement et de conciliation chemineraient à travers l'Atlantique, les événements suivraient leur cours à Taïti.

Les missionnaires protestants avaient conservé un empire absolu sur l'esprit de la reine Pomaré, et cette reine dépossédée était puissante encore. Aussi leur était-il facile d'entretenir dans l'île soumise en apparence à notre autorité une sourde agitation. « M. Pritchard, écrivait le commandant Bruat, est toujours l'homme qui tient ici les fils de toutes les intrigues. » On sait quel était le double rôle de ce personnage réservé à une si bruyante notoriété. Consul de Sa Majesté Britannique jusqu'au jour où le drapeau du protectorat avait été remplacé par le drapeau français, il était resté le directeur de la royale conscience qui s'était confiée de bonne heure à ses soins indulgents. Les navires anglais qu'on vit durant quelques mois se succéder avec obstination devant Taïti prêtaient à ses conseils un grand appui moral. Un jour vint cependant où, d'après les ordres expédiés d'Angleterre, il ne dut plus rester sur la rade de Papeïti qu'un très-petit navire de chétive apparence, le ketch *le Basilisk*. La reine, au fond du cœur, crut sa cause perdue ; mais, docile aux avis qu lui furent donnés, elle dissimula son découragement à ses sujets. « Notre vaisseau de guerre, leur dit-elle dans u manifeste qui fit rapidement le tour de l'île, est à la veille de partir pour Honolulu, où l'amiral l'appelle. Ne vous en inquiétez pas. Il reste ici un petit bâtiment de guerre qui prendra soin de nous jusqu'au moment où de nouvelles forces arriveront. Ne croyez pas ceux qui vous disent que nous ne serons pas secourus ; l'Angleterre ne nous abandonnera jamais. » Voilà comment les instructions de lord Aberdeen étaient comprises, et de quelle façon ses agents pratiquaient la neutralité! S'ils ne prenaient pas ouvertement parti contre nous, ils ne renonçaient pas pour cela à nous chasser un jour de Taïti ; ils voulaient nous en faire chasser par les naturels eux-mêmes. Prodiguant les promesses, multipliant les provocations, ils se flattaient de rendre notre domination impossible et de nous pousser à des actes de rigueur qui soulèveraient contre nous l'opinion de l'Europe. Cet indigne calcul eût été certainement déjoué par la patience du gouverneur, fort aidée, il faut bien le dire, par l'humeur apathique des indigènes, si les missionnaires ne se fussent résolus à faire un dernier et plus violent appel aux passions que, depuis plus de deux mois, ils ne cessaient d'exciter. Dans la nuit du 30 au 31 janvier 1844, la reine Pomaré, cédant à leurs instigations, abandonna la maison qu'elle occupait dans l'enclos de M. Pritchard, et alla chercher un refuge à bord du bâtiment que commandait le capitaine Hunt. Tout vestige du pouvoir auquel nous avions conservé la plupart de ses prérogatives, bien qu'il nous eût paru convenable de ne pas lui laisser son drapeau, semblait ainsi s'effacer devant nos persécutions. On nous rendait odieux en se montrant craintif. « Dans le trouble d'esprit qui agitait cette malheureuse femme, écrivait le capitaine Hunt au commandant Bruat, je n'ai point osé lui refuser la protection du pavillon anglais. » Ne croirait-on pas voir la pauvre Pomaré, comme l'appelèrent bientôt les feuilles britanniques, échappant par la fuite aux ennuis de tout genre dont nous l'abreuvions! Cette hypocrite pitié n'avait cependant, — est-il en vérité besoin de l'affirmer? — ni motif ni prétexte. La reine était libre, et, si quelque demande lui avait été adressée, c'était celle d'attendre avec calme les résolutions qui arriveraient bientôt de la métropole. La démarche à laquelle on l'avait poussée ne pouvait donc créer que des complications nouvelles. Le gouverneur s'en expliqua très-nettement avec le capitaine Hunt. « Du moment, lui écrivit-il, qu'il convenait à la reine de renoncer à la protection dont je la couvrais, vous pouviez parfaitement lui donner asile; mais la reine, à dater de ce jour, s'est interdit la faculté de rentrer à son gré dans ses États. Je considérerai comme un acte formel d'hostilité son débarquement sur un point quelconque des îles de la Société. »

« La fuite de Varennes » fût en effet restée inexplicable, si elle n'eût été déterminée par quelque secret et pernicieux dessein. Celui que le gouverneur dénonçait par avance au capitaine Hunt ne pouvait s'accomplir sans que notre autorité en reçût à Taïti même la plus sérieuse atteinte. Les îles de la Société se composent de deux groupes distincts séparés par une distance de quatre-vingts milles environ, vaste espace de mer que les pirogues des Indiens n'hésitent pas à franchir. Le premier de ces groupes comprend Taïti, avec ses deux cônes volcaniques reliés par l'isthme de Taravao; — Morea, qu'un étroit canal de huit milles au plus met en relations journalières avec le port de Papeïti; — Toubouaï, situé à trente-cinq milles de Morea. Dans ces trois îles, le pouvoir de la dynastie de Pomarés'est toujours exercé d'une façon directe. Dans le second groupe, connu sous le nom d'îles sous le Vent, et formé par les îles de Huahiné, de Raiatea et de Borabora, les chefs avaient adopté les enfants de la reine et lui avaient ainsi, suivant les usages de la Polynésie, conféré des droits de souveraineté. Ces trois dernières îles possèdent des ports. Il eût donc été très-imprudent d'y laisser constituer une domination rivale de la nôtre. Le gouvernement français dès le premier jour le comprit; mais ce qu'il n'avait pas prévu, c'est que cette domination pût être encouragée par les prétentions mêmes que nous avions reconnues pour nous en porter héritiers.

Le *Basilisk* cependant ne songeait pas à quitter Taïti. Sa présence nous y créait de plus grands embarras que n'eût pu le faire l'exécution du projet dont le gouverneur croyait le capitaine Hunt complice. L'agitation, qui jusqu'alors s'était bornée à de sourds mécontentements, prenait peu à peu le caractère d'une sédition ouverte. Les grands chefs, Tati, Utomi, Hitoti, Paraïta et Taraïpa, réunis à l'hôtel du gouvernement, acceptaient, il est vrai, l'investiture des territoires qu'ils devaient administrer suivant les lois du pays; les petits chefs, plus accessibles aux conseils étrangers, plus habitués à subir l'ascendant de l'autorité royale, avaient précipitamment évacué leurs cases, et s'étaient retirés sous la conduite de Tariirii, de Pitomaï, de Farchau, de Teraï, dans la presqu'île de Taïrabou. C'est là que, recrutant sur tous les points de l'île de nombreux adhérents, s'organisait, comme dans un vaste camp retranché, le parti de la résistance.

L'effectif total des troupes françaises envoyées dans

l'Océanie n'était que de mille deux cents hommes, et encore fallut-il, pour les porter à ce chiffre, livrer de rudes batailles à l'opposition. De ces mille deux cents hommes, sept cents durent être laissés aux Marquises, où la population se montrait fort remuante. Le gouverneur de Taïti avait donc cinq cents soldats à peine à opposer à l'insurrection, mais il prit, dès le début, une excellente mesure. Au lieu d'aller chercher les insurgés dans leur camp, il se contenta d'intercepter par un fortin bâti sur l'isthme de Taravao la communication entre les deux parties de l'île. Ce fut à cette occasion et avant l'achèvement de l'ouvrage qui devait dominer l'isthme tout entier que les premiers coups de fusil s'échangèrent avec les rebelles. « Ces hommes ne sont pas, écrivait le commandant Bruat, ce qu'on nous avait dit. Ils ont montré beaucoup plus de résolution qu'on ne leur en supposait. Le canon même ne les a pas fait fuir. »

Cette appréciation des difficultés qui nous attendaient n'était que trop exacte. Loin d'intimider les Taïtiens, le combat de Taravao, où leurs pertes furent peu considérables, avait exalté leur audace. Une femme de sang illustre, Teritoua, grand chef de Merehu, s'était mise soudainement à la tête de la révolte; en lui apportant avec l'appui de son nom l'exemple de son courage, elle allait lui imprimer une impulsion nouvelle. Ce ne fut plus seulement dans la presqu'île de Taïrabou qu'à dater de ce jour on brava notre autorité, ce fut sur la grande terre, sur la côte opposée au district de Papeïti, que les insurgés osèrent arborer le drapeau de la reine; mille cinq cents combattants se trouvèrent bientôt réunis à Mahahena. Ils y avaient creusé, sur une longueur de mille huit cents mètres, trois fossés de six ou sept pieds de profondeur, recouverts d'une toiture à l'épreuve de la balle, et bravant, de ces retranchements qu'ils croyaient inexpugnables, toutes les menaces du gouverneur, ils refusaient obstinément de se disperser. Avant de se décider à frapper un grand coup, sentant bien qu'il allait infliger aux rebelles assez imprudents pour l'attendre de pied ferme une cruelle et sanglante leçon, le commandant Bruat voulut tenter un dernier effort sur l'esprit de celui à qui dans sa pensée devait remonter la responsabilité de ces déplorables troubles. « Tout tend à me prouver, Monsieur, écrivait-il au capitaine Hunt, que votre bâtiment est non plus un lieu d'asile, mais un centre d'où partent les intrigues qui mettent en danger la tranquillité de l'île. Je vous en préviens à temps pour que vous n'ayez pas à vous reprocher plus tard les châtiments qui pourraient être encourus par les malheureux qu'on pousse à la rébellion, et je vous en préviens officiellement afin que nos deux gouvernements puissent juger en connaissance de cause de nos deux conduites respectives. »

Ce langage était dur. Peut-être hésiterait-on aujourd'hui à le croire pleinement justifié ; toutefois, à l'heure ou de pareils soupçons trouvaient place dans un document officiel, on n'eût pu, sans faire mettre en doute son patriotisme, se refuser à les partager. Telles sont les fâcheuses conséquences des situations fausses. Animés du plus vif et du plus sincère désir de maintenir la paix, les deux cabinets, en ne coupant pas à la racine un regrettable incident, s'étaient exposés à rallumer des passions qu'on eût cru à jamais éteintes. Les relations de deux grands peuples avaient rétrogradé de vingt ans, et les pauvres Taïtiens allaient payer les frais de la querelle.

La *Charte* venait d'arriver à Papeïti. En joignant la compagnie de débarquement de cette frégate à celles de l'*Uranie*, de l'*Embuscade* et du *Phaéton*, le gouverneur pouvait laisser trois cent cinquante hommes à Papeïti, cent cinquante à Taïrabou, et conduire encore à l'attaque des retranchements de Mahahena quatre cent soixante et un soldats et marins. Il était impatient d'en finir, et jugea cet effectif assez fort. Les retranchements qu'on n'avait pu réussir à tourner furent abordés de front : après quatre heures et demie d'engagement, nous restions les maîtres du champ de bataille. Le corps de débarquement comptait dix-huit morts et cinquante-deux blessés, mais l'élite de la noblesse taïtienne avait péri, et la tranquillité de l'île était pour quelque temps assurée.

CHAPITRE II

ARRESTATION DU DOCTEUR PRITCHARD.
PROCLAMATION DE LA RÉGENCE. — PROGRÈS DE LA
. COLONISATION.

Le gouverneur n'avait eu recours aux armes qu'à la dernière extrémité. Voyant les populations atterrées, les meneurs abattus, les chefs les plus jeunes et les plu ardents morts dans la lutte, la supériorité de nos armes incontestablement établie, il espéra que la guerre ne viendrait plus transformer en champs de bataille ces sites délicieux, cette fraîche et ravissante nature, qui semblaient ne devoir servir de cadre qu'aux plus douces scènes de paix et de tranquille bonheur. Il aimait sincèrement l'ennemi qu'il venait de combattre, race douce et vaillante, intelligente et naïve, que le climat a pu amollir sans l'énerver, et qui sait passer joyeusement des plus faciles plaisirs aux plus sanglants combats. Une trêve tacite s'était établie à la suite de nos succès. Le gouverneur l'avait acceptée avec satisfaction; nos adversaires ne négligèrent rien pour en amener la rupture.

Deux mois environ après le combat de Mahahena, la reine Pomaré fit un nouvel appel à l'insurrection. Elle adressa un message à ses sujets, les engageant à prendre patience et leur annonçant de prochains secours. A quelques jours de là en effet, on vit apparaître devant Papeïti la frégate anglaise la *Thalia,* commandée par le capitaine Hope. Cette frégate, qui venait de l'Inde et en dernier lieu de Sydney, n'entra pas dans le port; mais le lendemain, un navire à vapeur, *la Salamandre,* sous les ordres du capitaine Hamond, y jetait l'ancre. Le gouverneur fut instruit à l'instant par les principaux chefs rattachés à notre cause de l'agitation qu'excitait dans toute l'île l'apparition de ces bâtiments anglais. Les insurgés, renforcés par les habitants de Morea, se préparaient à marcher sur Papeïti. Le gouverneur résolut de les prévenir, et, à la tête de quatre cents hommes, il se porta sur-le-champ à leur rencontre. Pendant qu'il chassait les Indiens de tous les points où ils s'étaient embusqués et les obligeait à se retirer dans la montagne, la ville, qu'il avait dégarnie de troupes, était sérieusement menacée. Fort inquiet des intelligences que l'ennemi pouvait posséder dans la place, le commandant de Papeïti crut nécessaire de faire arrêter M. Pritchard, l'instigateur avéré de tous les complots. L'incident à Taïti parut sans portée. Il devait soulever en Europe un formidable orage.

Le gouverneur était rentré à Papeïti et y avait ramené la confiance. Conduit à bord du navire de guerre anglais qui se trouvait sur rade, M. Pritchard ne tarda pas à s'éloigner. La reine voulut imiter son exemple, et les Anglais la débarquèrent à Raiatea. Les indigènes se trouvaient ainsi livrés à eux-mêmes au moment où les ordres de la métropole prescrivaient au gouverneur de rétablir le protectorat dans ses conditions premières. Nous eussions vivement désiré ramener la reine Pomaré à Taïti; c'eût été la meilleure sanction de la paix. Malheureusement la reine, séquestrée à Raiatea par les missionnaires, se montra insensible à toutes les avances qui lui furent faites; elle refusa même de recevoir une lettre autographe que lui adressait le roi Louis-Philippe. Ne pouvant réussir à la convaincre, le gouverneur prit le parti de l'isoler. Il mit le blocus devant Raiatea, et convoqua sur-le-champ à Papeïti une assemblée où comparut tout ce que Taïti et Morea avaient de sang illustre.

Avec la netteté habituelle de son jugement, le commandant Bruat avait très-promptement démêlé le sens des institutions taïtiennes. Purement aristocratiques dans le principe, ces institutions n'étaient devenues féodales que depuis un demi-siècle. La royauté avait affermi son pouvoir en lui donnant pour appui le concours des juges et de la petite noblesse ; elle avait au contraire abaissé autant qu'elle le pouvait l'influence des principaux chefs. Ce fut cette influence que le gouverneur s'empressa de reconstituer pour l'opposer à celle de la souveraine absente. Quand l'assemblée se trouva réunie, l'orateur du gouvernement lui exposa la situation, fit connaître la résistance opiniâtre de la reine, et demanda l'élection d'un régent. Le choix de l'assemblée, ratifié par le gouverneur, désigna Paraïta, ancien compagnon d'armes du grand roi Pomaré. Le 7 janvier 1845, la régence était proclamée, et le pavillon taïtien, écartelé du drapeau tricolore, emblème de la protection française, flottait, arboré au bruit des salves d'artillerie, sur les deux îles.

Presque au même moment arrivait dans les eaux de Taïti la corvette anglaise *le Talbot*. Le capitaine Thompson qui la commandait venait, suivant les ordres qu'il avait reçus, reconnaître et saluer le pavillon du protectorat ; mais l'hommage qu'il était prêt à rendre au drapeau de la reine Pomaré, il refusait de l'accorder aux couleurs qui ne représentaient plus à ses yeux que l'autorité usurpée du régent. Cette abstention était le plus dangereux appel qui pût être adressé à la révolte. Le gouverneur n'hésita pas un instant. Il fit déclarer au capitaine du *Talbot* que toute communication avec la terre lui était interdite. Les abords de la corvette furent gardés par des canots armés qui en défendirent l'approche aux embarcations venant de terre, et ne permirent à aucun canot anglais de s'approcher du rivage. Devant cette démonstration énergique, le *Talbot* s'empressa de quitter la rade et de reprendre la route des Sandwich.

Un pareil acte de vigueur devait avoir sur l'esprit des Indiens plus d'effet que n'en auraient eu de nouvelles victoires. Taïti se prit à douter d'un ascendant auquel on nous voyait si clairement ne pas nous soumettre. La trêve un instant interrompue reprit donc son cours, et pendant près d'un an elle se prolongea, observée des deux parts, sans qu'aucune convention en eût réglé les termes. Les districts soumis aux chefs qui soutenaient ouvertement notre cause étaient administrés par le gouvernement du protectorat ; ceux qui prétendaient ne reconnaître que l'autorité de la reine se gouvernaient eux-mêmes sans être inquiétés. Les Indiens des deux partis, tout en évitant de se confondre, entretenaient des relations constantes ; quelques Français même circulaient autour de l'île et traversaient impunément le territoire occupé par l'insurrection.

Cette période de tranquillité relative fut bien employée ; les événements qui, dans le cours de l'année suivante, vinrent mettre en péril l'existence de la colonie montrèrent à quel point l'activité du gouverneur était prudente, et sa prévoyance opportune. Les émouvantes péripéties de la lutte avaient détourné un instant son attention des travaux qui devaient assurer l'établissement de sa petite armée, la conservation des approvisionnements, la défense des positions militaires ; au mois de mars 1845, la plupart de ces ouvrages n'étaient encore qu'ébauchés ; le gouverneur en pressa l'exécution avec une nouvelle ardeur, dès qu'une pacification momentanée lui eut rendu la libre disposition de ses troupes. Tout devint ouvrier à Taïti, comme tout y avait été soldat. Une machine à vapeur apportée de France fut rapidement montée et distribua bientôt autour d'elle la force et le mouvement. Les ateliers les plus divers prirent racine sur ce sol nouveau. Des carrières s'ouvrirent au flanc des montagnes, le corail enlevé aux récifs de la côte se convertit en ciment; une vaste manutention, des magasins, des hôpitaux, des casernes, s'élevèrent à la place des baraques de bois, des cases de palmier et de bambou, qui avaient d'abord abrité la garnison, les munitions et les vivres. De vastes terrains incultes, des marécages insalubres, se transformèrent en jardins potagers ou en pâturages; des quais s'avancèrent assez loin en mer pour permettre aux plus gros navires de commerce d'y débarquer leurs cargaisons. En même temps, les fortifications se rectifiaient, s'étendaient et s'armaient. La ville de Papeïti ne possédait pas encore une enceinte complète; on s'occupait activement de la mettre, par un long retranchement et par une succession de block-haus et de redoutes, à l'abri d'une agression venue de l'intérieur, en mesure de repousser une attaque dirigée de la mer. Ces travaux n'étaient pas les seuls qui reçussent l'impulsion d'une initiative aussi infatigable que féconde. Comprenant à merveille que la domination étrangère, sous peine de devenir doublement odieuse, doit autant que possible respecter les anciens usages et enter son pouvoir sur des droits consacrés par une possession séculaire, le

16

gouverneur s'enquérait avec soin des traditions qui avaient fixé le rang et les prérogatives des chefs, des modifications que l'introduction du christianisme avait apportées dans les lois du pays. C'est ainsi qu'il parvint à organiser l'administration intérieure et les diverses juridictions auxquelles les étrangers et les indigènes devaient recourir.

La colonisation faisait donc de rapides progrès, quand tout à coup de nouvelles épreuves vinrent l'assaillir et lui donner en même temps un fondement plus solide que la condescendance capricieuse des indigènes. Ce fut la période de la conquête. Notre histoire est remplie de faits d'armes plus importants; elle n'en connaît pas de plus glorieux.

CHAPITRE III

INDEMNITÉ PRITCHARD. — RETOUR AU PROTECTORAT.
ÉCHEC DE HUAHINÉ.
ATTAQUE DE PAPEÏTI PAR LES INDIENS.

L'arrestation du docteur Pritchard avait mis le comble à l'irritation de l'Angleterre; placé dans l'alternative « d'une folie ou d'une faiblesse », le gouvernement français reconnut des torts qu'il n'avait point eus, et fit avec un rare courage politique ce pénible sacrifice à la paix du monde. Si méritoire qu'elle pût être, une telle résignation n'en devait pas moins ébranler l'édifice encore chancelant que le gouverneur de Taïti s'appliquait de son mieux à consolider. L'esprit crédule des Indiens ne pouvait rester insensible aux rumeurs qu'un désaveu aussi éclatant allait faire de nouveau circuler dans l'île. Le 10 août 1845, l'amiral Hamelin, montant la *Virginie,* et l'amiral Seymour, dont le pavillon flottait à bord du *Collingwood,* s'étaient réunis sur la rade de Papeïti pour aviser de concert au règlement de cette fameuse compensation qui a pris dans nos fastes politiques le nom d'indemnité Pritchard. Animés de l'esprit le plus conciliant, ces officiers généraux étaient facilement tombés d'accord sur le chiffre de la réparation demandée. Une autre question devait par malheur venir troubler encore la bonne harmonie si nécessaire à notre établissement. L'amiral Seymour avait l'ordre de saluer à Taïti le pavillon du protectorat; il lui était enjoint de ne pas admettre l'extension de notre autorité sur le groupe des îles sous le Vent. Cette déclaration produisit son effet ailleurs qu'à Raiatea, à Borabora ou à Huahiné. Les flammes éteintes de l'insurrection se ranimèrent soudain, et le territoire de nos alliés fut envahi par des bandes hostiles. Le gouverneur pourvut au plus pressé en envoyant sur les points menacés des renforts ; mais ce qu'il lui fallait avant tout pour réparer l'atteinte portée au crédit de la France, c'était un grand succès moral. Ce succès serait à coup sûr complet, si, affectant de ne tenir aucun compte de la proclamation de l'amiral Seymour, on réduisait à l'obéissance les îles mêmes dont l'envoyé de la Grande-Bretagne affirmait si hautement l'indépendance.

Tel fut le motif qui détermina, vers la fin de l'année 1845, l'envoi de la frégate *l'Uranie* à Huahiné. La résolution était

hardie ; elle avait cependant de grandes chances de réus-
site, si elle n'eût trouvé sur son chemin l'opiniâtre adver-
saire avec lequel, en dépit de toutes les conventions
souscrites en Europe, il nous fallait lutter bien plus qu'avec
les Indiens insoumis. Un officier anglais de la *Salamandre*
qui avait obtenu la permission d'aller à Morea n'hésita pas
à se rendre à Huahiné. Il franchit les trente lieues qui sépa-
rent ces deux îles dans une simple pirogue, et se mit en
communication avec les indigènes. Sa visite confirma les
chefs dans leurs idées de résistance. Après avoir vainement
épuisé tous les moyens en son pouvoir pour arriver à un
arrangement pacifique, le commandant de l'*Uranie* dut se
résoudre à commencer les hostilités. Le 18 janvier 1846,
une expédition, composée de 450 marins et soldats, mar-
cha en colonnes sur le camp ennemi. Une cinquantaine de
ces aventuriers étrangers dont les îles de l'Océanie abon-
dent, que les baleiniers déposent sur toutes les plages et
qui prennent parti dans toutes les querelles; des bandits,
héritiers des traditions que mirent autrefois en honneur les
« frères de la côte », s'étaient chargés de diriger la défense
des Indiens. Nos troupes enlevèrent successivement toutes
les positions sans pouvoir s'emparer du réduit où l'ennemi
s'était retranché ; la difficulté du terrain avait arrêté la
colonne qui devait prendre cet ouvrage à revers. Il fallut
se décider à battre en retraite, après avoir eu dix-huit hommes tués et quarante-trois blessés.

Le commandant de l'*Uranie,* le capitaine Bonard, compagnon de captivité du gouverneur sur les plages d'Afrique,
associé à sa fortune depuis plus de quinze ans, était un de

ces officiers que leur entreprenante audace ne rend pas toujours victorieux, mais qui ne se tiennent pas facilement pour vaincus. Il s'apprêtait à reprendre avec l'infatigable énergie qui était le trait saillant de son caractère une attaque dont il ne voulait attribuer l'insuccès qu'à un mécompte tout à fait imprévu, lorsqu'il reçut l'ordre formel et pressant de ramener, sans perdre une minute, sa frégate à Taïti. Une levée de boucliers, soudaine, irrésistible, telle que l'île n'en avait pas encore vu, exigeait impérieusement la concentration de nos forces. Papeïti était menacé de trois côtés : au nord par le camp de Papenoo, au sud par celui de Punavia, à l'est par les Indiens établis sur les sommets inaccessibles de Fatahua, dont la vallée débouche aux portes mêmes de la ville. Ainsi enfermé dans un cercle qui ne lui laissait d'issue que la mer, le gouverneur envisagea d'un œil calme la situation. Le chiffre de ses troupes ne s'élevait pas, depuis le départ de l'*Uranie*, à six cents hommes, même en y comprenant les ouvriers et les employés civils. C'était avec ce petit nombre de défenseurs qu'il fallait contenir les forces au moins quadruples de l'insurrection, soutenir les postes-détachés, faire face à toutes les attaques, couvrir enfin l'espace considérable qu'occupaient les établissements du gouvernement, la ville européenne et les habitations adjacentes des Indiens qui nous restaient fidèles. Si, au lieu de dénoncer sans cesse à l'opinion, qu'elle surexcitait outre mesure, les perfidies de nos voisins d'outre-Manche, l'opposition eût plus franchement aidé le ministère à sortir du mauvais pas où son imprudence l'avait engagé, si elle lui eût prêté un honnête et loyal concours, jamais on n'aurait eu cet affligeant spectacle d'nne poignée de Français soutenant au bout du monde, pour l'honneur compromis du drapeau, une lutte aussi inégale ; mais nous n'avons qu'un faux patriotisme. Quelles que soient les humiliations que le sort lui inflige, on dirait que la France s'en croit suffisamment vengée dès qu'elle y peut trouver l'occasion d'accuser le pouvoir qui la gouverne : odieuse satisfaction que les braves gens laissés à Taïti auraient payée cher, si leur chef n'eût été de la race de ces anciens « découvreurs » à qui nous dûmes jadis la possession du Canada et de la Louisiane !

Le 20 mars 1846, à cinq heures du soir, la ville se trouva tout à coup envahie par une foule d'Indiens venus du camp de Punavia. Cette bande avait pénétré par le côté de l'ouest pendant que toutes nos troupes étaient occupées au travail sur les défenses de l'est. C'était en effet par le camp de Papenoo, et non par celui de Punavia, qu'on s'attendait à être attaqué. Étonnés de ne rencontrer aucune résistance, les Indiens s'avancèrent jusqu'aux abords de l'hôtel du gouvernement. Des ouvriers de l'*Uranie,* laissés à terre par cette frégate au moment d'un départ précipité, furent les premiers qui reconnurent l'ennemi. Ils poussèrent le cri : Aux armes ! et envoyèrent prévenir le gouverneur. En un instant, la générale est battue, les troupes jettent à la hâte les pelles et les pioches qu'elles avaient aux mains pour saisir leurs fusils, toujours formés en faisceaux sur le lieu du travail. Elles arrivent au pas de course et refoulent les Indiens dans la campagne. A huit heures du soir, tout était terminé, mais l'alerte avait été chaude.

Cette attaque n'était cependant qu'un épisode de l'action générale concertée entre les trois centres de l'insurrection. On pouvait craindre que la jonction des forces ennemies n'amenât des assauts simultanés auxquels il serait difficile d'opposer partout une résistance également heureuse. Des dispositions furent prises en vue de cette éventualité. Les femmes, les vieillards, les enfants de nos alliés, contraints à se réfugier dans la ville, les invalides et tous ceux qui n'étaient pas propres à porter les armes, furent conduits sur l'îlot de Motu-Uta, situé au milieu de la rade et protégé par le voisinage des bâtiments de guerre. Pendant que le gouverneur prenait ces mesures pour le salut commun, on le pressait de toutes parts de mettre en sûreté sa propre famille. Pourquoi ne l'envoyait-il pas sur un des bâtiments stationnés en rade ? Le gouverneur, en cette circonstance si critique, se souvint avant tout de sa responsabilité. Selon son noble et constant usage, il sut sacrifier ses sentiments les plus chers à ce culte exalté du devoir qui remplissait son âme. L'embarquement de sa famille eût été un aveu public d'inquiétude. Convenable pour tout autre, cette précaution était interdite au chef de la colonie. Il devait à tout risque affirmer sa confiance dans les moyens de défense de la ville; madame Bruat était faite pour comprendre cette résolution héroïque et pour s'y associer.

Les Indiens heureusement, frappés de l'énergie avec laquelle avait été repoussée leur première attaque, n'osèrent pas la renouveler. Ils se bornèrent à resserrer autant que possible l'investissement de la ville et à nous harceler

par de constantes alertes. Souvent, au milieu du silence
et de l'obscurité de la nuit, par le calme le plus profond,
une de nos sentinelles voyait s'agiter doucement les broussailles. N'était-ce pas un ennemi qui s'avançait en ram-
pant? A tout hasard, le factionnaire n'hésitait pas à dé-
charger son arme. L'éveil était donné; les sentinelles
voisines faisaient feu à leur tour, et une fusillade générale
éclatait bientôt sur toute la ligne. Avant qu'on eût pu la
faire cesser et se reconnaître, la ville était sur pied,
l'alarme dans tous les postes. Ces échauffourées se répé-
taient presque tous les jours, et imposaient de réelles
fatigues à une garnison peu nombreuse. Il y aurait eu cependant imprudence à se rassurer trop complétement et à
se relâcher d'une vigilance que les Indiens essayaient avec
une remarquable constance de mettre en défaut. A diverses reprises, ils avaient réussi à incendier des maisons
peu éloignées de nos avant-postes; ce n'était là que des
escarmouches. Les insurgés préparaient un coup plus
hardi. A la faveur d'une nuit sombre, ils osèrent, montés
sur plusieurs pirogues, se glisser jusqu'au centre de la
rade et se diriger vers l'îlot de Motu-Uta. Longeant d'aussi
près que possible le bord intérieur du récif, ils avaient
échappé à la surveillance des bâtiments de guerre; ils
approchaient de l'îlot et allaient opérer leur descente,
quand la masse noire des embarcations fut heureusement
aperçue par quelques résidents étrangers. Hélée par ces
Européens, la flottille indienne força de rames et s'avança
rapidement sans répondre; on fit feu, et le trouble se mit
dans ses rangs. Des canots armés à la hâte se détachèrent

des bâtiments voisins ; les Indiens, se voyant découverts, prirent la fuite. La nuit les protégea : ils purent échapper aux poursuites, nous laissant étonnés de leur témérité et moins rassurés que jamais sur l'avenir.

La situation devenait intolérable. Le blocus qui investissait la ville se resserrait davantage chaque jour. Embusqués dans les bois les plus rapprochés de l'enceinte, les Indiens s'y tenaient à l'affût, avec cette patience qui n'appartient qu'aux sauvages. Tout homme isolé qui s'aventurait en dehors de la ligne de défense ne reparaissait plus au camp. Des soldats furent tués au pied même des blockhaus dont ils avaient la garde. Nos auxiliaires manquaient de vivres, car les viandes salées et le biscuit dont se contentaient nos troupes ne pouvaient leur convenir, et il leur était interdit d'aller chercher à quelques pas même de nos ouvrages les fruits et les légumes qui assuraient autrefois leur subsistance. Ils souffraient donc encore plus que nous, mais aucun d'eux ne songeait à nous abandonner.

Le gouverneur n'attendait que le retour de l'*Uranie* pour dégager la place et les districts fidèles. Dès que cette frégate l'eut rallié, il rompit la ligne du blocus et obligea l'ennemi à s'écarter. Nos alliés scellèrent pour la première fois de leur sang l'attachement qu'ils avaient voué à notre cause. Les insurgés durent prendre à leur tour des mesures de défense. Ils se retranchèrent, du côté de l'est, à quelque distance de la ville, dans une position avantageuse, où l'espace compris entre les montagnes et la mer se rétrécit beaucoup et ne laisse qu'un passage large à peine de quelques mètres au milieu de terrains marécageux. C'est là que s'établirent les Indiens de Papenoo, à cheval sur la route, s'appuyant d'un côté aux hauteurs, de l'autre au rivage, défendus sur leur front par les marais et en communication par leur gauche avec les insurgés de la vallée de Fatahua : ceux-ci donnaient la main au camp de Punarou, fortement assis sur les crêtes qui descendent jusqu'à la mer, à l'autre extrémité du demi-cercle dans lequel nous étions enfermés. Pour être moins étroit, le blocus n'en était pas ainsi moins complet. Ce que nos sorties nous avaient rendu, c'était une certaine étendue de terrain devenu peu à peu libre.

Chaque matin, avant le jour, de forts détachements d'Indiens auxiliaires parcouraient cet espace et l'exploraient dans tous les sens. Arrivés à nos derniers avant-postes, prêts à pénétrer avec les premières lueurs qui précèdent l'aurore dans les bois occupés par les insurgés, nos alliés renouvelaient la charge de leurs armes et se recueillaient en silence. Le plus âgé d'entre eux, vieillard à cheveux blancs, prononçait alors la prière, invocation à la protection divine toujours improvisée, et non moins remarquable par l'élévation des pensées que par la noblesse du langage. Cette voix qui s'élevait fervente et inspirée dans le calme profond de la nuit, cette troupe immobile sous l'ombre épaisse des bois, ces fronts de sauvages courbés par un sentiment chrétien, ces mains pieusement jointes sur des armes prêtes à donner la mort, tout cela encadré dans les masses obscures et dans les grandes lignes d'une magnifique nature encore endormie, composait un

tableau d'une solennité à la fois touchante, grave et religieuse. S'il ne s'était formé au milieu même de la lutte un
parti puissant en faveur du protectorat, jamais nous n'eussions réussi à triompher de l'insurrection. Dans cette guerre
d'embûches, de surprises, de broussailles, les naturels,
dépouillés de tout l'attirail qui chargeait nos soldats, glissant nus dans ces bois dont ils connaissaient les moindres
issues, auraient eu sur nous de trop grands avantages.
Nos embuscades les faisaient sourire; ils les évitaient presque toujours, et si par extraordinaire quelque maraudeur
isolé s'y laissait surprendre, il s'en tirait encore par une
présence d'esprit, une audace et une agilité dont il nous
suffira de citer un exemple.

Une compagnie d'infanterie s'était embusquée au bord
de la rivière de Fatahua, et s'y tenait complétement cachée
par d'épais fourrés de goyaviers. Nos alliés battaient le
terrain aux alentours. Un Indien de la vallée en costume
de combat, la cartouchière ceinte autour des reins, le
mousquet sur l'épaule, la chanson sur les lèvres, descendait à cette heure le sentier qui longe la rivière. Il arrive
bientôt à la hauteur de nos premiers soldats, et frôle en
passant le canon des fusils braqués dans le buisson. Rien
ne bouge. On le laisse s'engager davantage. Quand une
partie du détachement se trouve en position de lui fermer
la retraite, un sergent se montre, le couche en joue, et
lui intime l'ordre de s'arrêter. L'Indien, à cet appel, se
retourne brusquement et fait feu le premier. Dans sa précipitation, il n'a pas pris le temps de viser son ennemi; il
le manque. Le voilà désarmé en présence de cent hommes

rangés sur son passage. Comment fuir? comment échapper
à ce feu de peloton qui le guette? Le sauvage s'élance. Il
court avec une telle rapidité, il bondit avec une telle sou-
plesse, que les soldats qui l'ajustent sont pour ainsi dire
obligés de l'ajuster au vol. Il essuie à bout portant près de
cent coups de fusil sans qu'une seule balle ait effleuré sa
peau. Il est enfin parvenu à gagner la grand'route; mais
cette issue a été gardée. Dix hommes s'avancent, lui bar-
rent le chemin, et s'apprêtent à le saisir. L'Indien les écarte
par un vigoureux moulinet, se jette sur un des côtés de la
route, saute par-dessus d'autres soldats encore cachés
dans le bois, et disparaît sous la voûte épaisse des goyaviers.

Tels sont les hommes que nous avions à combattre. Les
eussions-nous vaincus, si à l'intrépidité de Fernand Cor-
tès le commandant Bruat n'eût joint la sage politique du
conquérant des Indes espagnoles? Délaissé par la métropole, s'usant par ses victoires mêmes, il répara ses pertes
en multipliant ses alliances. Son courage et sa générosité
lui firent chaque jour de nouveaux partisans dans la population chevaleresque qui le voyait lutter contre tant de
désavantages, et qui se sentait invinciblement attirée vers
ce visage toujours souriant et cette main toujours ouverte.
Du mois de février au mois de juin 1846, il livra vingt
combats avec des issues diverses, vit tomber à ses côtés
ses plus chers compagnons, et cependant ne désespéra jamais. Des renforts enfin arrivèrent. Les opérations furent
poussées avec une nouvelle vigueur, et Papeïti, délivré
d'un humiliant blocus, ne songea plus qu'à faire payer aux

ennemis les inquiétudes auxquelles pendant si longtemps leurs attaques incessantes l'avaient tenu en proie.

CHAPITRE IV

PRISE DE FATAHUA. — SOUMISSION DES INSURGÉS.
RÉINTÉGRATION DE LA REINE POMARÉ.
DÉPART DE L'AMIRAL BRUAT.

Les pertes que les insurgés avaient éprouvées dans cette seconde guerre étaient considérables. Le gouverneur ne se dissimulait pas néanmoins que, tant que ses expéditions ne ressembleraient qu'à des sorties, il ne pourrait espérer de soumission générale. Les trois vallées qui avaient servi de refuge aux insurgés se prolongent par des rameaux très-étroits et souvent coupés par des contre-forts jusqu'au centre de l'île. Là elles aboutissent à un vaste plateau, cratère éteint, d'où partent en s'épanouissant les diverses chaînes de montagnes qui vont mourir à la mer. Ces trois vallées, fermées à leur débouché, peuvent donc communiquer encore par le plateau où elles prennent leur commune origine. Nous nous y étions engagés et les avions parcourues dans une certaine longueur, mais bientôt nos colonnes étaient arrivées à des gorges tellement resserrées, à des flancs tellement abrupts, que les fortifications qui y avaient été trouvées établies furent, de l'avis de tous, jugées inexpugnables. Le gouverneur dut renoncer à y forcer

17

les insurgés, et il lui fallut chercher un moyen moins dangereux de les réduire. Il forma un certain nombre de colonnes mobiles, et les chargea de parcourir constamment le littoral, afin d'empêcher l'ennemi de venir y chercher le fruit de l'arbre à pain, la patate, le taro, le poisson, l'eau de mer presque indispensable aux Indiens. Le 8 août 1846, le gouverneur résumait en ces termes la situation : « Par suite des travaux que j'ai entrepris, les insurgés se trouvent maintenant refoulés dans les vallées inaccessibles de Papenoo et de Punarou. Ils en sortent quelquefois pour faire des vivres, gravissant des montagnes fort escarpées, obligés en plusieurs endroits de s'aider de cordes pour les franchir et allongeant considérablement le chemin qu'ils ont à faire : ces sorties ne peuvent intercepter la circulation des détachements de dix hommes à l'est de la ville, des patrouilles de cinquante hommes entre Papeïti et Punavia. »

Dégagés sur deux de leurs faces, nos établissements n'étaient plus tenus en échec que par les Indiens restés maîtres de la vallée de Fatahua. De cette vallée centrale, on pouvait arriver à Papeïti en suivant les crêtes qui dominent la ville. C'était pour les colons un sujet continuel de crainte. Si une expédition partait pour Papenoo ou pour Punavia, on s'attendait toujours à voir les insurgés profiter de l'éloignement des troupes et venir tomber à l'improviste sur le siége du gouvernement. Tant que la rébellion conserverait ce dernier abri, la sécurité de la colonie resterait incomplète ; mais comment arriver jusqu'à la redoute bâtie comme un nid d'aigle au sommet du pâté de rochers

à pic qui domine de plus de six cents mètres le fond de la
vallée? En abordant cette position de front, on se fût
heurté à une muraille que les Indiens eux-mêmes ne fran-
chissaient qu'à l'aide de trous pratiqués dans le roc, périlleux échelons où l'on trouvait à peine à poser le pied. Sur
la droite, une cascade se précipite d'un vaste bassin et
tombe en flots d'écume dans l'abîme béant; le flanc gauche
est gardé par un piton plus élevé et plus inaccessible encore. Aucune trace n'indique que jamais être humain ait
tenté d'en toucher la cime. C'est par là cependant que le
gouverneur résolut de prendre l'ennemi à revers, pendant
qu'on simulerait une attaque de l'autre côté. Un naturel de
l'île de Pâques, ancien oiseleur du roi Pomaré, offrait
de guider nos soldats dans cette ascension que tous les Indiens de Taïti jugeaient impossible. Il l'avait accomplie
jadis lorsque seul, gardant soigneusement son secret, il
poursuivait dans les dernières retraites où l'on pût le trouver encore cet oiseau des tropiques dont les plumes écar-
late devaient composer le manteau royal. Le 16 décembre
1846, à huit heures du matin, il se mettait en route pour
reconnaître par lui-même le chemin aérien qu'affronteraient
sur sa foi vingt-cinq Indiens choisis par Tariirii et trente-huit
volontaires français commandés par le second maître Ber-
naud. A cinq heures du soir, l'intrépide oiseleur rentrait au
camp exténué de fatigue. La sécurité de l'ennemi était
complète. L'attaque fut résolue pour le lendemain.

Le capitaine Bonard, qui commandait l'expédition, partagea sa troupe en deux colonnes : cent cinquante hommes
d'infanterie, sous les ordres du capitaine Massé, marchèrent

directement vers le fort et s'avancèrent avec précaution dans la gorge, plaçant des sentinelles à tous les débouchés par lesquels on eût pu les tourner. Vers dix heures, ils étaient en vue de la redoute, et ils ouvraient une vive fusillade à laquelle les insurgés, prenant cette attaque au sérieux, s'empressaient de répondre par quelques coups de feu et par une avalanche de pierres. Ces quartiers de roche, tenus en équilibre et prêts à céder au moindre effort, sont un formidable moyen de défense quand on peut les faire rouler sur l'assaillant du bord d'un précipice ou de la plate-forme d'un donjon. C'est la grosse artillerie des Indiens. Dans la guerre de Taïti, elle a souvent fait reculer nos colonnes. Il était difficile de voir sans un certain effroi ces masses énormes bondissant dans le vide, broyant et renversant tout sur leur passage, venir avec fracas tomber jusqu'au pied de nos réserves.

Pendant que le capitaine Massé par sa diversion hardie attirait l'attention des insurgés, le mouvement tournant s'exécutait avec des difficultés inouïes et un courage vraiment surhumain. Le pic avait à peu près six cents mètres d'élévaion. Il en fallait gravir cent cinquante à force de bras, n'ayant pour appuyer ses pieds que la roche nue ou quelques touffes d'herbe. Dès cinq heures du matin, les volontaires s'étaient mis en route. Laissant sacs et habits au pied de la montagne, ils n'avaient conservé que leur fusil et des cartouches. C'est ainsi qu'ils parvinrent à escalader le premier degré du piton. Vers trois heures de l'après-midi, ils atteignaient le sommet, objet de leurs efforts. De ce point culminant, ils apercevaient au-dessous d'eux les in-

surgés, tout occupés de riposter au feu du capitaine Massé ;
mais entre les deux pitons il y avait un abîme qu'il fallait
franchir sur une crête rocheuse, pont étroit que la lave
en fusion jeta jadis en se refroidissant d'une muraille
à l'autre. A cheval sur cette arête aiguë, pareils à des
couvreurs sur le faîte d'un toit, les volontaires s'avancent
à la file, le fusil en bandoulière, un précipice à leur droite,
un précipice à leur gauche et l'ennemi devant eux. Leur
vie ne tient qu'à un fil. S'ils sont découverts pendant
qu'ils accomplissent ce périlleux passage, quelle résistance
pourront-ils opposer? Les plus intrépides ont senti leur
cœur battre violemment. Muets, la sueur au front, ils poursuivent leur route. A quoi bon songer au danger quand la
retraite est devenue impossible? Dieu soit loué! ils ont
enfin touché le bord. Un monticule boisé les sépare seul de
la fameuse redoute; ils s'y rallient, franchissent ce dernier obstacle d'un élan et arrivent sur les parapets avant
que les insurgés aient pu soupçonner leur présence. Le
pavillon taïtien est renversé, l'ennemi couché en joue et
sommé de mettre bas les armes. Comme un faucon quand
il ferme ses ailes, Tariirii le premier est tombé des airs dans
la redoute. Les rebelles éperdus ne songent pas un instant
à se défendre. Les uns se jettent aux pieds du chef qui
leur offre la vie sauve; les autres ont déjà cherché leur
salut dans la fuite. Ils vont porter au loin la terreur qui
s'est emparée de leur âme. On les poursuit, et nos avant-
postes se portent le jour même à deux lieues en avant de
Fatahua, sur le sommet aux trois fleurons aigus qui a reçu
le nom de Diadème, et d'où l'on découvre au loin la vallée

de Punarou. Les insurgés, ainsi menacés sur leurs derrières, se trouvaient bloqués de l'autre côté par les troupes réunies à Punavia. Ils se résignèrent à faire leur soumission. Quand ils eurent livré leurs munitions et leurs armes, une assemblée solennelle fut convoquée le 22 décembre, à l'entrée de la vallée même où nos soldats les tenaient enfermés. Le gouverneur s'y rendit de sa personne, accompagné du régent Paraïta. Les chefs principaux de l'insurrection, Utomi et Maro, suivis de plus de mille Indiens, appartenant tous au district de Punarou, lui jurèrent fidélité et obtinrent l'autorisation de transporter leurs cases sur le bord de la mer. Subjugués par la clémence presque surnaturelle du vainqueur, plus encore peut-être que par sa puissance, les insurgés de Papenoo ne tardèrent pas à suivre l'exemple des rebelles de Punarou. Nous leur avions infligé le 10 mai 1846 une sérieuse défaite. Depuis cette sanglante journée, ils vivaient misérablement au fond de la vallée dans laquelle nous les avions refoulés et dont nous gardions la gorge. Ils jugèrent le moment venu d'implorer un pardon qui leur fut libéralement accordé. Une nouvelle année ne s'était pas ouverte que tous les chefs de l'île sans exception recevaient du gouvernement du protectorat leur investiture. La reine Pomaré comprit qu'elle n'avait plus de motifs pour rester à Raiatea. Elle se décida enfin à écrire au gouverneur, et, rompant définitivement avec ses anciens conseillers, fit connaître son intention de rentrer à Taïti sur un bâtiment français. Le 22 janvier 1847, elle s'embarquait à bord du *Phaéton,* et le 7 février nous la reconnaissions officiellement en présence du peuple assemblé à Papeïti comme reine des îles de la Société, sous le gouvernement du protectorat. Ainsi se termina ce regrettable conflit qui, pendant plus de trois ans, tint la guerre suspendue entre l'Angleterre et la France, aigrissant les rapports des deux peuples, compromettant l'attitude des hommes d'État les plus honorables, servant de texte à toutes les déclamations des partis et complétant par là le fâcheux effet des événements de 1840.

Le fait d'armes de Fatahua, la soumission des insurgés et la réintégration de la reine furent connus en France dans les premiers jours de juin ; l'*Uranie,* portant le pavillon du commandant Bruat, promu depuis six mois au grade de contre-amiral, cinglait alors à pleines voiles vers la rade de Brest. Ce fut le nouveau gouverneur de Taïti, le capitaine de vaisseau Lavaud, qui fut chargé de mettre à l'ordre du jour de la colonie les félicitations que méritait un si complet succès. « M. Bruat, lui écrivait le ministre, recevra, en arrivant en France, l'expression de toute la satisfaction du Roi et de son gouvernement. » Heureux ce gouvernement, s'il n'avait jamais, pour complaire à de prétendues aspirations nationales, cherché au bout du monde l'occasion de mettre en péril la seule alliance qui l'eût accueilli à son avénement, la seule qui eût pour ses institutions une sympathie réelle, la seule vers laquelle il se sentît lui-même porté par une inclination sincère.

LES
GRANDES FLOTTILLES

LES

GRANDES FLOTTILLES

CHAPITRE PREMIER

DESCENTE DE CÉSAR EN ANGLETERRE ET DE GERMANICUS EN ALLEMAGNE.

Les bâtiments à rames ont traversé quatre phases qui correspondent à des besoins différents. Au début, dans les premiers âges de l'histoire, ils n'étaient pas pontés ; plus tard, on les a revêtus d'une couverte ; il était cependant encore possible de les tirer à terre ; les quinquérèmes sont venues, il leur a fallu des ports ; l'invention de l'artillerie a exigé des plates-formes solides, des membrures résistantes ; les constructeurs du seizième siècle ont bâti la galère qui devait combattre à Lépante. Telles sont les quatre périodes qu'a parcourues, dans le court ou le long espace, comme il vous plaira de l'appeler, de deux mille ans, l'art naval. Je propose d'en revenir aux temps les plus rapprochés du déluge, aux pentécontores, ou, si vous l'aimez mieux, aux péniches de Boulogne; il n'y a pas d'autre moyen de se mettre en mesure de débarquer et de rembarquer rapidement de l'infanterie. Le grand avantage de la péniche, je l'ai plus d'une fois fait sentir : tout rivage lui convient, le brisant la soulève et ne la submerge pas. Quand il le faudra, nous en construirons deux mille avec la promptitude que montrèrent avant nous Duillius, Scipion, César et Théodoric, — en quarante-cinq jours. Il sera peut-être nécessaire de les remorquer; nous aurons pour cela une flottille à vapeur, — dût cette flottille n'être composée que de bateaux-torpilles; — nous voudrons aussi épargner aux péniches les périls d'un trop long voyage; cent transports préparés à l'avance ou empruntés au commerce les prendront sur leur pont, les suspendront à leurs flancs. Les péniches, croyez-moi, ne nous causeront jamais autant d'embarras que nous en ont causé les chalands. Quant aux rameurs, ne vous en inquiétez pas; ce seront les soldats eux-mêmes. On leur apprend bien à nager en chambre; pourquoi ne les dresserait-on pas à ramer sur le sable? Le général romain faisait asseoir ses troupes dans l'ordre qu'elles auraient occupé à bord d'un vaisseau, se plaçait au centre et habituait les hastaires, aussi bien que les vélites, les princes et les triaires, « à se jeter en arrière en amenant tous à la fois leurs mains vers leur poitrine, à se baisser ensuite en les reculant ». Attentifs aux signes de l'*hortator,* dociles comme un danseur au rhythme cadencé du *symphoniacus,* les fils de Romulus furent bientôt en état d'en remontrer aux Carthaginois; les grenadiers de Boulogne, avant que le camp fût levé, étaient déjà de force à battre haut la main les écoliers d'Oxford : il auraient gagné à Woolwich toutes les régates. Les soldats français sont les recrues les plus souples qui soient au monde; on peut les plier à tous les métiers qu'on voudra. Je n'en citerai qu'un exemple; je suis convaincu qu'on le trouvera concluant.

Un clipper américain, le *Monarch of the sea,* s'était engagé à ramener de Kamiesh en France un bataillon de chasseurs à pied, le bataillon du commandant Nicolas. Ce clipper audacieux comptait sur la remorque qui lui était promise; il possédait un cabestan à vapeur qui levait ses ancres; quel besoin avait-il de se munir d'un nombreux équipage? Tout alla bien ainsi jusqu'à Milo; le *Prométhée,* que commandait le capitaine Du Quilio, traînait victorieusement l'énorme clipper à travers l'archipel; à Milo, le remorqueur manqua de souffle. Il fallut s'arrêter; les avaries du *Prométhée* étaient graves, et voilà tout un bataillon impatient de toucher la terre natale en détresse. Qui manœuvrerait les immenses voiles? On sait ce que sont les voiles d'un clipper; un vaisseau de ligne ne déploierait pas plus d'envergure. De plus, on se trouvait au cœur de l'hiver, et je ne crois pas qu'on puisse rencontrer de conditions à la fois plus difficiles et plus laborieuses que celles d'une traversée d'hiver des mers du Levant en France. Le commandant Nicolas et le capitaine du *Monarch* eurent simultanément la même pensée, — une pensée américaine, — mais aussi une pensée bien digne de ce pays d'où sont partis jadis les découvreurs du Canada : ils proposèrent aux chasseurs à pied de prendre la place des matelots qui manquaient. Les chasseurs acceptèrent, et le cabestan à vapeur du *Monarch of the sea* leva l'ancre. Le voyage ne fut pas commode; plus d'un soldat, quand il se balançait

entre le ciel et l'eau sur la vergue, regretta, j'en suis sûr,
le service cent fois moins périlleux des tranchées. Les
côtes de France apparurent enfin à l'horizon, et le glorieux
bataillon compta dans ses annales un haut fait de plus.

Soldats de l'avenir, je ne veux rien vous demander de
semblable. Nous ferons notre métier, faites le vôtre ; seulement résignez-vous à le faire tout entier. Les sacs au
fond de la péniche, les bras sur l'aviron, le fusil sous les
bancs, dix jours de biscuit en bandoulière, et en avant,
tout d'un trait à la plage ! Je sais que vous avez généralement peu de penchant à vous confier à l'élément perfide.
Le porte-aigle de la dixième légion avait-il donc le pied
plus marin que vous ? Les soldats de César, ces soldats
qui venaient de conquérir la Gaule, hésitaient, penchés sur
le bord ; ils mesuraient du regard la profondeur inquié-
tante de l'eau. Le porte-aigle, après avoir invoqué les
dieux, s'élance à la mer. « Suivez-moi, compagnons,
s'écrie-t-il, si vous ne voulez livrer l'aigle de la légion aux
barbares ! » On le suivit. Les Bretons poussent contre les
légionnaires leurs chevaux ; les premiers rangs des Romains, dans l'eau jusqu'à la ceinture, ont une peine infinie
à s'affermir sur le fond ; ils redoublent d'efforts pour prendre pied sur la plage. César remplit de soldats les esquifs
et les caïques des galères, — *scaphas longarum navium et
speculatoria navigia.* — Il les envoie au secours des légionnaires qu'il voit près de plier. Les Barbares sont refoulés, la plage est conquise ; la fortune n'a pas osé faire
défaut à César. La campagne eût été terminée en un jour
si la cavalerie avait pu aborder dans l'île : les vents con-

traires retinrent au port les vaisseaux à voiles sur lesquels
on l'avait embarquée.

Les chevaux, vous le voyez bien, sont toujours le grand
impedimentum. Ah! si l'on pouvait leur apprendre à traverser les détroits à la nage! mais il n'y faut pas songer.
Occupons-nous donc sans relâche de trouver le moyen de
les transporter. Je vous ai parlé ailleurs de la pirogue
double [1], car je voudrais un moyen de transport qui fût à la
fois un moyen de débarquement. Je ne me dissimule pas
tout ce que le problème a de délicat. Je ne vous propose
pourtant que de débarquer des chevaux; si je vous deman-
dais de mettre à terre des éléphants! Le roi Pyrrhus fut le
premier, je crois, qui fit franchir à ces animaux gigantesques un bras de mer; les Carthaginois, après lui, en inon-
dèrent la Sicile. Serez-vous moins entreprenants que des
Épirotes, moins ingénieux que des soldats de Carthage?

Je ne sais pas encore si je travaille pour la bataille de
Dorking ou pour la bataille de Kœnigsberg; peu m'importe,
je travaille surtout pour l'amour de l'art. Quand chacun
s'agite à Corinthe, c'est bien le moins que, moi aussi, je
roule mon tonneau. Les rivages de l'Angleterre seront
peut-être un jour menacés; ce que je puis garantir sans
être un grand prophète, c'est qu'ils ne le seront jamais
par nous. Les temps sont bien changés, depuis l'époque
où l'empereur Napoléon Ier voulait interdire l'accès du
continent aux produits d'outre-Manche. « Voyait-on un
concombre, un levraut, un cochon de lait, une gousse d'ail,

---

[1] Voir, dans la *Marine des anciens,* la *Revanche des Perses.*
E. Plon et Cie, éditeurs.

un grain de sel, tout cela était de Mégare, tout cela était aussitôt saisi et vendu. » Habitants de Mégare, nos marchés aujourd'hui vous sont ouverts; vous en connaissez l'importance, nous avons le droit, en échange, de compter sur votre amitié; vous auriez bien tort de douter de la nôtre. Je serais vraiment un grand coupable si, pour avoir la satisfaction de faire prévaloir mes idées, je m'exposais à mettre en péril la paix du monde. J'appartiens à un pays qui s'est assez rassasié de gloire et qui a fini par apprendre à ses dépens, par un cruel retour de fortune, que la gloire d'un peuple est toujours faite du deuil et de l'humiliation des autres. Si je me permets un rêve, c'est un rêve de sécurité. J'ai peut-être en trop haute estime les forces militaires qui, de tous côtés, nous entourent; pardonnez-moi, en faveur du motif, cette obsession. Le discours de mon vaillant ami, le vice-amiral Bouët-Willaumez, discours qui, en 1870, fit tressaillir d'une émotion unanime le Sénat, me revient souvent en mémoire. Je me dis alors : Profitons-nous bien des conditions exceptionnelles que nous devons à la configuration de notre territoire? La marine ne peut-elle concourir autrement qu'en prenant la place d'une armée absente, à la défense nationale? Lui est-il interdit de revenir au rôle qu'elle a joué autrefois? La chose vaut assurément la peine qu'on y pense.

On m'a fait très-judicieusement observer qu'il ne suffisait pas « de mettre les petits bateaux dans les grands »; que, si l'esprit militaire venait jamais à s'affaiblir parmi nous, le feu grégeois lui-même et les siphons d'airain de l'empereur Léon ne nous sauveraient pas. Je le reconnais, et je serais heureux de pouvoir trouver à ce sujet encore quelque bon conseil à donner. Il y a pourtant quelque inconvénient à s'imaginer que, parce qu'on se connaît en cothurnes, on pourra impunément porter sa critique sur d'autres objets. Je n'aime pas beaucoup à sortir de ma spécialité. Préserver les mœurs d'une nation des effets presque inévitables d'un croissant bien-être est le devoir du législateur; ce n'est pas celui de l'officier de marine. Vous insistez? Quel exemple chercherai-je dans l'histoire qui me puisse inspirer le courage de vous satisfaire? Démosthène a été, dans son temps, le capitaine de pavillon du stratége Céphisodote, comme j'ai été, dans le mien, le chef d'état-major de l'amiral Bruat. Néanmoins Démosthène est beaucoup plus connu pour son talent admirable d'orateur que pour la capacité dont il fit preuve en sa qualité de triérarque. Je lui céderai volontiers la parole; il ne faudra que quelques mots à son éloquence pour rendre, cent fois mieux que je ne pourrais le faire, toute ma pensée. Que murmure donc cet illustre ennemi de Philippe? « Je te demande, ô ciel, toutes tes faveurs; je te demande principalement des grands hommes. » Oui, Seigneur! cette fois encore le patriote, justement ému, a raison : protégez notre industrie, jetez un regard propice sur nos récoltes, ramenez nos flottes marchandes au port, mais surtout, si vous nous aimez, donnez-nous des grands hommes! Les grands hommes naissent presque toujours des grands souvenirs; ne faisons-nous pas trop bon marché des nôtres? Il faut y prendre garde; la victoire pourrait nous garder rancune si elle nous voyait nous obstiner ainsi à vouloir « arracher à son piédestal » le dieu de la guerre.

Je disais que la cavalerie de César, portée par des vaisseaux ronds, avait été fort mal à propos retenue au port.
Quand un changement favorable permit à ces vaisseaux de
traverser le canal, ils furent accueillis, en vue des blanches falaises de la Grande-Bretagne, par une violente tempête. Les uns furent remportés vers les côtes de la Gaule,
d'autres poussés à l'ouest, du côté des Sorlingues. Ceux-là
jetèrent l'ancre ; la mer ne leur permit pas de rester longtemps au mouillage. Assaillis par les vagues, ils durent couper leurs câbles et reprendre le large par une nuit orageuse.

L'année suivante, César revient à son entreprise. Pour
cette seconde expédition, ses préparatifs sont mieux faits.
Il ne veut plus confier ses chevaux et ses bagages à des
navires incapables de se mouvoir à la rame ; les vaisseaux
de haut bord sont bons pour le commerce, ils ne conviennent pas à des opérations de guerre. Toute une flotte est
construite dans le court espace d'un hiver, — vingt-huit
vaisseaux longs et six cents *actuaires*. La Gaule a fourni
le fer et le bois ; les voiles et les agrès sont venus d'Espagne. L'Espagne est déjà la patrie du chanvre. Qu'était
l'actuaire ? Un vaisseau de charge, mais un vaisseau de
charge bas de bord. La trirème antique n'a jamais élevé
ses avirons de plus de deux pieds et demi au-dessus de
l'eau ; la galère du seizième siècle n'exhaussera que d'un
pied le support de ses lourdes rames. Le caractère essentiel du bâtiment à rames consiste dans l'abaissement de
toute l'œuvre morte. Nos chaloupes de vaisseau ont déjà
une hauteur de plat-bord exagérée ; voilà pourquoi elles

marchent si mal. César, je le répète, a commandé des vaisseaux de transport qui pussent à la fois naviguer à la voile et ne plus être arrêtés par le calme : — *has omnes actuarias imperat fieri.* — Comment s'y prendra-t-il pour obtenir ce double résultat? Il abaissera sans hésiter les plats-bords : — *quam ad rem multum humilitas adjuvat.* — Cinq légions, — vingt-cinq mille hommes au moins, — et deux mille chevaux traversent le canal dans une nuit. Entraîné par la marée, le convoi s'est trop rapproché de la mer du Nord; l'erreur est à peine reconnue que César donne l'ordre d'armer les avirons. Il n'entend pas prendre terre sur un autre point que celui qui lui a procuré l'année précédente un débarquement facile. Légionnaires, cavaliers, tous ont saisi la rame. Pendant près de six heures, les vaisseaux de transport rivalisent de vitesse avec les galères : — *longarum navium cursum adæquarunt.* — Dans sa première campagne, César avait opéré une descente de vive force; cette fois, il ne rencontre aucune opposition. C'est ainsi que je prétends débarquer. La flottille servirait de peu, et je la croirais en vérité compromise, s'il fallait la lancer avec tous ses soldats sous le feu de l'artillerie. Faire taire le canon amené sur la plage, les navires cuirassés le pourront toujours; il suffira que la profondeur de l'eau leur permette de s'approcher à un ou deux milles du rivage. Les chaloupes canonnières suppléeraient au besoin les vaisseaux; mais qu'il est plus habile, qu'il est plus profitable d'aller jeter ses troupes sur un point où elles ne sont pas attendues! Ne dût-on jamais aborder, qu'il y aurait encore intérêt à se montrer en force sur la côte ennemie!

On peut finir par ruiner une armée sans lui tirer un seul coup de fusil, pourvu qu'on sache la contraindre à marcher. J'irai même plus loin : je soutiens qu'une flottille convenablement équipée exerce déjà du port où on la rassemble une action stratégique de la plus extrême importance.

« Une bonne ruse, dit Xénophon, c'est d'avoir l'air d'armer une flotte et puis d'attaquer par terre, ou bien de feindre une attaque par terre et d'entreprendre par mer. » C'est ainsi que la cavalerie athénienne, commandée par Gryllus, trompa Épaminondas qui l'attendait dans la vallée de Némée. Cette cavalerie prit passage sur des navires de transport et alla débarquer en Laconie; Épaminondas la rencontra, pour sa perte, dans les champs de Mantinée. Démosthène n'avait probablement pas oublié cette adroite manœuvre, quand il s'écriait : « Voulez-vous tenir Philippe en échec? équipez pour la moitié de nos cavaliers des vaisseaux-écuries ! »

Qu'avaient appris à Germanicus trois campagnes douteuses? Que, dans un pays défendu par des bois et par des marais, il est malaisé, sinon impossible, de protéger une longue file de bagages; que les soldats peuvent s'user sur les routes plus vite encore que dans les combats; qu'il n'est point enfin de réserve si large de bêtes de somme qui ne s'épuise à traîner, à travers des sentiers boueux, d'interminables convois. Si l'on possède, au contraire, une flottille, si cette flottille est en mesure de remonter les fleuves, fantassins, cavaliers, tous arrivent sans fatigue au point de départ des opérations. Voilà bien ce qu'on serait en droit d'appeler « un chemin qui marche ».

Je me suis souvent demandé pourquoi l'on ne remontait plus les fleuves : est-ce par crainte de l'artillerie? Mais les balistes, — *missæ e tormentis hastæ,* — les catapultes, les frondes étaient aussi une artillerie névrobalistique ; elles avaient bien leur efficacité sur ces arènes étroites bordées souvent de si près par les deux rives. Ont-elles empêché les Normands, au neuvième siècle, de brûler Rouen et l'abbaye de Jumièges, de surprendre Blois et Amboise, Cantorbéry, Rochester et Londres, de remonter la Loire jusqu'à Tours, la Garonne jusqu'à Toulouse, le Guadalquivir jusqu'à Séville, la Seine jusqu'à Paris, la Charente jusqu'à Saintes, de réduire Tarbes en cendres, de piller Orléans, Bordeaux et Périgueux?

Germanicus, longtemps avant ces pirates scandinaves, avait remonté deux des grandes rivières de l'Allemagne : la Meuse et l'Ems. Il fit construire, avec la rapidité qu'on y mettait alors, mille vaisseaux. C'est toujours par milliers de barques qu'il convient, en pareille occurrence, d'opérer. Gardez-vous bien de vouloir polir votre œuvre ; l'important est de faire vite et de faire léger. Il y a cent à parier que nos fantassins ne prendront pas la peine de retrancher, comme les Grecs, leurs vaisseaux ; ils suivront plutôt l'exemple de Cortez, ils les brûleront. Cela les dispensera d'aller chercher au loin du combustible. Des mille vaisseaux de Germanicus, les uns étaient courts, — *breves;* — affinés des deux bouts, — *angusta puppi proraque;* — larges au milieu, — *lato utero;* — les autres se contentèrent d'être des bateaux plats, des bateaux sans quille, tels qu'il est bon d'en avoir pour accoster le bord, — *planæ carinis, ut sine noxa sederent.* — On leur donna deux gouvernails, le premier à l'avant, le second à l'arrière. Excellente précaution, que nous n'aurons pas besoin cependant d'imiter : un aviron de queue se transporte aisément de la poupe à la proue de la péniche. Est-ce tout? Non, Germanicus veut avoir encore des vaisseaux à couverte, sorte de ponts flottants dont il se servira pour porter d'abord, pour débarquer ensuite avec facilité ses chevaux et ses catapultes. Ces vaisseaux pontés, — *pontibus stratæ,* — marcheront à la voile et à la rame. Nous les connaissons ; ce sont des *actuaires,* — *velis habiles, citæ remis.* — La flottille se rassemble à l'île des Bataves, vaste alluvion qu'enveloppent le Wahal et la Meuse. Par le canal de Drusus, par les lacs, sans s'exposer à un trop long trajet maritime, elle gagne l'Océan ; la voilà réunie à l'embouchure de l'Ems. Ruyter aussi y est venu à cette embouchure, il ne s'y est pas arrêté. L'Ems ne lui a pas fourni un point de débarquement pour l'invasion, le magnifique estuaire lui a procuré un refuge. Emporté de Bergen par la tempête à travers la mer du Nord, sans l'Ems il était perdu. Tacite reproche à Germanicus d'avoir débarqué ses troupes sur la rive gauche du fleuve, quand il les pouvait descendre sur la rive droite, en remontant plus haut. Germanicus se fût ainsi épargné la peine de jeter des ponts et n'eût pas perdu à ce travail plusieurs jours. Sans doute ! Mais si les rameurs se lassèrent de refouler le courant, si les pilotes s'égarèrent dans le lit de la rivière, quel parti restait-il à prendre? Tout n'est pas dit quand on s'est engagé dans un fleuve ; il faut encore en avoir sondé les détours, étudié les rapides; il faut même, ce qui n'est pas si facile qu'on pense, savoir y manœuvrer. Qu'il me soit permis de faire à ce sujet une remarque : la navigation hauturière nous apprend à trouver le chemin de la Chine ou de l'Australie ; elle laissera ses meilleurs adeptes embarrassés si on les transporte brusquement sur le Rhône.

L'Ems franchi, le Weser passé, Germanicus n'avait plus qu'à combattre, et quels ennemis! « Des barbares sans casque, sans cuirasse, couverts par des boucliers d'osier, dont les armes offensives, à part quelques lances placées au premier rang, ne se composaient que de méchants javelots et d'épieux durcis au feu. » La victoire n'hésita pas un instant; elle fut aussi complète que possible et ne coûta presque rien aux Romains. Jusqu'à la nuit, les vainqueurs s'acharnèrent au carnage. Germanicus lui-même y excitait ses soldats. « Frappez, leur criait-il, pas de prisonniers! Nous ne verrons la fin de cette guerre que lorsqu'il n'y aura plus de nation germaine! » Ce n'était pas par ce massacre impitoyable qu'on pouvait sauver Rome; il eût mieux valu continuer d'apprendre le latin à Hermann, — *pleraque latino sermone interjaciebat,* — vous aurez bien vite absorbé un peuple, si vous savez le décider à échanger sa langue pour la vôtre.

Tout l'été les légions occupèrent le pays. Quand vint le moment de prendre les quartiers d'hiver, Germanicus embarqua la majeure partie de ses troupes et redescendit l'Ems sur la flottille. Un coup de vent de sud-ouest se déclare à la suite d'un violent orage; la flottille n'était pas préparée à cette épreuve. Des bateaux, pour la plupart

non pontés, ne sont pas faits pour tenir la cape. Chacun
cède au vent; en un instant la flottille est dispersée. Germanicus aborda chez les Chauques. Il avait lieu de croire
son armée engloutie; dans les premiers moments, son désespoir ne connut pas de bornes; mais bientôt la marée
lui ramena une partie des navires. Les uns n'avaient plus
que quelques rames, les autres se traînaient sous des vêtements arborés en guise de voiles; un certain nombre
venaient à la remorque de vaisseaux moins endommagés.
En somme, il ne paraît pas que beaucoup de soldats aient
péri. Dès qu'on put, avec les navires qui avaient rejoint et
qu'on s'empressa de réparer à faux frais, visiter les îles
environnantes, on les trouva remplies de naufragés ; il en
revint même des côtes de la Grande-Bretagne. L'émotion
fut plus grande que le désastre. Tacite en a fait un tableau;
les tableaux sont la gloire des grands écrivains et l'embarras de l'impartiale histoire. Ce qu'on ne peut mettre
en doute, c'est que les Germains, à la nouvelle de la catastrophe, se hâtèrent de courir aux armes et que Germanicus, loin d'être sans armée, put faire marcher sur-le-champ
contre eux trente mille hommes de pied et trois mille
chevaux, pendant qu'il s'avançait lui-même avec de plus
grandes forces contre les Marses. Les barbares ne s'y trom-
pèrent pas : « Les Romains, dirent-ils, ont perdu leur
flotte ; leurs soldats n'en paraissent que plus nombreux. »

CHAPITRE II

LES ÉQUIPAGES DE HAUT BORD ET LE CAPITAINE BOUVET.

Je suis loin de vouloir dissimuler les dangers réservés à quiconque affronte les colères de Neptune. Je dirai cependant, — et personne sur ce point ne me désavouera, — que les dangers de la mer sont fort atténués quand on opère dans des parages devenus par une longue pratique familiers aux chefs et aux équipages. Ce serait une grande faute, à mon sens, que de ne pas chercher par tous les moyens possibles l'occasion d'agrandir le cercle étroit dans lequel la routine des vieilles stations nous maintient. La politique, avec ses ombrages, entravera-t-elle toujours notre éducation de marins? Si j'avais à recommencer ma carrière, je voudrais aller demander à quelque bateau de commerce ce que me refuseraient probablement encore les vaisseaux de l'État. Collingwood nous étonne quand il nous entretient des appréhensions que lui cause la navigation de l'archipel grec ; les navigateurs de la Méditerranée seraient bien autrement empruntés le jour où il leur faudrait agir dans des mers où les brumes, les courants, les côtes à demi noyées conduisent les plus expérimentés à tant de faux pas.

La vaillante et savante jeunesse qui monte aujourd'hui

nos vaisseaux cuirassés n'a pas assisté aux premiers essais
que fit en 1825 la Restauration pour suppléer par l'appel
d'une portion du contingent annuel à l'insuffisance de notre
inscription maritime. Il y eut alors de violents débats, des
doutes opiniâtres d'un côté, de l'autre des espérances que
j'appellerais outrées, si ceux qui les exprimaient ne se
fussent appliqués à les justifier par la plus méritoire fer-
veur. Deux officiers d'un rare mérite, MM. le contre-amiral
de Mackau et le capitaine de frégate Lalande, furent au
nombre des partisans de l'idée nouvelle qui se signalèrent
par l'enthousiasme avec lequel ils se mirent à l'œuvre,
Les équipages de ligne devaient, suivant eux, procurer à
nos flottes un recrutement sans limites et des corps de
débarquement sans rivaux. On fit entrer dans ces compagnies la proportion de matelots qui parut nécessaire pour
leur donner en face de la tempête quelque consistance,
puis on leur distribua le casque de cuir bouilli, le sac
de peau avec ses bretelles, la giberne, *les bas boutonnés*
et un fusil marqué au numéro de chaque homme. L'équi-
pement, complet pour la descente, ne convenait guère
lorsqu'il s'agissait de se répandre sur les vergues. « Nous
leur ferons serrer les voiles le sac au dos », disaient les
fanatiques. Tout alla bien en rade ; il fallut en rabattre dès
qu'on essaya sérieusement de la mer. Dans la Méditerranée
cependant le succès fut complet ; le rigoureux hiver de
l'année 1831 et le blocus plus d'une fois interrompu de
l'Escaut portèrent un coup mortel à la confiance qui faisait
chaque jour des prosélytes.

Notre admirable personnel, dans lequel on a continué

d'associer les marins de terre ferme et les marins de profession, est né de ces équipages de ligne. On a perfectionné l'organisation; en réalité on n'en a pas changé la base. J'ai connu un officier russe, M. Pephani, qui avait bravement fait son devoir dans les tranchées de Sébastopol et qui ne pouvait cependant se résigner à porter le col militaire. « *Soldatzki!* » répétait-il sans cesse avec une sourde et persévérante irritation. L'esprit du soldat a du bon même à bord; seulement il faut que le soldat s'amarine. Comment s'y prendre pour transformer en quelques semaines ce *Kherséen?* C'est ainsi que Thucydide se permet d'appeler les Acarnanes embarqués comme suprême ressource sur la flotte athénienne; mon maître d'équipage à bord de la *Comète* leur eût infligé le nom de *figurants.* Comment s'y prendre? Allez le demander au capitaine Bouvet.

La République de 1792 et l'Empire avaient reçu de la monarchie française une réserve de marins que l'on peut comparer sous plus d'un rapport au trésor qui s'était lentement accumulé dans la ruche d'Athènes. Cette réserve, les proscriptions et les entreprises mal conçues l'eurent bientôt épuisée. Ce fut alors que l'empereur, dont l'imagination féconde n'était jamais à bout de ressources, eut l'idée, puisqu'il n'avait plus de marins, d'armer ses flottes avec des soldats. L'amiral Decrès, par son ordre, institua *les équipages de haut bord,* équipages qui devaient plus tard, dans une certaine mesure, servir de modèle *aux équipages de ligne.* Si, au lieu d'avoir pour ministre un homme de grande valeur et d'infiniment d'esprit, mais

d'un esprit sceptique, l'empereur eût trouvé pour le se-
conder la foi ardente d'un Ducos ou d'un Seignelay, nul
doute que l'organisation, si audacieuse qu'elle parût au
premier abord, n'eût porté d'autres fruits. J'ai promis d'en
fournir la preuve; la chose me sera facile; cette preuve,
je l'ai sous la main; je la rencontre dans un livre dont je
ne saurais trop recommander la lecture à nos officiers.
Les héros n'écrivent pas souvent; quand ils écrivent, ils
font passer leur âme dans les pages qu'ils nous lèguent.
Après la *Retraite des Dix-Mille,* je ne connais pas d'ouvrage
plus attachant, plus vivant, plus vrai dans toutes ses parties que le *Précis des campagnes de l'amiral Pierre
Bouvet.*

Vers la fin de l'année 1812, la frégate de quarante-
quatre canons *l'Aréthuse* fut armée à Nantes par le capitaine Bouvet avec le *quatrième équipage de haut bord.* La
majeure partie de cet équipage était composée de conscrits
de la dernière levée, «chétifs au physique et mal disposés
au moral». Il y a longtemps qu'on l'a dit : Tant vaut
l'homme, tant vaut la terre. Le capitaine Bouvet avait déjà
combattu cinq frégates anglaises. « Trois de ces cinq frégates avaient amené leur pavillon, deux s'étaient détruites,
toutes ne succombèrent qu'à la dernière extrémité et après
avoir subi d'énormes pertes, quoique s'étant toujours pré-
sentées au combat en forces supérieures. » Quel usage
allait faire le vaillant commandant de son équipage de
conscrits? Ce n'étaient plus là les jeunes volontaires de
l'île de France, briguant à l'envi l'honneur de s'embarquer
sur les frégates que leur envoyait la métropole. Assailli de

prières, de supplications, de réclamations, de la part des
amis, des parents, des protecteurs de ces malheureuses
recrues, Bouvet se voyait à chaque instant détourné de
ses travaux « pour faire tête à leurs clameurs ». A les entendre, les protégés de chacun méritaient leur congé.
Pour couper court à tant d'importunités, le capitaine de
l'*Aréthuse* lève l'ancre, descend au bas de la rivière et interdit la communication avec la terre. « Quand mes jeunes
gens, dit-il, virent que c'était bien définitivement qu'ils
allaient faire campagne, ils ouvrirent l'oreille aux encouragements que je leur donnais et laissèrent guérir les plaies
que beaucoup d'entre eux s'étaient faites pour se faire envoyer au dépôt. J'obtins d'abord de la résignation, dans la
suite du dévouement. » Le dévouement même ne donne pas
le pied marin : Bouvet va s'établir dans les parages de la
vigie dite *les Cinq Grosses Têtes ;* les croiseurs anglais ne
viendront pas l'y chercher. Ce prétendu écueil, que nous
nous sommes enfin décidés à faire disparaître de nos cartes,
et qui n'a probablement jamais été qu'un essaim de glaces
flottantes rencontré dans la brume par quelque capitaine
ahuri, était alors l'effroi des navigateurs. Bouvet ne pouvait choisir endroit moins fréquenté, parage plus sujet aux
coups de vent et à la grosse mer. Il y passe un mois tout
entier. Quand il se porte vers Madère et vers les Canaries,
l'équipage de l'*Aréthuse* est devenu méconnaissable : l'œil
même de son père, l'amiral Decrès, s'y tromperait. Les
pourceaux de Béotie sont mieux que des sangliers, on les
prendrait pour des marsouins. Toute trace de mélancolie a
disparu ; de nombreuses prises ont déjà été faites, « des

idées d'émulation et de lucre commencent à germer parmi cette jeunesse que le succès enhardit tous les jours ». Le 6 février 1813, ce ne sont plus des navires de commerce qu'il s'agit de poursuivre : le moment est venu de se mesurer avec une frégate anglaise. Prendre une frégate anglaise ! — il me semble que j'entends encore mon père, — ce fut pour toute une génération de marins l'idéal de la gloire ; la bataille d'Austerlitz n'était rien auprès d'un pareil triomphe. La chose, à vrai dire, n'arrivait pas souvent ; on l'eût vue se répéter davantage, si nous avions eu ce que Démosthène souhaitait à son pays, — beaucoup de Bouvets.

L'*Amelia* court sur l'*Aréthuse* à toutes voiles. J'ai connu deux des officiers qui prirent part à cet engagement : la première volée tirée par la frégate française tomba tout entière à l'eau. Ce fut ainsi que nous débutâmes, malgré nos excellents canonniers, devant Sébastopol et devant Kinburn. Bouvet, le front calme, descend dans la batterie. « Encore une volée comme celle-là, mes enfants, dit-il à ses jeunes conscrits qui voyaient le feu pour la première fois et qui, naturellement, devaient consulter d'un air un peu anxieux son regard, encore une volée aussi bien pointée, et la frégate anglaise est à nous ! » A quoi eussent servi des reproches, des recommandations indignées de mieux viser ? Le capitaine qui en pareille occasion injurie son équipage est un capitaine qui perd la tête. Bouvet est satisfait ; il n'en songe pas moins à trouver le moyen de rectifier son tir. Comment y parviendra-t-il ? me demanderez-vous : il élonge l'*Amelia* bord à bord et maintient, pendant près de deux heures, le combat vergue à vergue. D'un navire à l'autre, les canonniers s'arrachaient les écouvillons.

Bouvet, qui, suivant l'expression d'un de ses officiers, « commandait comme on cause », contemplait en souriant cette lutte acharnée; il n'avait plus à craindre que ses boulets tombassent à la mer. Debout sur l'écoutille du gaillard d'arrière, il gardait près de lui, pour transmettre ses ordres, un enseigne de vaisseau, le jeune Danycan. Tout à coup Danycan saisit brusquement le bras de son capitaine. C'est de l'enseigne lui-même, devenu capitaine à son tour, que je tiens ces détails. Bouvet le regarde, froidement étonné. Danycan, dans son émotion, ne profère pas une parole, mais sa main étendue montre au sabord de la frégate ennemie la gueule d'une caronade braquée sur le groupe qui lui fait face. Le chef de pièce s'est baissé et souffle sur la mèche du boute-feu; il va la poser sur la lumière. Bouvet hausse les épaules : « Le coup ne partira pas », dit-il, et en effet le coup ne part pas; la pièce était mal chargée. Le capitaine Danycan fut toujours un homme simple et sans emphase : quand il racontait cette journée, ses traits s'illuminaient, son œil, d'ordinaire terne et à demi éteint, jetait des étincelles; l'enthousiasme des vieux jours renaissait dans sa voix. Quel culte il conservait pour son ancien chef! Un an plus tard il était fait prisonnier, revenant de croisière sur la frégate *l'Étoile*. Les Anglais bloquaient alors l'entrée de Saint-Malo, car ils pensaient que le capitaine Bouvet y viendrait aborder, et c'était lui surtout qu'ils tenaient à conduire à Londres. Le calme avait interrompu le combat de l'*Aréthuse* et de l'*A-melia;* de folles bouffées de vent séparèrent les deux adversaires. L'impression produite en Angleterre n'en resta pas moins tout à notre avantage. Voici de quelle façon s'exprimait le *Times,* interprète fidèle des sentiments d'un grand peuple : « Ce combat a duré trois heures et demie pendant un calme plat; les deux frégates se touchaient presque. C'est le combat le plus sanglant qui ait jamais été livré par une seule frégate sans être suivi d'un résultat décisif. La perte en tués ou blessés à bord de l'*Amelia* est évaluée à cent quarante-sept hommes, y compris le capitaine et tous les officiers. Depuis longtemps nous n'avions pas vu, de la part des Français, cette persévérance et ces efforts. »

Après un pareil aveu , il devenait indispensable de procurer une éclatante revanche à l'amour-propre national. Voilà pourquoi tous les ports de la Manche et du golfe de Gascogne, le port de Saint-Malo en particulier, étaient surveillés de près. Quand l'*Étoile,* après un long combat de nuit, fut obligée d'amener son pavillon, les Anglais se méprirent; ils crurent avoir capturé l'*Aré-thuse,* puisque c'était l'*Aréthuse* qu'ils attendaient. Les lauriers du capitaine Bouvet empêchaient la marine anglaise de dormir. Le lieutenant chargé d'amariner l'*Étoile* fut reçu à la coupée du gaillard d'arrière par un enseigne de vaisseau ; cet enseigne était encore celui dont la caronade de l'*Amelia* n'avait pas voulu. Au moment où l'officier anglais ouvrait la main pour saisir l'épée que Danycan lui tendait, — le capitaine et la plupart des offi-

ciers de la frégate étaient alors couchés au poste des blessés, — il ne put retenir un cri de triomphe. « Eh bien,
dit-il, oubliant pour un instant le flegme britannique,
nous le tenons donc enfin, ce fameux capitaine Bouvet. »
Danycan était accablé. Quand il entendit prononcer ce
nom, il releva la tête : « Si le capitaine Bouvet nous eût
commandés, vous ne seriez pas ici ! » Ce fut sa seule
observation et sa seule vengeance ; en quelques mots, il
avait gâté la joie des Anglais. Bouvet, en effet, ne fut pas
seulement un capitaine illustre, il fut aussi constamment
un capitaine heureux : comme le roi aux échecs, on ne le
prenait pas.

Combien d'heures ai-je passées, suspendu aux récits de
l'amiral Roussin, le second de Bouvet à bord de la *Minerve !*
Cloué sur son fauteuil par de cruelles souffrances, l'illustre
amiral n'avait plus qu'une distraction : il recommençait
en pensée ses campagnes. C'est à lui que je dois d'avoir
pu suivre la *Minerve* et l'*Iphigénie* sur le terrain où ces
deux frégates, successivement commandées par le capitaine Pierre Bouvet, s'illustrèrent. Fut-il jamais bonne
fortune égale à la mienne : recueillir de la bouche du héros
du Tage les hauts faits accomplis dans la mer de l'Inde !
On comprendra aisément que je ne me lassais pas d'écouter. Ma mémoire est encore remplie de tous les épisodes
qui signalèrent ces émouvantes croisières, émouvantes
pour nous, mais non pas pour le capitaine Bouvet. Le
propre de cet homme de mer qui rencontrera difficilement
des émules étai avant tout de ne s'émouvoir de rien, *nil
admirari.*

La frégate croisait dans le canal de Mozambique : aux premières lueurs de l'aube, le lieutenant Roussin, — c'est toujours au *lieutenant en pied,* au second, qu'échoit le quart du jour, — croit remarquer, par le bossoir de tribord de la *Minerve,* des taches noires. Ces taches peu à peu se multiplient et grossissent. « Sans doute, se dit Roussin, ce sont des pirogues de Sakalaves en route pour quelque expédition de guerre. » Il se penche sur le bastingage pour mieux voir, et soudain une forte odeur de goëmon lui est apportée par la brise. « La barre au vent ! toute au vent ! s'écrie-t-il, nous sommes sur la *Basse Juive.* » On évita le récif par miracle. Quand le virement de bord lof pour lof est achevé, Roussin descend dans la chambre du commandant. Le capitaine Bouvet dormait d'un sommeil profond. « Nous l'avons échappé belle, lui dit en l'éveillant le lieutenant légèrement ému ; quelques minutes de plus, nous donnions sur les roches. — Et où sont les roches maintenant ? Derrière nous, n'est-ce pas ? Vous avez de plus l'avantage de savoir, à n'en pouvoir douter, où vous êtes ; continuez donc votre route et laissez-moi dormir ! » Telle fut l'unique réponse de ce capitaine dont le navire venait d'échapper par une circonstance providentielle au naufrage. Éviter les émotions inutiles, les drames qui plaisent tant aux imaginations faibles, voilà ce qui constitue à un très-haut degré la véritable dignité du commandement. Bouvet, soyez-en certains, était vigilant ; s'il ne l'eût point été, il ne mériterait pas le nom de marin ; seulement il savait, comme tous les hommes qui ont longtemps pratiqué notre métier, qu'il est des occur-

rences où l'activité humaine se trouve en quelque sorte
désarmée. Il n'y a plus alors qu'un parti à prendre : « Il
faut laisser courir. » N'oublions pas, quand nous avons
fait tout ce que nous suggère notre expérience, ce forti-
fiant précepte.

En 1815, Bouvet remplissait une mission pacifique ;
est-il donc en marine de mission qui mérite réellement ce
nom ? Quand l'ennemi n'est plus là, il reste la tempête,
ou, ce qui était jadis plus que la tempête à craindre, le
calme. La frégate *la Flore,* escortant onze navires de
charge, allait chercher à Anvers deux mille tonneaux de
mâture, part inégale et plus que modeste qui nous était
faite dans les immenses approvisionnements d'un arsenal
créé par nos soins. Il y avait longtemps que nos vaisseaux,
presque toujours bloqués, ne fréquentaient plus les mers
du Nord. Pour s'y diriger, Bouvet ne possédait que des
cartes où maint banc de sable, constamment transporté
de l'ouest à l'est ou de l'est à l'ouest, n'était plus à sa
place. Le calme survient, la *Flore* reste à la merci des
courants. Bientôt la sonde accuse une diminution sensible
et graduelle du fond. Que faire ? Pas un souffle de brise
pour retourner au large. Mouiller ? On est déjà en plein
jusant ; une heure encore, et la mer aura baissé de plusieurs pieds ; la frégate, si elle s'arrêtait, courrait le risque
de demeurer à sec. « Faites rentrer les sondeurs ! » La
frégate continue de dériver. Si elle est destinée à s'échouer,
ne le saura-t-on pas assez tôt ? Chacun fait silence, tous
les yeux sont fixés sur le capitaine. Lui, toujours impassible, toujours indifférent en apparence à ce qui préoccupe

si vivement les autres, il attend simplement que le temps s'écoule. « C'est bien, dit-il enfin, le banc maintenant doit être franchi. Sondez! » L'amiral Lalande admirait beaucoup ce trait de sang-froid, et l'amiral Lalande, en fait de sang-froid, de sang-froid souriant surtout, était un connaisseur.

Aucun suffrage n'a manqué au capitaine Bouvet; il a eu ceux de ses élèves, il a obtenu, — ce qui est bien autrement rare, — ceux de ses rivaux. « Salut, vainqueur ! gloire immortelle à vous et aux braves que vous commandez! » Qui s'exprimait ainsi? Le vainqueur du Grand-Port, le futur commandant du blocus de Cadix et de l'expédition d'Alger, l'amiral dont la marine entière vénère encore aujourd'hui la mémoire et dont le nom est si dignement porté, le chevaleresque amiral Duperré. La postérité a ratifié le cri échappé du cœur de ce « grand soldat sincère » ; le nom de Bouvet a sa place marquée entre ceux de Duguay-Trouin et de Jean Bart.

CHAPITRE III

LE GRAND ÉTAT-MAJOR.
LES BREVETS D'OFFICIER-PILOTE ET D'OFFICIER-INTERPRÈTE.

On ne fait ni des Bouvets ni des Duperrés à coups d'ordonnances; néanmoins les ordonnances, quand elles sont bien dirigées, n'y peuvent nuire. S'il dépendait de moi, il est une spécialité, parmi toutes les spécialités qui se partagent le temps de nos officiers, dont on tiendrait grand compte : je veux parler de cette spécialité qui ne porte aucun nom et qui n'est le domaine ni du canonnier, ni du fusilier, ni du torpilleur. *Quis custodiet custodes?* Qui conduira tous ces terribles destructeurs au feu? Je ne me contenterais pas à cet égard d'une vague notoriété. J'aimerais à savoir où l'officier qui se dit marin et manœuvrier a fait ses preuves, quelles mers il a parcourues, de quels parages périlleux il est devenu pratique, dans quels ports il serait capable de conduire une escadre. Un brevet sur ce point ne gâterait rien. C'est une admirable invention que ces brevets délivrés, après un sérieux examen, à nos matelots, — brevet de canonnage, brevet de timonerie, brevet de manœuvre, — il y en a pour tout. Ne nous arrêtons pas dans cette voie; distribuons aussi leurs parchemins à nos officiers. Noblesse oblige.

Ah! vous prétendez connaître plusieurs langues étrangères! La chose est inscrite de votre propre main à votre dossier. Avancez un peu : voici les juges! Parlez-vous l'allemand, le danois, le suédois, le hollandais, le grec moderne, le malais, le chinois, le russe? Non! vous parlez tous « l'anglais et l'espagnol ». Il était inutile d'ajouter l'italien; quel est l'officier provençal qui ne soit en mesure d'aborder couramment la lecture du Tasse et de Dante? Eh bien, engagez, soutenez avec les membres du jury une conversation. Le titre d'interprète que vous ambitionnez est à ce prix, et sachez-le, si vous l'obtenez, le conseil

19

d'admirauté ne laissera point d'y prêter quelque attention. Il vous saura plus de gré encore de lui offrir la connaissance de langues qui sont restées pour notre marine lettre close, de ces langues du Nord dont l'étude est devenue plus que jamais féconde, car partout on travaille et partout on publie des documents du plus haut intérêt. Seulement, je vous en préviens, il ne suffit pas de traduire, il faut aussi parler, et parler couramment. Sans cela, des éloges, mais pas de brevet !

J'ai assisté de près au travail d'inspection du général autrichien qui commandait en 1858 à Raguse. Il est impossible de mettre plus d'application à l'appréciation des diverses aptitudes de chaque officier. Je ne fais pas un plan de reconstitution du corps ; je n'en aurais pas le droit et je n'en ai pas le goût. Je jette seulement à la volée les idées que le temps chez moi a mûries ; il n'en germerait que quelques-unes, — les meilleures, j'espère, — que je croirais encore n'avoir pas inutilement occupé mes loisirs.

Je pressens à merveille l'accueil peu chaleureux que la marine prépare à mes projets de flottille ; j'aurais tort de me faire sur ce point la moindre illusion. La marine n'a jamais cessé de nourrir l'appréhension secrète qu'on la voulût réduire à ne plus être que « le train des équipages maritimes ». Toutes ces opérations de débarquement la touchent peu ; cela ne regarde en somme que les soldats. Quel honneur, quel profit en pouvons-nous attendre ? Nous n'y gagnerions que la sécurité et le relèvement de la patrie, qu'en vérité je nous trouverais amplement récompensés. Mais que la marine se rassure ! Son rôle, si elle sait le comprendre, restera de beaucoup le plus considérable. C'est aux flottes de haut bord qu'il appartient de réaliser ce que l'Angleterre seule s'est trouvée jusqu'ici en mesure d'accomplir : l'occupation de la mer. La flottille n'agira jamais qu'à l'abri de ce rempart. Quand on a trois frontières à garder et une puissance telle que la puissance britannique en face, on ne s'amuse pas à caresser des rêves de suprématie maritime. Nous ne devons pas cependant nous contenter d'une marine qu'on puisse se flatter d'enfermer, sans un immense déploiement de forces, dans ses ports. Notre alliance n'en sera que plus prisée quand on saura bien qu'elle n'est pas le timide aveu de notre faiblesse. Il est difficile de chiffrer les capacités, à peu près impossible de pressentir avant l'événement les caractères. Le capitaine Bouvet, tant qu'il ne fut que lieutenant de vaisseau, fit peu parler de lui ; sans l'amitié du général Decaën, gouverneur de l'île de France, il eût couru le risque de demeurer toute sa vie obscur. Le premier commandement qui lui fut donné le révéla. J'ai l'intime confiance que, parmi les officiers qui passent aujourd'hui inaperçus, il en est plus d'un sur lequel on pourrait compter pour soutenir, en cas de guerre sérieuse, l'honneur de nos armes. Je prie seulement le ciel de ne jamais mettre le courage de nos héros inconnus à l'épreuve, si ce courage devait s'exercer contre un peuple qui n'aura pas de sitôt la fantaisie de nous réclamer les provinces que, dans nos jours de grandeur, nos rois lui ont reprises.

« Toute guerre européenne, disait-on il y a quelques années, est une guerre civile. » La chose est encore vraie en ce qui concerne la France et l'Angleterre. Je crois donc qu'il peut m'être permis de raisonner en dehors de l'hypothèse invraisemblable d'un pareil conflit. La mer est à nous, puisque l'Angleterre n'a aucun intérêt à y entraver notre action.

Nous serions aveugles si nous ne discernions pas, après tous les exemples que l'antiquité nous met sous les yeux, le parti qu'une nation alerte et guerrière doit tirer, un jour ou l'autre, de cette possession. Quelque grands que soient jamais les dangers qui nous menacent, n'allons pas nous imaginer que la marine n'est qu'un luxe, qu'il est maint autre boulevard à restaurer avant celui-là. Ce serait une fatale erreur. La marine n'est un luxe que pour les États qui ne savent pas s'en servir. J'envelopperais ma pensée de bien autres voiles si je ne gardais au fond du cœur l'espérance que tant de précautions demeureront superflues ; je l'expose au grand jour, parce que j'ai la conviction qu'en dépit des nuages qui sans cesse s'accumulent, les choses finiront par tourner beaucoup mieux qu'on aurait lieu peut-être aujourd'hui de le craindre. Quand le monde mettra bas les armes, je serai le premier à licencier ma flottille. En attendant cet heureux moment, je chante avec Pindare : *Hydôrmén ariston.* Il n'y a rien de meilleur que l'eau ; c'est sur l'eau qu'il faut nous défendre.

On m'a fait l'honneur de m'écrire d'un pays étranger que j'ai tout lieu de croire éminemment sympathique au nôtre, pour me demander si je considérais comme indispensable de confier le département de la marine à un ministre choisi dans le corps même des officiers de vaisseau. Je ne mets assurément pas en doute que M. Thiers, M. Rouher, M. de Cavour ou M. de Bismarck n'eussent pu être d'excellents ministres de la marine. Portée à ce degré, la puissance de travail s'applique à tout ; il y aurait d'ailleurs un immense avantage à confier la direction de la flotte à celui qui dispose en maître des finances et de la politique. Ce fut là ce qui fit la force de Colbert, presque autant que son merveilleux génie ; mais, en dehors de ces grandes supériorités, je pense que nous avons un sérieux intérêt à écarter de nos affaires des ingérences étrangères. La discipline en sera plus facile et meilleure ; on la pratiquera comme une habitude. Chaque fois qu'on m'a posé cette alternative : La marine doit-elle être une administration ou une armée ? j'ai répondu avec la conviction la plus absolue et la plus complète : La marine doit être une escadre. Placez donc un amiral à sa tête. Seulement, si vous m'en croyez, donnez à cet amiral ce qu'il trouve quand il prend la mer, un grand état-major.

Nous possédons un admirable établissement hydrographique ; c'est à tort que nous donnons à cet établissement le nom de dépôt. La marine ne s'est assuré le secours d'aucune institution qui soit l'analogue du dépôt de la guerre. Le cabinet seul du ministre concentre les renseignements, élabore les plans de campagne. Je préférerais à ce cabinet, qui n'est point à l'abri des fluctuations de la politique, un grand état-major stable, je serais presque tenté de dire : inamovible. Je voudrais surtout exempter cet état-major du soin encombrant des affaires courantes, pour le laisser tout entier à sa tâche de classement et de méditations. C'est à lui que je confierais le dépouillement et l'analyse raisonnée des documents qui vont s'engloutir souvent sans profit dans nos archives. Les journaux de bord en particulier sont aujourd'hui tellement succincts, tellement insignifiants, qu'on n'a guère l'idée de les consulter. Le jour où l'on saurait que ces journaux doivent être, au retour de campagne, expédiés au dépôt pour y devenir l'objet d'une investigation sérieuse et d'un rapport au ministre, il n'est point douteux que la rédaction n'en fût subitement améliorée. D'incalculables richesses s'accumuleraient ainsi dans ce fonds commun ; les préparatifs, en cas d'expédition, en seraient plus prompts, mieux proportionnés au but qu'on voudrait atteindre. Sur l'hygiène à suivre, sur les précautions à prendre, sur la saison à choisir, sur la nature même des navires et des équipages à employer, on aurait des données précises. Si éclairé, si laborieux, si intelligent qu'on le suppose, le cabinet d'un ministre n'aura jamais le calme et le loisir d'un établissement fixe dont le labeur n'a pas à craindre de brusque interruption. Le cabinet d'un ministre aura de plus, me dira-t-on, le secret. C'est possible, après tout ; mais vous l'avouerai-je ? le secret, je n'en ai nul souci ; je ne l'ai jamais vu servir qu'à entraver les préparatifs.

APPENDICE

DISCOURS

PRONONCÉ

PAR LE VICE-AMIRAL JURIEN DE LA GRAVIÈRE

LE 22 DÉCEMBRE 1876

Sur la tombe de M. le vice-amiral Le Barbier de Tinan.

———

MESSIEURS,

M. le ministre de la marine m'a fait un grand honneur. Il m'a chargé de venir ici, en votre nom, rendre un suprême hommage à un éminent officier général, à une mémoire qui a mérité de nous rester chère.

Je ne pouvais décliner une semblable mission. Je n'ai demandé qu'une chose au ministre, c'est de me permettre d'être bref et de m'inspirer de l'émotion du moment. Ce n'est pas devant une tombe entr'ouverte que l'on peut venir exposer longuement des états de service et s'appesantir sur une gloire mondaine, si noble qu'ait été cette gloire, toute composée de sacrifices et de grandes responsabilités.

Au milieu des pensées qui se pressent en foule dans mon esprit, il en est une qui me saisit la première; car elle est pour moi un souvenir toujours présent, comme le sont généralement les souvenirs de jeunesse. Toute une promotion dont les rares survivants occupent aujourd'hui la tête de la marine, a débuté dans la carrière il y a près d'un demi-siècle, sous les auspices de l'homme juste et ferme que nous accompagnons à sa dernière demeure. Nous étions cent vingt aspirants, récemment sortis de l'École navale ; on nous embarqua sur la frégate *l'Aurore,* qui devait nous conduire de Brest à Toulon. Surprise par le calme au milieu du goulet, la frégate fut jetée sur la roche Mingan. La secousse fut violente. Un instant nous pûmes croire que nous allions couler à pic. Une voix claire, vibrante, se fit entendre, dominant le tumulte d'un équipage

19.

novice, et rassemblant avec une autorité souveraine ces volontés éparses pour les faire concourir au salut de tous. Cette
voix était celle de l'officier de manœuvre, de l'enseigne de vais
seau de Tinan.

L'habileté du commandant eut le mérite de nous tirer de ce
mauvais pas; mais ce qui frappa surtout notre jeune imagination, ce fut l'énergique accent, ce fut la contenance froide et
impérieuse de l'officier de vingt-six ans qui répétait les ordres
du capitaine Arnous. Je le vois encore, ce beau et vaillant
jeune homme, debout sur le banc de quart, calme dans sa
pâleur habituelle, la lèvre frémissante et légèrement dédai-
gneuse, le geste rempli d'un secret courroux, arrêter soudain le
désordre et faire cesser l'alarme.

Les huniers avaient été précipitamment amenés; on les vit
remonter rapidement au haut des mâts. Chargée par un retour
de courant, la frégate pivota sur la roche, et nous rentrâmes
sains et saufs dans le chenal. Ce danger d'un moment fut une
leçon pour toute notre vie. Comme nous admirions déjà, sans
pouvoir pressentir encore les hautes distinctions que lui réser-
vait la fortune, l'officier qui venait de nous donner un si bel
exemple! comme nous l'admirions et comme nous le respec-
tions! En ce temps-là, d'ailleurs, il n'était pas besoin d'être
parvenu au sommet pour commander le respect. Du respect, il
y en avait encore pour tout le monde, pour le quartier maître
et pour le maître d'équipage, pour l'enseigne et pour le lieutenant de vaisseau. Mais n'y en eût-il eu pour personne, qu'il
eût bien fallu en trouver quand on s'adressait à M. Le Barbier
de Tinan. Plus d'un d'entre nous a éprouvé la vertu de son
regard un peu hautain et sévère. Aucun n'a oublié qu'au
moment où notre vie ne semblait plus tenir qu'à un fil, la première pensée de l'officier de manœuvre de l'*Aurore* fut pour
un élève qui se trouvait à fond de cale et qui dut à notre
quasi-naufrage de sortir huit jours plus tôt de la *fosse aux lions*.

J'ai trop insisté peut-être sur cet épisode. N'y a-t-il pas
cependant un saisissant contraste entre cette image toute flo-
rissante de jeunesse et le spectacle que nous avons maintenant

sous les yeux ? Les honneurs prodigués à l'éminent officier général, sa pauvre poussière aujourd'hui ne s'en soucie guère ; mais l'âme d'élite est montée au ciel, escortée de toutes ses bonnes œuvres, de tous ses devoirs accomplis, pour se présenter avec assurance devant Dieu.

Je ne veux pas vous parler de la conduite si honorable tenue par le commandant de Tinan à l'ile Maurice. Je ne veux pas appuyer longtemps sur le commandement en chef qu'il exerça pendant la guerre de Crimée dans les eaux de la Grèce : il y eut là cependant des difficultés de plus d'un genre à résoudre ; il y eut du tact et de la fermeté à montrer. Ce que je ne puis passer sous silence, c'est le commandement de l'escadre d'évolutions de la Méditerranée, parce que ce commandement important fut le couronnement de toute une vie militaire victorieusement sortie de mille épreuves, et surtout parce qu'il fut marqué par deux grands événements : le siége de Gaëte et l'expédition de Syrie. Si je laissais de côté ces souvenirs, on pourrait croire que je crains de les aborder. Dieu me garde de pareilles réticences ! Nous paraissions si grands à cette époque, qu'on nous attribuait volontiers la tâche de régler à nous seuls les destinées du monde. De pareilles dictatures morales ne sont à la portée d'aucun peuple. M. le vice-amiral de Tinan le comprit. C'était sans doute une âme chevaleresque, sympathique au malheur, un esprit parfois impétueux dans ses vœux, mais c'était avant tout un honnête homme. Il n'eût jamais voulu qu'on pût lui reprocher d'avoir ajouté aux embarras de son pays. Ces existences loyales laissent après elles un patrimoine commun qu'un grand corps est toujours heureux et fier de recueillir.

La marine comme l'armée a ses lettres de noblesse : ce sont les hommes semblables à M. de Tinan qui les lui ont léguées. Conservons précieusement ce grand héritage. Les chers absents que l'on appelle des morts, nous ne les oublions pas : nous ne les oublions pas, parce que nous sommes sûrs de les revoir.

LA MARINE DES GRECS

AU SIÉGE DE TROIE

Je n'oserais point me permettre de m'inscrire en faux contre les idées qui ont généralement prévalu au sujet de la marine des anciens. Ce serait faire œuvre d'érudit, et je ne suis pas même un mauvais écolier. La superposition des rames est, dit-on, un fait établi par d'irrécusables témoignages. J'admets donc la chose en principe, mais je déclare qu'il m'est impossible d'en comprendre l'application. Des navires à deux ou trois étages, — *duplici, triplici compagine,* — soit! Mais des navires à deux et trois rangs de rames, voilà une complication bien gratuite et qui ne fait guère honneur au génie des constructeurs anciens. A-t-on jamais réfléchi que, dans cette combinaison, les rames inférieures, trop courtes, sont sans énergie ; les rames supérieures, trop obliques, perdent également la majeure partie de leur puissance[1] ? Je sais ce dont je parle, quand je parle d'avirons de galère. La *Comète* en pouvait armer jusqu'à douze et même quinze de chaque bord. En mettant sur chaque aviron un gabier — je veux dire un *thranite* — pour conduire la poignée et, plus en dedans, quatre ou cinq

---

[1] Dans un remarquable mémoire soumis, le 1er août 1881, au jugement de l'Académie des sciences, M. le contre-amiral Serres s'est efforcé d'établir — j'emprunte ici les termes du rapport de M. Dupuy de Lôme — « que la vogue de la trière, avec tous les avirons à la fois, ne pouvait être qu'une vogue de parade, incompatible avec le développement complet du travail des hommes actionnant ces rames, et qu'en service on employait l'un ou l'autre de ces trois rangs de rames, suivant les circonstances ».

thalamites choisis dans le gros de l'équipage, nous avons filé
près de deux nœuds à l'heure. Mais on eût bien étonné nos
matelots si on leur eût conseillé de faire sortir un aviron du
faux-pont et d'en placer un autre sur le bastingage. Et encore
ne se fût-il agi là que de faire de la *Comète* une trirème.
Qu'eût-ce été s'il avait fallu convertir l'*Iéna* ou le *Montebello*
en octorèmes, semblables à celles qui figurèrent à la bataille
d'Actium?

Je comprends qu'on ait trouvé à la longue incommode de
combattre à la façon d'Ajax,

> Courant de bancs en bancs à grandes enjambées,

et repoussant à lui seul les Troyens qui voulaient incendier son
navire; je ne m'étonnerais donc pas que, trois siècles plus
tard, un constructeur érythréen eût eu l'heureuse idée de placer les rameurs à couvert en donnant du même coup un champ
de bataille aux soldats .Le premier pont, bien qu'il alourdît la
galère, avait ainsi sa raison d'être; le second put l'avoir quand
les dimensions de la galère s'accrurent et qu'il fallut séparer
la cale du logement de l'équipage. Au delà de ces imaginations
pratiques, je ne me soumets, je l'avoue, qu'en frémissant; je
serais tenté de renier Plutarque et Diodore de Sicile plutôt
que de laisser place dans une histoire sérieuse aux galères à
quarante rangs de rames de Ptolémée Philopator : « C'est bon
pour des soldats de marine, mais les marins ne le croiront pas .»

En fait de marine antique, la seule où je me reconnaisse,
c'est la marine d'Homère. Grâce à l'*Iliade* et à l'*Odyssée,* je
puis me faire de la flottille qui vint aborder aux rivages de
Troie une idée beaucoup plus nette et beaucoup plus précise
que de la flotte sur laquelle s'embarqua saint Louis dans le
port d'Aigues-Mortes. L'exactitude d'Homère en tout ce qui
touche à la marine est, à mon sens, quelque chose d'incomparable. C'est le seul poëte, sans en excepter le Camoëns, qui
me paraisse avoir pris la navigation au sérieux. Je ne connais
pas une de ses descriptions, pas même une de ses épithètes
qu'un marin voudrait désavouer. Virgile, j'ai regret à le dire,

n'est point de cette force : il a peu navigué et le laisse bien voir. C'est un grand poëte sans doute, mais en fait de marine, ce n'est qu'un canotier parisien.

La flotte grecque, telle que l'a décrite Homère, se composait de 1,186 navires. — C'était à peu près la flottille de Boulogne, qui en comptait 2,000. — Parmi ces navires, le plus grand nombre avait de 20 à 25 paires de rames. — D'autres, plus légers, celui, par exemple, qui ramena Briséis chez son père, armait comme les chaloupes de nos vaisseaux dix rames de chaque côté. Les uns et les autres étaient des bateaux creux, munis de bancs et, par conséquent, non pontés. Communément on les halait à terre, après avoir amené la voile et enlevé le mât de son emplanture.

Le navire grec ainsi compris, les erreurs d'Ulysse n'ont plus rien qui étonne. Un bateau plat non ponté, n'ayant qu'un seul mât et qu'une voile, dépourvu de boussole, peut fort bien employer dix années pour aller d'Égypte aux îles Ioniennes, surtout lorsqu'il se trouve jeté dans des mers inconnues et que son voyage devient un véritable voyage de découverte. Si quelque chose a le droit de surprendre dans ce récit, ce n'est pas la longueur, c'est l'heureuse issue de la traversée. Au temps de saint Paul, l'art naval avait sans doute fait quelque progrès. Le voyage de l'apôtre avec ses dures péripéties nous reporte cependant à une époque où le mois d'octobre ne trouvait guère de navires à la mer; celui d'Ulysse nous ramène à des temps où le nautonier avait ses raisons pour être plus prudent encore.

Qu'elles me semblent naturelles, les incertitudes des Grecs, quand Troie a succombé et que les vainqueurs n'ont plus, après tant de combats, qu'à rapporter au foyer domestique leur butin! Les trésors de Priam, les captives, sont déjà embarqués. Les nefs ont glissé sur des rouleaux à la mer, mais le câble les retient encore au rivage. Le pilote prend place à la poupe, les rameurs sont assis sur les bancs. Si Minerve aux yeux bleus envoie aux Hellènes un vent propice, ils dresseront le mât de sapin dans son emplanture et l'affermiront sur ses haubans. La voile blanche est prête, la drisse aux torons de cuir bien tordus l'est aussi. Les chefs se rassemblent : ils élèvent les cratères couronnés d'un vin écumeux et font d'abord une libation aux dieux immortels. Au moment de donner le signal du départ, les avis se partagent : les uns, se rendant au vœu d'Agamemnon, veulent attendre encore. Les navires ont souffert de leur long séjour sur la plage ; les gréements sont en piteux état. Est-il sage d'affronter de nouveau la mer, sans avoir immolé au moins une hécatombe à Minerve ?

Le vieux Nestor s'irrite de ces délais. Diomède le fils de Tydée se décide à suivre la fortune du vieux roi. Tous deux partent ; tous deux arrivent sans encombre à Lesbos. C'est ici, par exemple, qu'il faut réfléchir. Passera-t-on entre Chio et Ipsara, ou suivra-t-on le canal qui sépare Chio du mont Mimas ? Mais si l'on coupait droit sur l'Eubée, on se mettrait hors de danger plus tôt. — Le canal est bien large ! Un vent léger enfle pourtant les voiles : c'est le signe demandé aux dieux. Les nefs creuses fendent rapidement la grande mer. Πέλαγος μέγα μετρήσαντες ! On aborde de nuit à Gereste, sous le cap Doro. Le quatrième jour, Diomède est sous les murs d'Argos avec toute sa flotte ; Nestor, quelques jours plus tard, entre dans le port de Pylos.

Mais les autres ! les flâneurs ! ceux qui ont manqué l'occasion, que sont-ils devenus ? Ils battent la mer, jetés de plage en plage. Ménélas mettra huit ans à regagner Lacédémone : il verra Chypre, et la Phénicie, et l'Égypte ; il errera sur les côtes d'Éthiopie et de Libye. Ulysse connaîtra plus d'épreuves encore. Sa prudence habituelle l'a mal servi. Pendant qu'il épie je ne sais quels pronostics favorables, le temps a marché, la saison des grains est survenue. Un vent de sud le pousse sur la côte de Thrace ; un vent de nord l'en éloigne, vent violent, vent d'automne, noir, accompagné de pluie, νεφεληγερέτα, la *Tramontana negra* si redoutée des pilotes de nos jours. La voile est mise en pièces ; Ulysse se hâte de regagner la terre. La tempête dure trois jours. Dès que le ciel s'est éclairci, le fils de Laërte fait dresser les mâts et déployer les voiles. Le zéphyr le seconde. Il se croit déjà sain et sauf à Ithaque, mais il a compté sans le cap Malée. Vous l'avez tous éprouvée, naviga-teurs de l'Archipel, la malice de ce sombre promontoire ; vous savez tous quelles précautions il convient de prendre, quand on se présente sous le cap Saint-Ange. Les rafales qui tombent comme une avalanche de la crête de la montagne ont failli démâter plus d'un brick et plus d'une frégate! Ulysse ne montait qu'un bateau non ponté. Le vent qui souffle en tour-billons le jette hors du canal. Il essaye vainement de gagner Cythère, — Παρέπλαγξεν δὲ Κυθήρων. Le dixième jour il aborde en Afrique à la terre des Lotophages.

Voilà des aventures tout au moins vraisemblables. Les sa-vants qui ont nié l'existence d'Homère me permettront aussi de ne pas goûter leur système. S'ils avaient parcouru les mers à travers lesquelles le poëte promène avec tant de complai-sance son héros, ils auraient peut-être reconnu à mille traits épars la personnalité d'un conteur qui décrit avec une rare fidélité et les lieux qu'il a vus et les dangers qu'il a bravés lui-même. Mais c'est déjà beaucoup que d'oser exprimer des doutes sur des questions qui ont divisé les plus éminents hellé-nistes. Je donne ici mon avis à la façon du savetier d'Apelles. Je n'irai point *ultra crepidam*.

L'ILE JULIA

ET

L'ÉCUEIL QUI LUI A SUCCÉDÉ.

L'île Julia, qui s'éleva en 1831, entre les côtes de Sicile et la Pantellerie, devint visible du 28 juin au 8 juillet de cette année, et avait déjà disparu au mois de décembre.

Le 28 juin, le capitaine Swinburne, passant sur les lieux, éprouva plusieurs secousses violentes qui furent attribuées à un tremblement de terre ; à la même époque, l'amiral sir Pulteney Malcolm, retournant en Angleterre, ressentit dans ces parages des commotions semblables.

Le 8 juillet, le capitaine napolitain Jean Corrao vit des traces manifestes de l'éruption. Il paraît cependant qu'elle ne fut observée des côtes de Sicile que le 11. Le 16, le capitaine d'un navire marchand annonça à Malte que, le 13 du même mois, passant entre la Sicile et la Pantellerie, il avait aperçu une colonne de fumée s'élevant de la mer, à environ 23 milles dans le S. de la ville de Sciacca.

Le capitaine Swinburne, commandant le brick anglais *le Rapide,* fut aussitôt expédié sur les lieux par l'amiral Hotham, et, le 19, il put s'approcher du volcan, dont le cratère ne s'élevait encore que de quelques pieds au-dessus de l'eau. Le volcan était alors en pleine activité, lançant de vastes masses de vapeur, de cendres et de scories, accompagnées d'éruptions intermittentes de flammes et de violentes détonations dont le bruit se faisait entendre à une assez grande distance.

Le 22 juillet, ce volcan fut de nouveau visité par le commander Smith, commandant le brick *la Philomèle :* cet officier estima que l'île avait déjà un mille environ de diamètre sur 27 mètres de hauteur. Elle lui parut entièrement composée de scories avec quelques coulées de lave, et, d'après les sondes qu'il put recueillir, il jugea qu'elle devait avoir une très-petite base.

Enfin, le 3 août, le capitaine Senhouse put débarquer sur l'île, à laquelle il donna le nom d'*île de Graham :* les fragments qu'il rapporta étaient compacts et pesants ; toute la surface de l'île était dense et parfaitement ferme sous les pieds. On ne trouva aucune espèce de pierres sur l'île, ni aucun courant de lave : à cette époque, les éruptions n'avaient point encore cessé, mais elles ne se reproduisaient que par intervalles. Le capitaine Senhouse profita d'une de ces intermittences pour débarquer sur l'île, et cette première exploration fut naturellement faite avec une certaine précipitation.

On doit supposer que les éruptions cessèrent soudainement ; car, dans la nuit du 15 août, le volcan fut vu dans un état de violente éruption par des officiers du 73e régiment de Malte ; deux jours après, quand il fut visité par des officiers du régiment de carabiniers, il ne s'échappait plus du cratère qu'une légère vapeur d'eau.

Le 3 septembre, le capitaine Wodehouse, commandant le brick *le Ferret,* mesura la circonférence de l'île et la trouva de 988 mètres sur 32 mètres de hauteur. La surface, entièrement composée de cendres et de scories, sans traces de lave, était déjà assez refroidie pour que la chaleur fût supportable. Le cratère contenait une eau trouble et salée à une température de 200° du thermomètre de Fahrenheit, et il s'en échappait un dégagement constant de gaz. La profondeur du cratère fut trouvée d'un mètre environ.

Le 28 septembre, M. Constant Prévost et des officiers du brick français *la Flèche,* commandé par M. Lapierre, débarquèrent sur l'île et la nommèrent île Julia. Ils en mesurèrent aussi la circonférence, qu'ils trouvèrent de 700 mètres sur 70 de hauteur. M. Constant Prévost reconnut que ce monticule était entièrement composé de matières pulvérulentes et de fragments de scories de toutes les dimensions, jusqu'à celle de 0m,068 cubes au plus. Il trouva quelques blocs dont le centre, très-dur, avait l'aspect et la consistance de la lave, mais il pensa que ces masses globulaires avaient été projetées. Toute l'île lui parut, comme tous les cratères d'éruption, un amas conique, autour d'une cavité également conique, mais renversée. Frappé du peu de consistance de cet amas incohérent et de l'effet déjà produit par les éboulements, il prédit la prochaine destruction de l'île.

En effet, dès le mois de novembre 1831, l'île Julia ne s'élevait plus que de quelques pieds au-dessus de l'eau. Le 28 décembre, la corvette française *la Cornélie*, passant sur les lieux, aperçut à peu de distance un banc snr lequel la mer brisait avec violence : vers le milieu de l'espace occupé par le banc, un sommet à fleur d'eau rompait la lame et par intervalles faisait jaillir l'eau à une assez grande hauteur. Une note publiée dans le *Nautical Magazine*, par le lieutenant anglais Kennedy, dans les premiers jours de février 1832, annonça que ce banc s'était encore affaissé, et qu'on trouvait un mètre d'eau sur son sommet.

Au mois d'août de la même année, une exploration plus précise fixa les navigateurs sur l'état de ce récif; le 25 de ce mois, le capitaine Swinburne rendit compte à l'amirauté qu'il avait exploré l'emplacement où avait paru l'île volcanique, et que cette île, en disparaissant, avait laissé un récif dangereux, consistant principalement en sable noir et scories avec un plateau circulaire de roches au centre, d'environ 38 mètres de diamètre, sur lequel le moindre fond était de 2m,74; ce plateau paraissait être une lave noire et poreuse; le sable environnant était entièrement composé de particules de la même substance. A environ 1,300 mètres dans le N. O., un autre banc avait été reconnu, sur lequel le moindre fond était de 42 mètres.

Le 16 décembre 1837, le lieutenant Codd, commandant le cutter *le Hind,* reconnut de nouveau ce récif, et confirma en partie les renseignements fournis par le capitaine Swinburne. Le moindre fond sur le sommet du récif était encore de 2^m,74 ; le plateau de roches offrait l'apparence de grandes pierres blanches avec quelques herbes marines.

Dans le courant de 1839, le bruit courut à Malte qu'une colonne de fumée avait été aperçue dans les parages où le volcan avait fait éruption; mais rien ne vint confirmer ce renseignement, et une note, publiée en 1840 dans le *Nautical Magazine,* annonça au contraire qu'un bâtiment envoyé sur les lieux n'avait aperçu ni fumée ni brisants, et que probablement l'écueil qui avait succédé à l'île Julia avait lui-même disparu.

Peu de temps après la publication de cette note, M. Bonard, lieutenant de vaisseau, commandant le brick *le Volage,* après avoir, dans une longue et périlleuse campagne, reconnu et déterminé les plateaux des Skerkis, visita plusieurs des sommets qui s'élèvent sur le banc de l'Aventure au S. de la Sicile : cette exploration le conduisit à reconnaître un plateau de scories et sable noir, sur lequel le moindre fond était de 40 mètres ; plateau qui s'est trouvé peu distant de l'écueil déjà signalé.

En 1844, M. Elson, chargé d'une nouvelle reconnaissance de ces parages, confirma l'existence d'un dangereux récif sur l'emplacement de l'île Julia. Il reconnut un plateau de roches de forme oblongue, d'une longueur d'environ 73 mètres, formé de rochers pointus et noirâtres, dont les bords, que l'on apercevait très distinctement, étaient déchirés et coupés à pic. La moindre profondeur d'eau qu'il pût trouver fut de 3^m,5 ; mais il pensa qu'il eût pu rencontrer un moindre fond par une mer calme.

M. le ministre de la marine, ayant été informé de cette nouvelle exploration et de ses résultats par l'agent consulaire de France à Sciacca, me prescrivit de me rendre sur les lieux pour y vérifier l'exactitude des renseignements qui lui avaient été transmis.

Le 7 septembre, j'appareillai de Sciacca, et mouillai le lendemain, quelques minutes avant midi, par 145 mètres fond de roche et corail, à 2,000 mètres environ du récif [1].

Ce danger s'étend fort peu, et à 20 mètres environ de son sommet, dans toutes les directions, on trouve 15 mètres d'eau ; le fond augmente ensuite rapidement, et à 100 mètres on a déjà plus de 40 mètres. Le moindre fond que nous ayons rencontré a été de 4m,6 ; la mer était parfaitement calme, et nous ne pouvions avoir un temps plus favorable pour cette reconnaissance. La plus grande longueur du plateau est d'environ 40 mètres ; il est formé d'une pierre très-dure, à arêtes vives, d'un aspect jaunâtre. Les plombs de sonde revenaient mâchés, et le suif ne rapportait ni sable ni scories. Un matelot, que nous fîmes plonger dans l'espoir d'obtenir quelques échantillons de la roche, ne put parvenir à en détacher. Ce plateau est coupé à pic, et dès qu'on tombe dans les fonds de 15 mètres, on trouve un sable noir et très-fin ressemblant à de la poussière de charbon.

A 1,035 mètres du sommet du récif, dans l'O. 28° N., nous reconnûmes aussi un fond de 40 mètres séparé du récif par des fonds de 80 et 90 mètres. Sur ce plateau et sur la ligne qui joint les deux sommets, nous trouvâmes le même sable noir, mêlé de scories volcaniques, que nous avions déjà trouvé autour de la roche [2].

La position de cette roche fut rapportée à celle du brick déterminée par les observations de M. Darondeau, ingénieur hydrographe, et nous obtînmes pour résultats :

Latitude, 37° 10′ 7″ N.

Longitude, 10° 23′ 15″ E.

Azimut du sommet le plus élevé de la Pantellerie, S. 55° 15′ O.

---

[1] Ce ne fut pas sans quelques difficultés que nous parvînmes à retrouver le sommet de la roche. Déjà deux embarcations en avaient passé très-près sans l'apercevoir, lorsqu'une troisième plus heureuse, avertie par un mouvement brusque de la mer, reconnut la roche qui était l'objet de nos recherches.

[2] C'est ce plateau de 40 mètres qui avait été visité l'année précédente par M. Bonard.

Le capitaine Swinburne avait trouvé, le 25 août 1832 :

Latitude, 37° 9' N.

Longitude, 10° 22' 36" E.

Azimut du sommet le plus élevé de la Pantellerie, S. 55° O.

La moyenne de toutes les observations que j'ai pu recueillir, et qui sont le résultat de dix reconnaissances successives exécutées par des bâtiments anglais ou français, donnerait pour la position de ce récif :

Latitude, 37° 9' 39".

Longitude, 10° 23' 02".

Je ne sais à quelle distance cette roche s'apercevrait du haut de la mâture d'un bâtiment, mais, dans un canot, j'en avais passé à moins d'une encablure sans la voir. Avant que la brise s'élevât, elle paraissait sous l'eau comme une grande voile blanche ; et, comme elle est fort accore, de très-beau temps on l'apercevrait probablement assez tôt pour pouvoir l'éviter : mais le courant est très-vif à ses approches, et l'on ne peut trop engager les bâtiments qui passeront dans ces parages à redoubler de surveillance, quand le sommet le plus élevé de la Pantellerie sera à peu près dans le relèvement que j'ai indiqué.

On n'a pas oublié la divergence des opinions qui furent émises sur la formation de l'île Julia. M. Constant Prévost, en admettant que des coulées de lave étaient sorties peut-être par des fissures du pied et des flancs submergés du cône d'éruption, établissait cependant que la formation de l'île n'avait été l'effet ni du soulèvement d'un fond de mer volcanique préexistant, ni d'une énorme boursouflure de lave. M. John Davy, dans une communication du 15 mars 1832, faite à la Société royale de Londres, exprima aussi l'opinion que le cratère était un cratère d'éruption entièrement composé de matières incohérentes projetées par l'action volcanique, et non pas un cratère de soulèvement produit par l'élévation du fond de la mer.

M. Arago pensait, au contraire, d'après le refroidissement observé par M. Davy lui-même aux approches du volcan, et d'après l'inclinaison considérable des flancs immergés de l'île,

inclinaison qu'établissaient les sondes recueillies par M. Lapierre, que, dans sa partie immergée du moins, l'île Julia avait
été le résultat du soulèvement du fond solide et rocheux de la
mer. Il trouvait peu probable que des terrains meubles et in-
cohérents, battus sans cesse par la mer, eussent pu se maintenir sous des inclinaisons aussi considérables.

On pensera peut-être que l'exploration dont je viens d'exposer les résultats est venue donner un nouveau poids à cette
opinion, en constatant que ce n'est point seulement un banc de
sable volcanique qui a succédé à l'île Julia, mais bien aussi un
plateau de roches dures couvert de moins de cinq mètres d'eau,
et déjà reconnu au mois d'août 1832.

Paris, le 10 octobre 1841.

Le capitaine de corvette, commandant
le brick la Comète,

E. JURIEN

RECHERCHE

D'UN

DANGER SIGNALÉ AU SUD DU TORO

(CÔTES DE SARDAIGNE).

On trouve encore sur nos cartes de la Méditerranée plusieurs dangers dont l'existence est restée douteuse, ou dont la position n'a pu être exactement déterminée. Bien qu'on s'inquiète généralement fort peu de ces dangers dont on a pris l'habitude de mettre en doute la réalité, il en est cependant quelques-uns dont l'existence semble moins contestable, et qui, par la position dans laquelle ils ont été signalés, aussi bien que par la précision avec laquelle ils l'ont été, méritent d'attirer l'attention des navigateurs et des hydrographes. C'est ainsi que, dans une des parties les plus fréquentées de la Méditerranée, entre l'Afrique et la Sardaigne, à 4 ou 5 lieues environ dans le S. du Toro, les bâtiments qui se rendent dans le Levant ou qui en reviennent ont à redouter une roche couverte de dix pieds d'eau, déjà portée sur nos cartes en 1734, sur laquelle le cutter *le Fox* toucha, dit-on, en 1796, qui a été aperçue depuis par plusieurs bâtiments marchands, et qui, recherchée en vain par plusieurs hydrographes, et entre autres par le capitaine Smyth, vient encore d'échapper à une nouvelle exploration.

Ce danger avait trop d'importance pour que sa recherche ne se liât pas nécessairement à la reconnaissance hydrographique dont nous avions été chargés sur les côtes méridionales de la

Sardaigne. Nous connaissions les efforts infructueux du capitaine Smyth, mais nous devions d'autant moins être découragés par l'insuccès de cette tentative, qu'il y avait peu de temps que M. Holker, lieutenant de vaisseau, commandant la goëlette *la Mésange*, se rendant de Toulon à Tripoli, avait aperçu dans ces parages, fort distinctement et à très-petite distance, une roche sous l'eau, de peu d'étendue. La brise était alors trop fraîche pour qu'il fût possible de penser à mettre une embarcation à la mer ; mais, bien qu'il eût rapidement dépassé cet écueil, M. Holker avait pu néanmoins faire prendre un bon relèvement du Toro, et ce renseignement nous paraissait suffisant pour commencer notre exploration avec quelque espoir d'être plus heureux que nos devanciers.

La triangulation de détail dont nous avions fait précéder cette recherche, et que nous avions appuyée sur la grande triangulation de M. le général de la Marmora, nous donnait, en outre, de grandes facilités pour ce travail. Au lieu d'errer à l'aventure dans les parages présumés du danger, nous pouvions, à l'aide des points que nous avions déterminés, connaître à chaque instant notre position avec la plus grande précision, et diriger notre route en conséquence.

Nous pûmes ainsi avancer méthodiquement dans la recherche qui nous occupait, et, en plaçant sur notre carte un grand nombre de sondes, prendre une idée générale du terrain, et nous porter du côté où, le fond nous paraissant moins uniforme, il y avait quelque probabilité de rencontrer le sommet que nous cherchions.

Nous ne voulûmes rien négliger pour arriver à un résultat : et d'abord nous commençâmes par tripler réellement nos chances en nous faisant accompagner de deux bateaux, dont deux officiers du brick, M. Besson et M. Larrieu, élèves de 1re classe, acceptèrent le commandement. Nous essayâmes de traîner des dragues à la mer ; nous mouillâmes le brick lui-même par des fonds de 130 à 140 mètres, et, plaçant des bouées à quelque distance, nous fîmes explorer par nos embarcations la partie de mer comprise entre le brick et ces bouées ;

nous mîmes enfin à cette recherche toute l'ardeur qu'y devaient mettre des gens convaincus de l'existence d'une roche aperçue récemment, et dont la détermination intéressait à un si haut point la sûreté de la navigation.

Le cutter *le Fox*, qui avait touché sur cette roche en 1796, l'avait signalée dans le sud magnétique du Toro, à 12 ou 15 milles environ de cet îlot; *la Mésange* la signalait à peu près à la même distance, au S. 10° E. du compas de ce même îlot. Notre croisière s'établit principalement du S. 4° O. au S. 14° E., à une distance comprise entre 8 et 17 milles du Toro.

Nos efforts ne produisirent cependant aucun résultat, ne nous conduisirent même à aucun indice qui pût nous faire supposer que nous avions été, à un instant quelconque, dans le voisinage de ce danger, et, sans vouloir mettre en doute la réalité de son existence, nous en vînmes à perdre tout espoir de le trouver avec les moyens dont nous disposions.

L'inspection de la carte sur laquelle nous avons tracé le réseau de nos patientes recherches expliquerait suffisamment notre découragement. Encore n'avons-nous pu constater que les routes faites par le brick. Les deux bateaux que nous avions nolisés nous accompagnaient ordinairement et se tenaient à peu de distance de nous. Il est présumable que, si la roche se fût trouvée entre eux et le brick pendant cette croisière, les hommes de vigie, placés au haut de leur mât, ou ceux que nous tenions constamment dans notre mâture, l'eussent aperçue et se fussent empressés de la signaler; car leur attention était stimulée par l'espoir d'une bonne récompense, et nous avions le soin de les faire relever toutes les heures pour éviter que leur surveillance devînt moins active.

Il faut remarquer aussi que la partie que nous avions le plus obstinément explorée était bien celle qui devait attirer notre attention. Quand cette roche fut aperçue à bord de la *Mésange*, ce bâtiment avait une vitesse de 8 ou 9 milles à l'heure. Dès que le compas de relèvement fut monté et posé, on releva le Toro au N. 10° O. En admettant qu'il ne se soit écoulé que 5 minutes entre le moment où la roche fut aperçue et celui où

le Toro fut relevé, le bâtiment, qui faisait alors route au S. E.,
s'en trouvait déjà à 7 dixièmes de mille. Il était donc probable
que nous rencontrerions cette roche dans l'O. du relèvement
indiqué. En effet, les sondes que nous avions recueillies dans
l'E. de ce relèvement n'indiquaient aucune inégalité de fond
qui pût faire présumer que, de ce côté, les recherches seraient
moins infructueuses ; les renseignements que nous possédions
avaient un caractère assez positif pour que notre exploration
se renfermât dans certaines limites et ne s'égarât point trop au
delà.

Après tant d'efforts inutiles, il faut peut-être penser que ces
sortes de recherches offrent des difficultés qu'on ne peut surmonter qu'à l'aide de quelque circonstance favorable, et assurément une circonstance des plus heureuses pour cette exploration serait de se trouver dans les parages où le danger a été
signalé, après un de ces gros coups de vent de O. S. O. qui,
dans le mois de décembre, soufflent avec tant de violence dans
le canal. La mer soulevée par ces coups de vent ne tombe point
instantanément comme celle des grandes brises d'été, et la
houle qui leur succède dure encore un ou deux jours. Avec
une pareille houle, une roche couverte de 10 pieds d'eau, j'en
ai eu l'expérience sur ces côtes, briserait infailliblement, et
serait aperçue à la distance de 2 ou 3 milles. Mais cette houle
si favorable est aussi généralement accompagnée d'un calme
plat qui paralyserait les efforts d'un bâtiment à voiles ; c'est
encore là une des circonstances où l'hydrographie peut tout
attendre du secours des navires à vapeur.

Paris, novembre 1842.

Le capitaine de corvette, commandant
le brick la Comète,

E. JURIEN.

SERVICES

DU VICE-AMIRAL LALANDE

EXTRAIT DES ARCHIVES DE LA MARINE.

LALANDE (Julien–Pierre-Anne), fils de Julien–René Lalande, ancien juge-consul de la juridiction consulaire de la ville du Mans, et de Marie-Anne Rouvin, né le 13 janvier 1787, au Mans (Sarthe). Marié au Mans, le 24 janvier 1833, avec demoiselle Mauboussin (Françoise–Joséphine). Décédé le 19 mai 1844, à Paris, rue de la Ferme-des-Mathurins, n° 56.

Novice sur les bâtiments de l'État, du 8 février 1803 au 2 novembre 1803. Aspirant de 2e classe, le 20 novembre 1803. Aspirant de 1re classe, le 4 décembre 1806. Enseigne de vaisseau, le 12 juillet 1808. Lieutenant de vaisseau, le 7 mai 1812. Capitaine de frégate, le 17 août 1822. Capitaine de vaisseau, le 5 avril 1827. Contre-amiral, le 22 janvier 1836. Major général de la marine à Brest, du 1er novembre 1836 au 24 juin 1837. Vice-amiral, le 12 juillet 1841. Nommé membre du conseil d'amirauté, par ordonnance royale du 2 décembre 1843. — DÉCORATIONS : Chevalier de Saint-Louis, le 22 août 1819. Chevalier de la Légion d'honneur, le 28 avril 1821. Chevalier de l'ordre royal espagnol de Saint-Ferdinand de 2e classe, le 11 février 1824. Officier de la Légion d'honneur, le 1er mars 1831. Commandeur de la Légion d'honneur, le 11 février 1832. Grand officier de la Légion d'honneur, le 22 novembre 1839.

CAMPAGNES :

Embarqué sur la corvette *la Levrette*, commandée par

MM. Fournier et le Boucher, du 8 février 1803 au 2 novembre 1803. (Convois : 3 mois, 13 jours à la mer en paix ; 5 mois, 12 jours à la mer en guerre.)

Embarqué sur le vaisseau *le Jean-Bart,* commandé par M. le Gouardan, du 20 novembre 1803 au 9 mars 1807. (Rade de Brest : à la mer en guerre.)

Embarqué sur la frégate *la Calypso,* commandée par M. Jacob, du 14 mars 1807 au 2 août 1808. (Rade de Lorient : à la mer en guerre.)

Embarqué sur la frégate *l'Italienne,* commandée par M. Jurien, du 18 septembre 1808 au 2 mai 1809. (Combat dans la rade des Sables d'Olonne, le 24 février 1809, des frégates *l'Italienne, la Calypso* et *la Cybèle,* contre une division anglaise de trois vaisseaux, deux frégates et une corvette commandée par le vice-amiral Stopford : à la mer en guerre.)

Embarqué sur le vaisseau *l'Eylau,* commandé par MM. Jurien et Caboureau, du 12 mai 1809 au 24 octobre 1813. (Croisières et fréquents appareillages : à la mer en guerre.)

Embarqué sur la frégate *la Nymphe,* commandée par M. Leblond de Plassan, du 25 octobre 1813 au 15 août 1814. (Croisières aux îles Canaries, dans les Antilles, et campagne de Flessingue. — Divers engagements avec des frégates anglaises : 7 mois, 6 jours à la mer en guerre ; 2 mois, 15 jours à la mer en paix.)

Embarqué sur la frégate *l'Africaine,* commandée par M. Jurien, du 16 août 1814 au 26 septembre 1815. (Campagnes dans les mers de l'Inde. — Relâches au Cap, à l'île de France et à Bourbon : à la mer en paix.)

Embarqué sur le vaisseau *le Colosse,* en qualité de 1er adjudant, remplissant les fonctions de chef d'état-major de M. le contre-amiral Jurien commandant les forces navales de la Méditerranée, du 20 juin 1819 au 17 janvier 1821. (Mission dans la Méditerranée. — Naples. — Lisbonne. — Le Brésil. — Les Antilles. — Les États-Unis. — A la mer en paix.)

Commandant la goëlette *la Gazelle,* du 1er juillet 1822 au 8 décembre 1823. (De Bayonne à Brest. — De Brest à Toulon.

— Appareillé pour le Levant le 6 octobre 1822 : à la mer en paix.)

Embarqué comme second sur le vaisseau *l'Eylau,* sous les ordres du contre-amiral Jurien, du 7 février 1824 au 26 novembre 1825. (La Martinique : à la mer en paix.)

Commandant la frégate *la Magicienne,* du 21 juillet 1826 au 30 mars 1827. (Navigation sur les côtes de France et les côtes d'Espagne : à la mer en paix.)

Commandant la frégate *la Fleur de Lys,* devenue *la Résolue,* du 11 novembre 1827 au 25 avril 1831. (Alger. — Le Levant : à la mer en paix.) A été chargé, vers la fin de 1830, du commandement par intérim de la station du Levant.

Commandant la frégate *la Calypso* et par intérim la station du Levant : à la mer en paix, du 25 avril 1831 au 29 février 1832.

Commandant du vaisseau *la Ville de Marseille,* du 6 juin 1833 au 18 juillet 1835. (Station du Levant : à la mer en paix.) A pris provisoirement le commandement de la station du Levant, le 29 décembre 1833.

Nommé au commandement de l'escadre d'Afrique, par décision royale du 17 juin 1837. — Porté son pavillon sur le vaisseau *l'Iéna,* le 14 juillet 1837. (Le Levant et Cadix : mer en paix.)

Nommé, en 1838, au commandement de l'escadre de la Méditerranée, réunissant la division d'Afrique et celle du Levant. Nommé au commandement d'une division navale à Toulon, par décision royale du 26 octobre 1840.

Débarqué à Toulon, le 28 décembre 1840.

M. Lalande a été élu député par le collége électoral de Morlaix (Finistère), le 16 décembre 1840.

FIN.

TABLE

LA MARINE D'AUTREFOIS.

LA SARDAIGNE EN 1842.

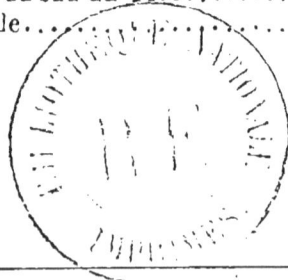

PARIS. TYPOGRAPHIE DE E. PLON ET Cⁱᵉ, RUE GARANCIÈRE, 8.

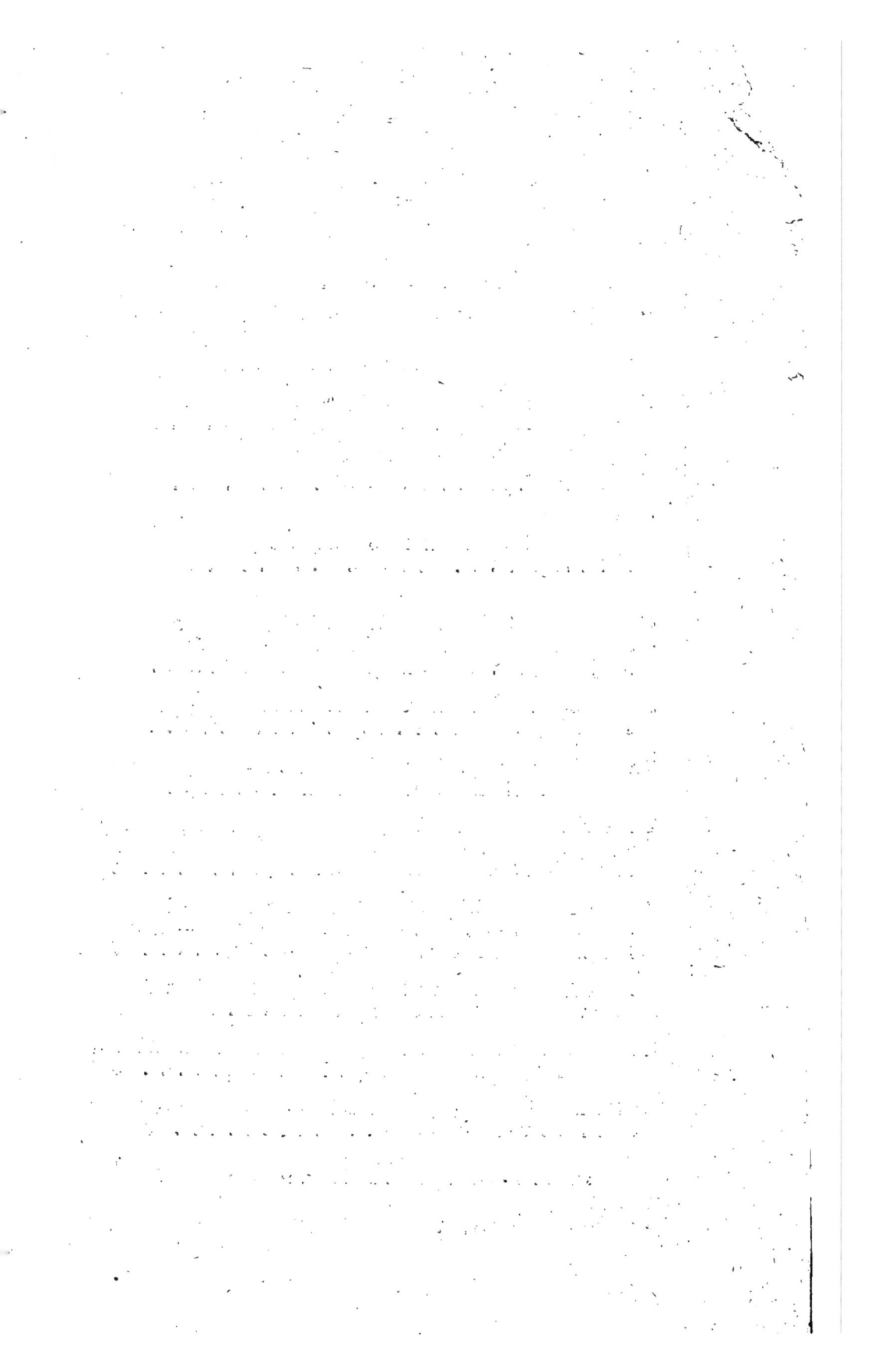

Du même auteur, à la même Librairie :

La Marine des Anciens. — *La Bataille de Salamine et l'Expédition de Sicile*, par le vice-amiral JURIEN DE LA GRAVIÈRE. Un vol. in-18 . . . . 3 fr. 50

La Marine des Anciens. — 2e partie : *La Revanche des Perses,* — *les Tyrans de Syracuse*, par le vice-amiral JURIEN DE LA GRAVIÈRE. Un vol. in-18. Prix. . . . . 3 fr. 50

Les Marins du XVᵉ et du XVIᵉ siècle, par le vice-amiral JURIEN DE LA GRAVIÈRE. 2 vol. in-18. Prix . . . . 8 fr.

La Station du Levant, par le vice-amiral JURIEN DE LA GRAVIÈRE. 2 vol. in-18. Prix. . . . . 8 fr.

Voyage de la corvette la Bayonnaise dans les mers de Chine, par l'amiral JURIEN DE LA GRAVIÈRE. 3e *édition*. 2 volumes in-18. Prix. . . . . 8 fr.

Guerres maritimes de la France. — Port de Toulon, — ses armements, — son administration, depuis son origine jusqu'à nos jours, par V. BRUN. Deux forts vol. in-8º. Prix . . 15 fr.

Abraham du Quesne et la marine de son temps, par A. JAL. 2 vol. in-8º. Prix . . . . 16 fr.

La Marine au siége de Paris, par le vice-amiral baron DE LA RONCIÈRE-LE NOURY. 2e *édition*. Prix . . . . 10 fr.

En canot de papier de Québec au golfe du Mexique. 2,500 milles à l'aviron, par N. H. BISHOP, traduit par HEPHELL. Un vol. in-18 avec cartes et gravures. Prix . . . . . . 4 fr.

Lettres sur l'Amérique, par Xavier MARMIER, de l'Académie française. *Canada — États-Unis — Havane — Rio de la Plata.* Nouvelle édition. Deux vol. in-18. Prix. . . . . 7 fr.

Venise. Notes prises dans la bibliothèque d'un vieux Vénitien, par A. BOURNET. Un vol. in-18. Prix. . . . . 3 fr. 50

La Dalmatie, les îles Ioniennes, Athènes et le mont Athos, par Stanislas DE NOLHAC. Un vol. in-18. Prix. . . . . . 4 fr.

Le Sahara. Souvenirs d'une mission à Goléah, par Auguste CHOISY. Un vol. in-18. Prix. . . . . 3 fr. 50

PARIS. TYPOGRAPHIE DE E. PLON ET Cⁱᵉ, RUE GARANCIÈRE, 8.

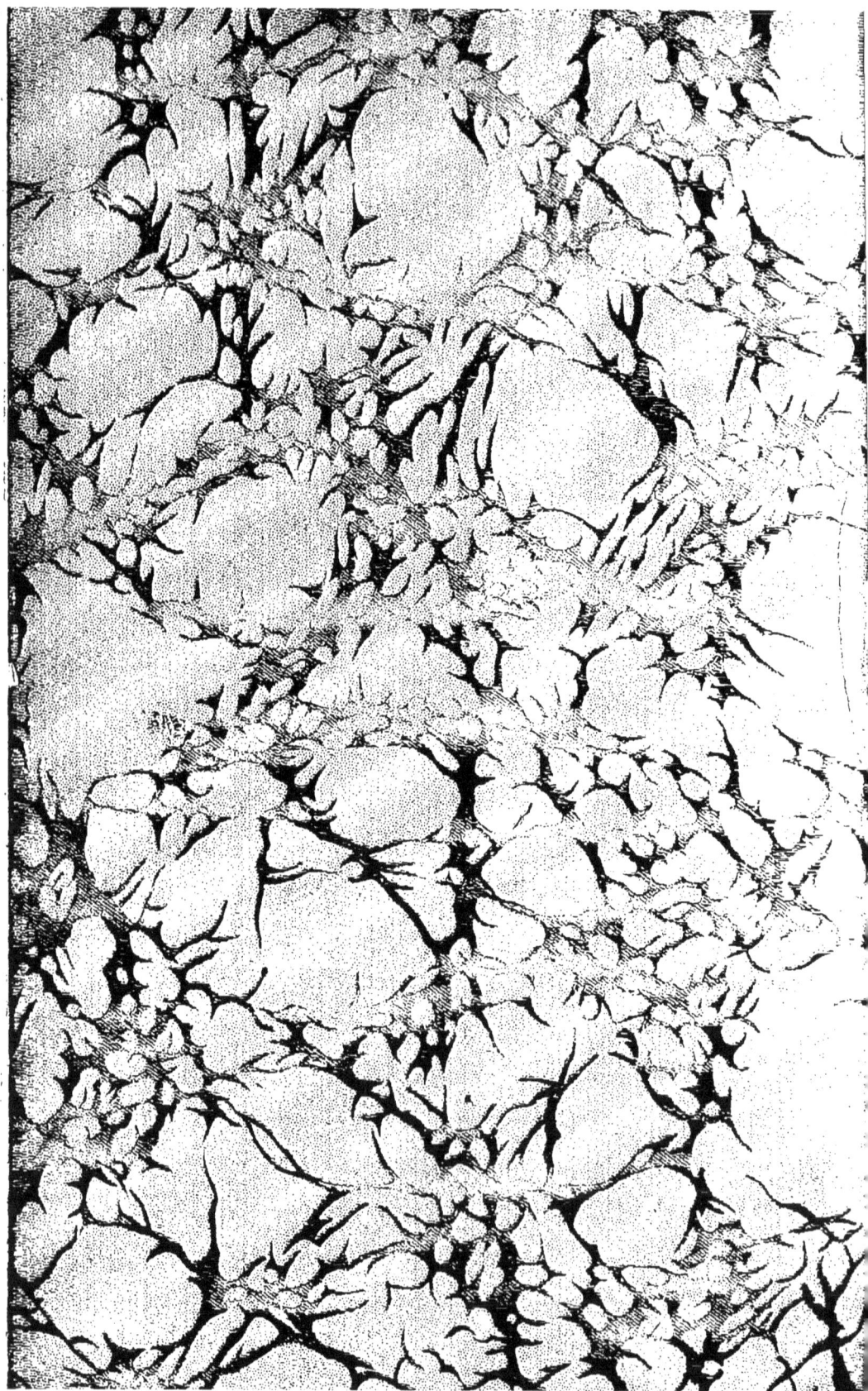

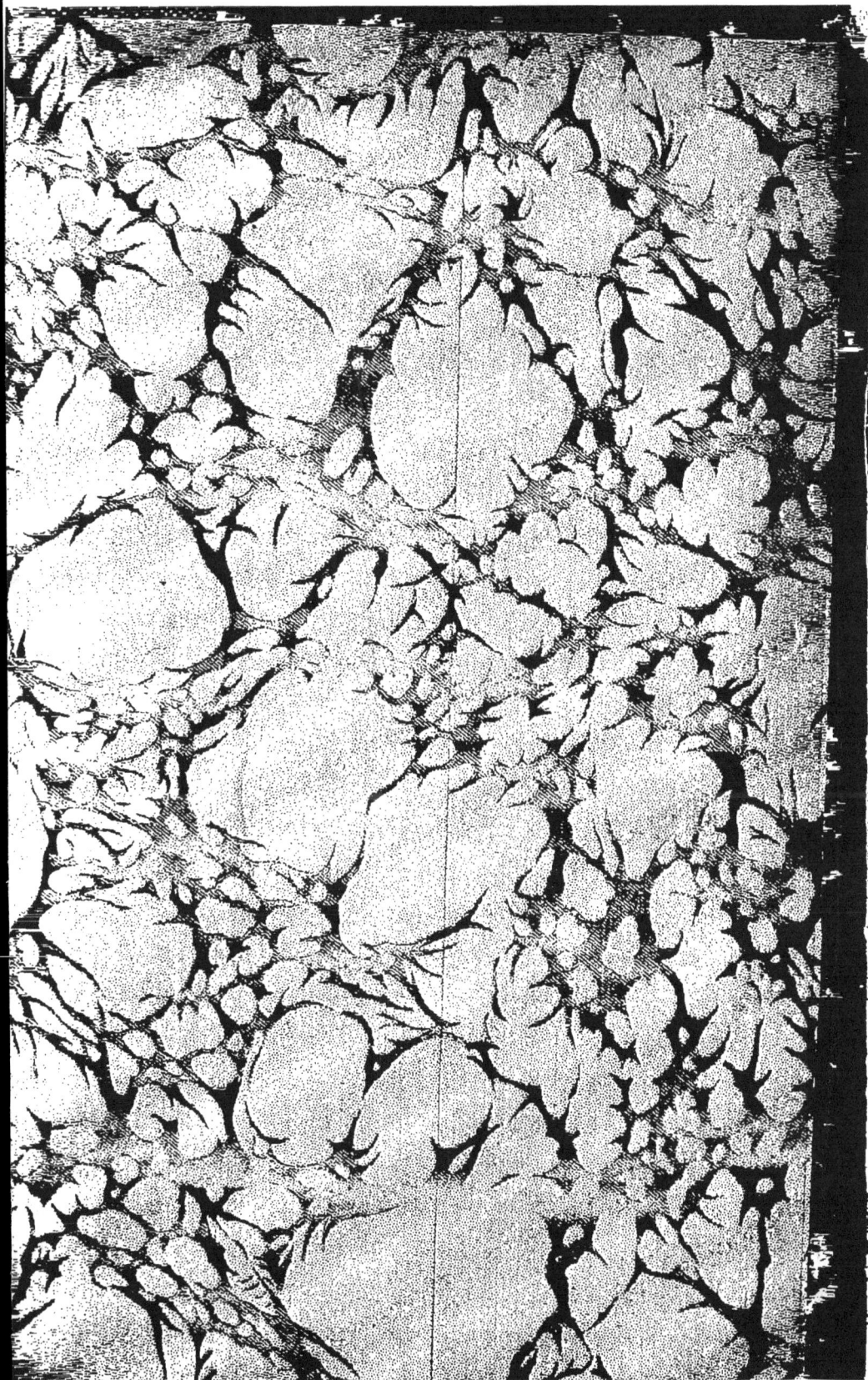

www.ingramcontent.com/pod-product-compliance
Lightning Source LLC
Chambersburg PA
CBHW071627270326
41928CB00010B/1819